Das richtige Häusersystem aus astrologischer Sicht

Dr. Gottfried Briemle

Das richtige Häusersystem aus astrologischer Sicht

Ein Beitrag zur astrologischen Grundlagenforschung

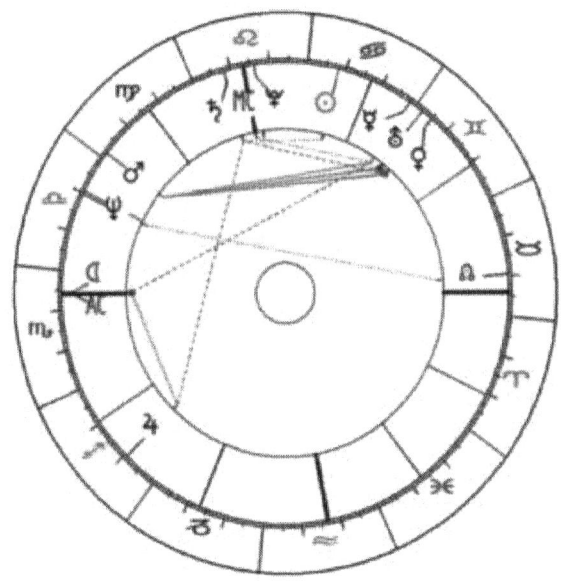

Geburtsbild des Verfassers

Theophanica-Verlag

Das Werk einschließlich aller seiner Teile ist urheberrechtlich geschützt. Jede Verwertung außerhalb der engen Grenzen des Urheberrechtsgesetzes ist ohne Zustimmung des Verlages unzulässig und strafbar. Das gilt insbesondere für Vervielfältigungen, Übersetzungen, Mikroverfilmungen und die Einspeicherung und Verarbeitung in elektronischen Systemen.

Copyright © 2001 by Theophanica-Verlag
Riedweg 8
D - 88 326 Aulendorf
Fax: 07525-91 38 34
Post@Astro-Forschung.de

ISBN: 3-9802569-3-6

Herstellung und Vertrieb: Books on Demand GmbH, D – 22 848 Norderstedt
Printed in Germany

Inhaltsverzeichnis

Vorwort 7
Häusersysteme in der Übersicht 10
    Einleitung 10
    Problemaufriß an einem Beispiel 11
Die 3 Grundbedingungen für sinnvolles astrologisches
Arbeiten 15
    Bedingung 1: minutengenaue Geburtszeit 15
        Vorbemerkung 15
        Markante Lebensereignisse nach der Sekundär-Progression 17
    Bedingung 2: stimmige Deutungstexte 20
        Methodisches Vorgehen 23
        Zweckmäßige Orben 24
        Beispiel für einen Merkur im 8. Haus: 27
    Bedingung 3: das richtige Häusersystem 29
Differenzierte Deutung der Häuserstände für die
Computeranalyse 30
    Ein Vorwort zu den Deutungstexten 30
        Haus 1: Persönliches Auftreten, Selbstdurchsetzung, Ego,
            Lebensenergie 32
        Haus 2: Materielle Werte und Sicherheit, Gelderwerb, Besitz,
            Vermögen 45
        Haus 3: Lernvermögen, Intellekt, verstandesmäßiges Denken,
            Alltagskontakte 54
        Haus 4: Familie, Zuhause, Geborgenheit, Heimat und Volk,
            Tradition 63
        Haus 5: Selbstverwirklichung, Lebenslust, Vergnügungen,
            Erotik, Spiel, Kinder 73
        Haus 6: Arbeitsleben, Arbeitsplatz, Gesundheit, Dienste,
            Existenzkampf 83
        Haus 7: Ehe, Partnerschaften, Bindungs- und
            Vertragsfähigkeit, Öffentlichkeit 93
        Haus 8: Immaterielle Werte, Hintergründiges, Tabus, Krisen,
            Tod, Erbschaften 103
        Haus 9: Horizonterweiterung, Weltanschauung, Philosophie,
            Religion, Reisen 112
        Haus 10: Lebensziel, Berufung, Verantwortung, Ehre,
            Ansehen, Karriere 122
        Haus 11: Gemeinschaftsgeist, Gruppen-Ideale,
            Weltverbesserung, Freunde 135
        Haus 12: Alleinsein, Zurückgezogenheit, freiwillige oder
            unfreiwillige Isolation 145

Notwendige Interpretationshilfen für den Klienten 155
  Die Untersuchung von 21 Fallbeispielen **158**
  Vorbemerkung 158
  Tabellenwerk: Ermittlung der Häuserstände von Planeten in
  21 untersuchten Horoskopen 160
  Auswertung und Interpretation der Befunde 181
      Porphyrius, die astrologisch stimmigste Quadrantenteilung 181
      Verteilung der Aspekte 183
      Spirituelle Verbindungen werden graphisch sichtbar 186

Diskussion **188**
  Endloser Streit über mathematisch definierte Häusersysteme 188
      Die Entwicklung der gängigsten Häusersysteme 189
      Grunddisput: Äquale oder inäquale Häuser? 190
      Kontroversen unter den Verfechtern inäqualer Häuser 194
      "Scharfe" oder "weiche" Häusergrenzen? 198
  Was sollte eine Computerdeutung leisten? 200

Schlußwort **202**

Zusammenfassung **207**

Zitierte Literatur **208**

Autoren-Vitae **211**

Vorwort

Des Menschen Seele gleicht dem Wasser:
vom Himmel kommt es,
zum Himmel steigt es
und wieder zurück zur Erde muß es,
ewig wechselnd.
PLATON (427-347 vor Christus)

Keine, auf wissenschaftliches Arbeiten pochende Forschungsdisziplin ist so zerstritten, wie die der Astrologie. Einigkeit herrscht lediglich über die Ekliptik als die scheinbare jährliche Sonnenbahn am Himmel. Aber schon über die richtige Unterteilung in 12 Abschnitte (Tierkreise) gibt es zwei Auffassungen: Die östliche Einteilung nach den 12 unterschiedlich breiten Sternbildern (= siderischer Tierkreis) und die westliche Einteilung nach den 12 gleich breiten Sternzeichen und damit nach dem Frühlingspunkt (= künstlicher oder tropischer Tierkreis). Ferner ist die, den Tierkreiszeichen entsprechende Unterteilung in "Erdraumfelder" oder "Häuser" strittig, wobei es weltweit inzwischen aber schon 25 verschiedene Aufteilungssysteme gibt. Und schließlich scheiden sich die Geister bei der Frage, wie deterministisch sich die Qualität des Geburtszeitpunktes auf das Wesen des Menschen auswirkt, oder anders gesagt, ob es ein Schicksal gibt oder nicht. Diesbezüglich kann sich der Astrologe heutzutage mit einer psychologischen, einer esoterischen und einer deterministischen Astrologie identifizieren. Ich selbst zähle mich als religiöser Mensch und Gottsucher entsprechend meinem Geburtsbild zur theosophisch orientierten esoterischen Astrologie, die man auch als "spirituell" bezeichnen kann. Was das Reizwort "Schicksal" anlangt, verwende ich es in der ursprünglichen (altdeutschen) Form, nämlich als "geschicktes Heil" für die Seelenentwicklung. Das heißt, es gibt weder "gutes" noch "schlechtes" Schicksal, sondern lediglich ein "zweckmäßiges" im Sinne des Strebens der Seele nach göttlicher Vollkommenheit.

Als ich im Jahre 1994 zum ersten mal mit der Astrologie in Berührung kam, war ich sowohl fasziniert wie auch frustriert. Fasziniert hat mich die Tatsache, daß der Mensch sein Wesen und seinen Charakter nicht etwa von seinen Eltern geerbt, sondern von der Zeitqualität der Geburtsminute erhalten hat. Dies hatte ich zwar stets vermutet, doch Hinweise darauf in der exoterisch-wissenschaftlichen Literatur nirgends gefunden. Frustriert war ich aber darüber, wie uneins sich die Astrologen dem Rest der Welt präsentieren. Als Naturwissenschaftler und Ökologe und jemand, der seit Kindesbeinen an die göttliche Wahrheit aus der Vernetztheit der Natur herauszufiltern suchte, wunderte ich mich darüber, wie wenig systematisch die Astrologen methodisch vorgehen. Dabei handelt es sich bei dieser Materie um strenge, kosmische und damit metaphysische Gesetze, die es nach dem

Analogieprinzip eines HERMES TRISMEGISTOS zu durchschauen und deuten gilt (SCHULT, 1986). Besonders störte ich mich, daß ausgerechnet bei der für das individuelle Charakterbild so immens wichtigen Häuserfrage das astrologische Analogieprinzip verlassen und nach astronomischer bzw. trigonometrischer Methode gerechnet wird. Inzwischen soll es weltweit nicht weniger als 25 verschiedene Häusersystem geben, wovon die bekanntesten Schulen und die professionellen astrologischen EDV-Programme in Europa immer noch etwa 10 davon zur Auswahl anbieten.

Als Anhänger der theosophisch orientierten esoterischen Astrologie arbeitete ich zunächst mit dem ältesten und am meisten nach dem Analogiegrundsatz verfahrenden System, nämlich mit der äqualen Manier nach der Empfehlung von MERTZ (1988). Hierbei fällt bekanntlich die Spitze des 10. Hauses nicht mit dem MC zusammen, sondern letzterer hat lediglich die Funktion eines sensitiven Punktes. Bald mußte ich jedoch erkennen, daß mit der Positionierung des 10. Hauses Planetenstände zustande kamen, die sich mittels konkret formulierter Deutungstexte (z. B. SAKOIAN & ACKER, 1979; BANZHAF & HAEBLER, 1994; ÖHLSCHLEGER, 1996) nicht nachvollziehen ließen. Auch entsprachen die Winkel von Planeten zur Spitze des 10. Hauses nicht dem Charakterbild des Horoskopeigners, was sich erst dann änderte, als ich die Aspekte zum MC als sensitiven Punkt deutete. So kam ich zu den inäqualen Systemen, schwankte aber in der Folgezeit zwischen den beiden populärsten, nämlich Placidus und Koch (GOH) hin und her, wobei die Aufteilung einmal zutraf, ein andermal nicht. Diese höchst unbefriedigende ambivalente Situation veranlaßte mich dann, die plausibelste Häuser-Manier systematisch zu ermitteln (siehe Tabellenwerk).

Eine ausführliche Kritik des bislang kontraproduktiv geführten Häuserstreits erfolgte von mir bereits in der Zeitschrift MerCur 3/99, weshalb ich mich hier nicht zu wiederholen brauche. Alle dort zitierten Häuserexperten betonen, daß das richtige Häusersystem nur empirisch gefunden werden könne. "Man müßte von verläßlichen Geburtszeiten ausgehen und sehr genaue Berechnungen anstellen. Eine wirklich zuverlässige Untersuchung würde die Korrelation von Ereignissen im Leben des Menschen mit Transiten, Direktionen oder Progressionen in bezug auf die Häuserspitzen überprüfen" resümiert beispielsweise SASPORTAS (1987), indem er das Chaos unter den Häusersystemen beklagt. Oder: "Wir brauchen klare Richtlinien, wenn wir in dieser Frage weiterkommen wollen", meint HOLDEN (1998) zu diesem Thema. Das heißt aber nichts anderes, als daß man eine genügende Anzahl von Horoskopen untersuchen muß, bei denen die Planeten je nach Häusersystem von einem Haus zum anderen wechseln. – Warum aber die Berufsastrologen noch nie mit einer solch wichtigen, empirischen Grundlagenforschung begannen, ist mir unverständlich. Statt dessen kommen ständig neue Deutungsversuche über den Schwarzen Mond oder bestimmte Asteroiden auf den Markt. Dabei kann heute noch nicht einmal jemand zuverlässig sagen, ob sich beispielsweise der Mars im konkreten Fall eines Horoskopeigners im 5. oder im 6. Haus befinden muß! Angesichts dieser gravierenden Defizite in der Grundlagenforschung kommt es mir vor, als ob sich die Astrologenwelt vergleichsweise schon mit Algebra beschäftigt, ohne das grundlegende Einmaleins zu beherrschen. ARROYO (1991) drückt die allgemeine Notwendigkeit, sich auf das Wesentliche zu beschränken, noch deutlicher aus: "Wenn sich Astrologen auf Bagatelle konzentrieren, führen sie unsere Wissenschaft in die Trivialität; sie tragen dann selbst dazu bei, daß ihr gesellschaftliches Ansehen noch weiter herabsinkt". Und der Astro-Publizist SCHUBERT-WELLER (1996) resümiert: "Der Astrologie ist es bis heute nicht gelungen, ihre ganz praktische Arbeit, nämlich die Individualhoroskopie statistisch bzw. naturwissenschaftlich befriedigend zu verifizieren. Vor allem diejenigen Schulen, die mit Zusatzpunkten oder mit komplizierten Techniken arbeiten, sind von vornherein nicht so leicht zugänglich für eine wissenschaftliche Überprüfung ihrer Methoden".

Mit der vorliegenden Untersuchung möchte ich einen Anfang machen, die Häuserfrage einmal nicht *astronomisch*, sondern *astrologisch*, also über die Deutung anzugehen.

Aulendorf, im Herbst 2001

Gottfried Briemle

Häusersysteme in der Übersicht

Der Mensch ist an die Gesetze der Erde gebunden,
die Erde ist in die Gesetze des Himmels eingefügt,
der Himmel folgt dem Gesetz des Unergründlichen.
Chinesische Weisheit

Einleitung

Die zwölf "Häuser", auch "Felder" genannt, stehen im Geburtshoroskop bekanntlich für Lebensbereiche. Darin zeigen die Planeten an, wie der karmische Lernauftrag des Horoskopeigners entsprechend den kosmischen Gesetzen in der aktuellen Inkarnation verwirklicht werden will. Nach GREENE (1996) ist ein Haus (lat. templum) ist ein neutraler Lebensbereich, den wir je nach unserem Wesen ausstatten. Durch jedes "templum" des Geburtsbildes erfahren wir anhand der dort stehenden Planeten die Götter bzw. die archetypischen Kräfte, die im Grunde Intelligenzmuster unserer Seelen sind. Da ein Haus von den Planeten binnen nur zwei Stunden durchwandert wird, drücken sich im Häuserstand die individuellen Lebensaufgaben eines Horoskopeigners viel besser aus, als es bei den Zeichenständen der Fall sein kann. Die Einführung der Häuser vor etwa 5000 Jahren geht auf eine äquale Projektion der Tierkreiszeichen auf den Erdraum zurück. Heute kennt die Astrologie nicht weniger als 25 Methoden, um das Horoskop-Rad (Geburtsbild) speichenartig in Felder aufzuteilen. Sie unterscheiden sich in den trigonometrischen bzw. sphärischen Bezugspunkten.

Die verschiedenen Häusersysteme lassen sich nach SASPORTAS (1987) und HOLDEN (1998) in drei Typen einteilen, nämlich in die:

1. an der Ekliptik orientierten
2. am geographischen Raum orientierten
3. an der Zeit orientierten Systeme

Zu den erstgenannten gehören die "äquale Manier" nach PETOSIRIS (1. Jahrhundert v. Chr.) bzw. PTOLEMÄUS (2. Jahrhundert. n. Chr.), jene nach PORPHYRIUS (3. Jahrhundert n. Chr.) und die "natürliche Graduierung" nach EVANS (1950). Letztere stellt jedoch lediglich eine Variante der PORPHYRIUS-Manier dar.

Zur zahlenmäßig größten Gruppe der Raumsysteme zählen die Berechnungsverfahren nach CAMPANUS (13. Jahrhundert n. Chr.), REGIOMONTANUS (15. Jahrhundert), MORIN (17. Jahrhundert) und die Manier der "axialen Rotation" nach ZARIEL (= COPE, um 1900). Auch die sogenannten

Zenit- oder Azimut-Häuser, die, wie auch die "Ostpunkt-Methode" dem Campanus-System ähneln, gehören zur Gruppe der raumorientierten Systeme. Zum Typus der Zeitsysteme zählen schließlich ACLABITUS, PLACIDUS (17. Jahrhundert), das **Geburtsortshäuser-System (GOH)** nach KOCH (1971) und die "Topozentrischen Häuser" der argentinischen Forscher POLICH & PAGE (1961)

Ohne nun in größere Tiefen der Mathematik und Trigonometrie eintauchen zu können, die ohnehin nicht unbedingt Sache eines esoterisch arbeitenden Astrologen sind, sei zu den Methoden folgendes Grundsätzliche gesagt:

- **Ekliptische[1] Systeme** teilen die scheinbare Sonnenbahn – ausgehend von Aszendent (AC) oder Medium Coeli (MC) – in 12 gleiche Sektoren von jeweils 30° auf. Die Methode stellt, konsequent dem esoterischen Analogiegesetz folgend, eine direkte Verbindung zwischen Tierkreiszeichen und Erdoberfläche her, ohne kompliziertere Methoden der sphärische Geometrie anzuwenden.
- Die **Raumsysteme** teilen, wie der Name schon sagt, den Raum um den Geburtsort in 12 Teile. Damit werden Bereiche mit gleich großen sphärischen Raumeinheiten (aber im Ergebnis ungleichen Hausbreiten im Horoskoprad) erzeugt. Hier fallen – im Gegensatz zur ekliptischen Manier – beide Achsen zwingend mit Häuserspitzen zusammen.
- Bei den **Zeitsystemen** schließlich kommt eine mathematische Methode der sphärischen Geometrie zur Anwendung, die jene Zeit gleichmäßig teilt, die ein Punkt (z. B. Aszendent) benötigt, um auf einem Bogen die Himmelskugel[2] in schräger Aufsteigung zu durchlaufen. Die Häuser sind damit das alleinige Produkt der Erdrotation. Auch hier orientiert sich das Achsenkreuz im Horoskoprad an Hausspitzen.

Raum- und Zeitsysteme kann man auch unter dem Begriff "inäquale Häuser" zusammenfassen.

Problemaufriß an einem Beispiel

Wie ich schon erwähnte, ist kein Teilgebiet der Astrologie so umstritten aber auch so festgefahren wie die Häuserfrage. Normalerweise übernimmt jeder angehende Astrologe unbesehen das Häusersystem seiner jeweiligen Schule, weil es von den dortigen Lehrern für das geeignetste gehalten wird. Noch immer ist es weitgehend so, daß der angehende Astrologe nach einer ganz bestimmten Schule lernt und zeit seines Lebens bei eben diesem System, bei

---

[1] Ekliptik = die aus geozentrischer Sicht scheinbare Sonnenbahn. Das 8° breite Band beiderseits heißt Zodiak oder Tierkreis.
[2] Himmelskugel = Die Ebene, auf der sich die Gestirne scheinbar (aufgrund der Erddrehung) von Osten nach Westen bewegen.

eben dieser Schule bleibt, ohne sich allzuviel nach links oder rechts umzuschauen (SCHUBERT-WELLER, 1996). Solange sich – um bei der Häuserfrage zu bleiben – die Planeten eng um das Achsenkreuz scharen, herrscht noch Einvernehmen. Was aber ist, wenn sie im weiten Raum der Quadranten bei der einen Häusermanier in dieses, bei der anderen in jenes Haus fallen? – Sehen wir uns das Dilemma einmal an einem konkreten Beispiel an, bei dem zumindest ein wichtiger Faktor, nämlich die Geburtsminute unstrittig ist:

Das Geburtsbild des deutschen Astrologen Alfred Witte, nach TAEGER (1991) am 2.3.1878 um 21.12 Uhr LMT in Hamburg geboren. Es finden sich hier mehrere interessante "Konstellationen neuralgischer Art", die sich für unser Thema eignen: Ginge es nach Placidus, Regiomontanus und Topozentrik (= Gruppe 1), so wären Mond, Merkur und Venus im 4. Haus, nach GOH, Porphyrius, Camapanus und Äqual (= Gruppe 2) dagegen in Haus 5 *(Tabelle 1)*. Bei der Gruppe 2 unterscheidet sich sogar noch der Häuserstand der restlichen Planeten.

Tabelle 1: Häuserstand einiger Planeten im Radix von A. WITTE nach verschiedenen Häusermanieren

		Planeten						
	Haus-System	Mond (h+d)	Merkur (h+d)	Venus (h+d)	Saturn (h)	Mars (h+d)	Pluto (h+d)	Uranus (d)
Gruppe 1	Placidus	4	4	4	5	8	8	10
	Regiomontanus	4	4	4	5	8	8	10
	Topozentrik	4	4	4	5	8	8	10
Gruppe 2	GOH	5	5	5	5	8	8	11
	Porphyrius	5	5	5	5	7	8	11
	Äqual	5	5	5	6	7	8	11
	Campanus	5	5	5	6	7	7	11

<u>Anmerkung</u>: Venus ist "Geburtsherrscher" (AC in Waage), Mond ist "Lebensherrscher" (MC in Krebs); Aspektierung: h = harmonisch, d = disharmonisch, h+d = gemischt

In der hier vorgenommenen Kurzdeutung möchte ich mich aus Gründen der Signifikanz auf den Mond als "Lebensherrscher" und die Venus als "Geburtsherrscher" beschränken. Bekanntlich steht Haus 4 für Herkunft, Familie, Zuhause, Geborgenheit, Heimat und Tradition; Haus 5 dagegen für Lebenslust und Selbstverwirklichung, Ich-Betonung, Spiel, Vergnügungen, Feste, Liebe, Erotik und Kinder.

Im 4. Haus bedeutet der gemischt aspektierte Mond:
Harmonisches bis disharmonisches Zuhause

Starke gefühlsmäßige Bindungen an Familie, Heim, Heimat und Vaterland. Vor allem die Mutter übt einen starken Einfluß auf einen aus. Sehr kinderlieb, häuslich und heimatverbunden. Man sucht und erhält Wärme und Geborgenheit in der Familie und wohnt meist in der Natur, im Grünen und im eigenen Haus. Starke Neigung, andere zu bekochen oder zu bemuttern. Viel beschäftigt mit Nahrungsmitteln, Haushaltsprodukten und Grundbesitz, aber auch Erfolge darin. Lebensabend in Unabhängigkeit. – Andererseits Mangel an häuslicher Harmonie, weswegen es zu zahlreichen Wohnungswechseln kommt. Geringes Gefühl innerer Zugehörigkeit zur Heimat. Unglück im häuslichen Leben. Vor allem in der zweiten Lebenshälfte Unruhe und Komplikationen mit dem Elternhaus gern mit sorgenvollem, depressivem Lebensabend. (h+d Mo H4)

Im 5. Haus bedeutet der gemischt aspektierte Mond indes:
Verspielte bis dramatisierende Gefühlsnatur

Ausgeprägter Hang zu Vergnügungen, Theater, Kunst und oder Schauspielerei. Fähigkeit, seine Gefühle über schöpferisch-kreative Betätigung (als Künstler) zu zeigen. Ausgeprägtes Geltungsbedürfnis. Starke gefühlsmäßige Verbundenheit mit Kindern; man beschäftigt sich viel mit ihnen. Oft besteht ein besonderes Verhältnis zur Tochter. Die Familie mischt sich gern in Liebesangelegenheiten ein. Hohe Fruchtbarkeit mit oft reichem Kindersegen. Guter Instinkt bei Glücksspielen. – Andererseits Neigung, mit Gefühlen zu dramatisieren, zu schauspielern oder mit Familie, Kindern oder der Wohnung zu prahlen. Stark wechselnde Zuneigungen und Liebesromanzen. Daheim gern tyrannisch (besonders als Frau), oder aber gefühlsmäßig abhängig vom Partner, oft gepaart mit erotischen Perversionen. Verluste bei Spekulationen, beim Spiel oder an der Börse. (h+d Mo H5)

Im 4. Haus bedeutet die gemischt aspektierte Venus:
Schmuckvolles bis luxuriöses Zuhause

Eigenheim oder Hausbesitz ist einem sehr wichtig. Deshalb setzt man sein Geld ein für Heim, Familie oder Immobilien und genießt die Wohnung. Heimat- und naturliebend mit Vorliebe für Grund und Boden, Gärtnern und Blumenpflege. Bedürfnis, Wohnung und Garten gediegen und geschmackvoll einzurichten. Gern Wertgegenstände (z. B. kostbare Bilder- oder Münzensammlung) im Haus. Vorteile durch Grund- und Hausbesitz. – Andererseits übertriebenes Bedürfnis nach Sicherheit, worin viel Geld investiert wird (Versicherungen). Auch für Möbel oder Kleider wird viel ausgeben: hier immer nur das beste. Gern bleibt man zu stark dem Elternhaus verbunden, wird nicht selbständig und orientiert sich zu sehr am Ideal des gegengeschlechtlichen Elternteils. (h+d Sti-Ve H4)

Im 5. Haus bedeutet die gemischt aspektierte Venus indes:
Genußfreudig bis prahlerisch

Sonniges Gemüt voller Lebens- und Genußfreude. Hang zu Partys, Theater oder Konzerte. Unkompliziert! Stets neu verliebt in die Liebe und den Flirt. Man liebt das Vergnügen und das Spiel und gibt dafür auch viel Geld aus. Auch in die Kinder wird viel investiert, da sie Vorzeigeobjekt sind. Besondere Fähigkeit zum Malen und Schauspielen. – Andererseits bezieht man sein Selbstbewußtsein nur durch Geld, Besitz, Titel oder Status. Gern prahlerisch (z. B. mit Goldschmuck). Übertriebene

Genußsucht. Berechnendes Ausspielen erotischer Trümpfe. Komplikationen in der Liebe oder mit Kindern. Als Frau bezieht man sein Ansehen immer über den Mann. (h+d Sti-Ve H5)

Die übrigen "neuralgischen" Planetenstände seien im folgenden nur stichwortartig gedeutet:

- Ernste Geselligkeit (harmonisch aspektierter Saturn in Haus 5)
- Sorgfältiges Arbeiten (harm. asp. Saturn in Haus 6)
- Turbulenz bis Egoismus in Partnerschaften (gemischt asp. Mars in Haus 7)
- Risikobereit bis rücksichtslos (gem. asp. Mars in Haus 8)
- Die machtvolle bis grausame Beziehung (gem. asp. Pluto in Haus 7)
- Drang zum Okkulten mit Machtmißbrauch (gem. asp. Pluto in Haus 8)
- Exzentrische Lebensziele (disharmonisch asp. Uranus in Haus 10)
- Merkwürdige Gruppenideale (dish. asp. Uranus in Haus 11)

Ich möchte nun denjenigen Kollegen die Entscheidung über das in diesem Fall richtige Häusersystem überlassen, die Wesen und Biographie des Gründers der "Hamburger Schule" besser kennen als ich. Zieht man seinen Freitod mit ins Kalkül, kommen wahrscheinlich eher jene Systeme in Frage, bei denen die Mars/Pluto-Konjunktion ins 8. Haus fällt. – Wie dem auch sei: Mit Sicherheit ist hiermit deutlich geworden, wie unzuverlässig eine bestimmte Häusermethode sein kann.

Die 3 Grundbedingungen für sinnvolles astrologisches Arbeiten

Mensch werde wesentlich!
Denn wenn die Welt vergeht,
fällt der Zufall weg;
das Wesen, das besteht.
ANGELUS SILESIUS (1524-1577)

Bedingung 1: minutengenaue Geburtszeit

Vorbemerkung

"Unter Astrologen herrscht große Einmütigkeit darüber", so SCHUBERT-WELLER (1989), "daß Geburtszeitangaben möglichst auf die Minute genau sein sollen, damit triftige Deutungen und vor allem triftige und zeitlich richtig terminierte Prognosen nach dem Horoskop gegeben werden können". Dem kann sicherlich uneingeschränkt zugestimmt werden. Um so mehr ist es verwunderlich, daß es zwar eine ganze Menge astrologischer Schulen, aber noch keine ausreichend präzise Methode zur Ermittlung der wirklichen Geburtsminute gibt, die obendrein auch noch von allen akzeptiert wäre. Dabei gehe ich als Esoteriker mit DETHLEFSEN (1979) selbstverständlich davon aus, daß der erste Atemzug und damit die Einbindung in die Gesetzmäßigkeit der irdischen Polarität der entscheidende Zeitpunkt ist.

Eine spezifische Deutung der Zeitqualität ist nur dann möglich, wenn die wirklich individuellen Faktoren im Horoskop, nämlich die Achsen mit Aszendent (AC) und Medium Coeli (MC) und damit die Lage der Häuser (Felder) bekannt sind. Der AC wandert etwa alle vier Minuten einen Grad im Tierkreis weiter, was bekanntlich heißt, daß sämtliche Planeten und konstruierten Punkte im Laufe eines Tages durch alle 12 Häuser gehen. Für die Ermittlung der genauen Lage von AC, MC und der Zwischenhäuser ist also die genaue Geburtsminute erforderlich. Es mag zwar bei einem Unsicherheitsspielraum von einer halben Stunde eine zurückhaltende Deutung des Geburtshoroskops möglich sein, doch spätestens bei Prognosen reicht diese Genauigkeit nicht mehr aus: Die Winkelbeziehungen der Transite und dirigierten Planeten zum Achsenkreuz des Radix sind nämlich überaus bedeutsam. Auch wäre eine sinnvolle Arbeit mit Primärdirektionen gar nicht möglich, und die Erstellung und Deutung von Solarhoroskopen würde zum reinen Glücksspiel. Eine verantwortungsbewußte astrologische Beratung kommt also an dem Erfordernis korrekter, minutengenauer Geburtszeitangaben nicht vorbei. Vor allem in der Forschung, die nach vorgenanntem Autor eine der dringlichsten Aufgaben innerhalb der Astrologie überhaupt ist, sind minutengenaue Geburtszeiten geradezu zwingend erforderlich. Wenn man sich etwa die Mühe macht, mit empirisch-kasuistischen Methoden aus insgesamt 15 Häusermanieren das oder diejenigen Systeme herauszufiltern, welche am plausibelsten sind, ist zuerst einmal eine stimmige Geburtszeit vonnöten. Vorher braucht man mit der Arbeit gar nicht erst beginnen.

Die Überprüfung der Geburtszeit und ggf. deren Korrektur war bisher ein mühsames und zeitraubendes Geschäft. Dies wohl dürfte der Grund dafür sein, warum die wenigsten beratenden Astrologen dem Klienten die Korrektur seiner Geburtszeit anbieten. Zwar gibt es einige ältere, allerdings nur "**spekulative Verfahren**", wie etwa die Korrektur von Planetenständen auf die Eckhausspitzen oder die Justierung dieser auf Halbdistanzpunkte wichtiger Planetenpaare (Methode BONATTI). Eine andere Methode, die "Waage des Hermes" (Trutina Hermetis) justiert AC oder DC auf den Mondstand des Empfängnishoroskops. Schließlich werden bei den "Kündig-Schnitten" die Schnittpunkte des Bogens zwischen dem Herrscher von Haus 4 und jenem von Haus 10 ermittelt und danach der MC-Stand ausgerichtet. Seit aber SCHUBERT-WELLER (1989) in überzeugender Weise die Brauchbarkeit dieser Methoden verworfen hat, ist die Verwirrung groß. Übriggeblieben sind "**ereignisorientierte Verfahren**", bei denen eine metagnostische Umkehr von Prognosetechniken erfolgt, sei es mit Transiten oder Solarplaneten über das radixale Achsenkreuz (v. KLÖCKLER, 1930), sei es mit direkt geführten Achsen oder mit Hilfe des Sonnenbogens. Der mathematische Rechenaufwand dieser Verfahren ohne Software-Unterstützung ist indes erheblich: Für die Korrektur nach Transiten sind zunächst für die Ereignistage die Tierkreisstellen der laufenden Planeten zu berechnen. Dann werden alle Plantenpositionen notiert, die über Hauptaspekte in einem gewissen Orbis mit den Radix-Achsen verbunden sind (bei KLÖCKLER sind es großzügige 6°, bei EBERTIN (1983) dagegen nur 1°). Durch Interpolation der verschiedenen Gradwerte ergibt sich für AC und MC je ein Mittelwert. Dieser wird nochmals interpoliert, nachdem der AC-Wert mittels Rektazension[3] in eine Uhrzeit verwandelt wurde. Der Astrologe muß dann fallweise entscheiden, ob Planet und Aspektverbindung zu dem Ereignisthema passen oder nicht. Es folgt dann noch eine längere mathematisch-trigonometrische Rechenprozedur, bis die korrigierte Geburtszeit endlich feststeht.

Diese Rechenarbeit kann dem beratenden Astrologen heutzutage vom Personal-Computer abgenommen werden. Die meisten Astro-Programme enthalten nämlich ein Modul "Korrektur" und eine sog. "Zeitwippe". Mit letzterer läßt sich die Geburtszeit mindestens im 1-minütigen Abstand vor- und

---

[3] Rektazension = gerade Aufsteigung. Auf dem Äquator gemessener Bogen zwischen Frühlingspunkt (Widderpunkt) und dem durch einen Planeten gehenden Deklinationskreis.

zurückstellen. Näheres dazu und speziell zur Verfeinerung spezieller Techniken siehe bei BRIEMLE (2000).

Markante Lebensereignisse nach der Sekundär-Progression

Empfohlene Software-Einstellungen

Lebensereignisse werden im Horoskop über sog. "Auslösungen" angezeigt. Dabei handelt es sich nach EBERTIN (1979) um "psychologische Zustände oder Schicksalstendenzen, die sich dann ergeben, wenn von den Gestirnpaaren das eine Gestirn als Transit oder Direktion zu dem anderen als Radixfaktor in Verbindung tritt". Für das Vorschieben der Horoskopfaktoren ist nun die Methode der sekundären Progression (als Variante der Direktion) geeignet, welche dem astrologischen Analogieprinzip "1 Tag entspricht 1 Jahr" folgt (siehe z. B. PRONAY, 1983; MARCH & MC EVERS, 1993). Im Gegensatz zu den Direktionen werden die Planeten dabei nicht mit der Geschwindigkeit der Sonne, sondern mit ihrer eigenen vorgeschoben. Dies bringt es mit sich, daß sich die Position der Langsamläufer praktisch nicht verändert. Da sich die Sekundär-Progression nur langsam bewegt, hat man es schnell mit Zeiträumen von Jahren zu tun, wenn man die Orben zu groß wählt. Die Bewegung der Achsen (AC und MC) richtet sich indes nach der Erdrotation und sie werden "primär" vorgerückt. Ihre Aussagekraft ist aber von einer sehr genauen Geburtszeit abhängig, da eine Ungenauigkeit von nur 4 Minuten eine Abweichung von einem Jahr verursacht (EICHENBERGER, 1998). MARCH & MC EVERS (1993) empfehlen bei progressiven Aspekten und den persönlichen Planeten einen Orbis zugrunde legen, der nicht größer als 1° in beide Richtungen (Applikation wie Separation) ist. In Verfeinerung und Vereinfachung meiner in MerCur Heft 1/2000 beschriebenen PC-Methode unter Verwendung von astrologischer Software ist das nachfolgend beschriebene Vorgehen zweckmäßig.

Voreinstellungen

Generell sind nur die Aspekte zwischen Progression und Radix entscheidend. Winkelverbindungen innerhalb der Progression dienen lediglich der zusätzlichen Absicherung. Um nicht relevante Aspekte herauszufiltern ist es erforderlich, den Orbis extrem klein zu halten: Für die Achsen und Planeten (außer Mond) werden 0,1 Bogengrade = 3 Bogenminuten Orbis eingestellt. Für den schnellaufenden Mond dagegen 0,6° (= 18 Bogenminuten). Es werden nur Konjunktionen, Oppositionen, Trigone und Quadrate berücksichtigt.

Tabelle 2: Für die Geburtszeit-Korrektur relevante Lebensereignisse

Ereignis-Rang	Ereignis-Art	Bedingung
Ereignisse 1. Ranges	Todestag Vater / Mutter Geburts- oder Todestag eigener Kinder Eigener Todestag bei verstorbenem Horoskop-Eigner	Aspekte müssen sich allein mit AC, MC, Mond und Sonne ergeben, sonst ist es nicht die wahre Geburtszeit.
Ereignisse 2. Ranges	Eigene Hochzeit / Heirat / Partnerverbindung Geburts- oder Todestag von Geschwistern	evtl. Merkur, Venus und Mars ins Radix aufnehmen
Ereignisse 3. Ranges	Todestage von Onkeln und Tanten Todestage von Großeltern (sie dürfen auch vor dem eigenen Geburtstag liegen) Karriere-Ereignisse (z. B. Schul- und Ausbildungsabschlüsse, Berufsetappen)	evtl. die restlichen Planeten ins Radix aufnehmen
Grundeinstellung für die Progression: Nur AC, MC und Mond in den Außenkreis; für Ereignisse 2. und 3. Ranges evt. auch die Sonne.		

Die Prozedur im Detail

1. Folgende Horoskopfaktoren in den Innen- und Außenkreis laden: AC, MC und Mond. Nur sie sind dazu geeignet, zuverlässig Ereignisse 1. Ranges anzuzeigen.
2. Korrektur-Modul des Astro-Programms im 1-Minuten-Intervall einschalten.
3. Das Datum eines wichtigen Ereignisses als Ereignis 1. Ranges (z. B. Tod von Vater oder Mutter, Geburt oder Tod eines eigenen Kindes) eingeben und die Geburtszeit minutenweise solange vor- und zurückschieben, bis mindestens ein Aspekt auftritt. Bei mehreren solcher Familiendaten ist das zeitlich jüngste Ereignis zu verwenden. Dabei werden nur die Mischaspekte, also jene zwischen den dirigierten und den Radix-Faktoren berücksichtigt.
4. Wichtig: Treten dabei keine Aspekte auf oder bilden sich solche nicht jeweils spätestens 2 Monate vor oder nach der neuen Geburtszeit, ist die eingestellte Geburtsminute falsch.
5. Umschalten auf das Ereignis-Modul im 1-Monat-Intervall.
6. Mit der neuen Geburtszeit alle anderen Lebensereignisse auf Aspekte hin absuchen. Hierzu müssen in der Regel die Schnelläufer Sonne, Merkur, Venus und Mars als Faktoren 2. oder 3. Ranges ins Radix zugeschaltet werden (*Tabelle 2*).

Tabelle 3: Sensitive Punkte (Auswahl)

Ereignis, Person	Taggeburt	FP	Nachtgeburt	FP
Geschwister: Geburt, Tod	AC+MC-Me	1	AC+Me-MC	11
Geschwister: Geburt, Tod	AC+MC-So	2	AC+So-MC	12
Heirat 1	AC+Ve-So	3	AC+So-Ve	13
Heirat 2	AC+Ju-Ve	4	AC+Ve-Ju	14
Heirat 3	Ve+Mo-So	5	Ve+So-Mo	15
Kind 1	AC+Mo-Ju	6	AC+Ju-Mo	16
Kind 2	AC+Mo-Sa	7	AC+Sa-Mo	17
Kind 3	AC+Ve-Mo	8	AC+Mo-Ve	18
Mutter / Ehefrau: Tod	AC+Sa-Ve	9	AC+Ve-Sa	19
Vater / Ehemann: Tod	AC+Sa-So	10	AC+So-Sa	20
Tod 1	AC+H8-Mo		AC+Mo-H8	
Tod 2	Sa+H8-Mo		Sa+Mo-H8	
Tod 3	AC+Ma-Sa		AC+Sa-Ma	
Vaterschaft	AC+Ju-So		AC+So-Ju	

FP = Formelpunkt im Computerprogramm

Bei der Sekundär-Progression werden so ziemlich alle, im Radix gültigen Regeln aufgehoben. Zum einen verlieren die Aspekt-Typen ihren Charakter, indem sie eine neutrale Form annehmen: Das Trigon kann sowohl glückliche Ereignisse wie etwa eine Geburt anzeigen, aber auch unglückliche, wie etwa einen Todesfall. Gleiches trifft für die originär disharmonischen Winkel zu, welche in der Sekundär-Progression auch harmonisch wirken können. Zum anderen verlieren die Planeten ihren geschlechtsspezifischen Charakter: Mond, Venus und Neptun können durchaus auch einen männlichen Nachwuchs anzeigen, Sonne, Mars und Pluto auch einen weiblichen. Es wäre also mittels Sekundär-Progression nicht möglich, das Geschlecht eines Fötus vorauszusagen. Bemerkenswert aber ist, daß **sensitive Punkte** *(Tabelle 3)* immerhin mit 7 % am Ereignisgeschehen beteiligt sind *(Abbildung 2)*. Sie können laut BRANDLER-PRACHT (1936) auch zur Geburtszeitkorrektur verwandt werden, da ihre Genauigkeit vom Aszendenten abhängt. Man kann sie zur analogen Untermauerung von Planetenaspekten verwenden oder ausnahmsweise auch dann, wenn im Zuge der Geburtszeitkorrektur bei einem Ereignis die Achsen und Planeten einmal keinen Aspekt "hergeben".

Bedingung 2: stimmige Deutungstexte

Die größte Stärke der Astrologie liegt in der Beschreibung
des inneren Wesens des Menschen.
Steffen Arroyo

Im Jahre 1979 köderte der französische Astrologe GAUQUELIN in einem Experiment die Leser der Zeitschrift "Ici Paris" mit einer kostenlosen, angeblich persönlichen astrologischen Geburtsbild-Analyse und verschickte 150 Interessenten aber dann das Horoskop des 1946 hingerichteten Massenmörders Marcel Petiot. Dennoch erklärten 141 Beteiligte, die Deutung entspreche genau ihrer Persönlichkeit. Das WDR-Fernsehen machte im Jahre 1997 – getarnt als "Eclipse-Astro-Forschungsgruppe" einen ähnlichen Versuch. Die Redaktion versandte an mehr als 200 Interessierte statt des eigenen Computer-Horoskops jenes des Mörders Fritz Harmann. Drei Viertel der Teilnehmer fand sich darin "korrekt", 15 sogar "perfekt" beschrieben (zit. in TÜGEL, 2001). Ähnliche Ergebnisse würden bei der astrologischen Charaktertypologie und bei Zuordnungstests erzielt.

Aus diesem Grunde stellte die Wissenschaft die Astrologen stets erfolgreich mit dem Argument ins Abseits, Evidenz-Erlebnisse seien bei richtigen Horoskopen nicht stärker als bei falschen, weil sich dem "komplexen Geflecht von Psychomechanismen" kaum jemand entziehen könne. – In der Tat: Die Qualität vieler Deutungsbücher oder über Astro-Dienste bestellbaren Deutungstexte liegt im Argen. Dies hat seinen Grund u. a. darin, daß die meisten Aussagen im Konjunktiv oder zumindest so vage und langatmig formuliert sind, daß sich jeder irgendwo erkennen kann. Hier ein Beispiel aus einer Computer-Analyse nach TÜGEL (2001):

"Sie gelangen zu den Wurzeln Ihrer Identität, indem Sie in die Tiefen der menschlichen Psyche hinabsteigen ...
Sie lieben es, die Dinge, die zu tun sind, gut zu machen. Sie arbeiten genau und gründlich und erledigen Ihre Arbeit Stück für Stück ...
Ihr Weg zum Zenit kann lang sein, jedoch ist die Ernte entsprechend groß ..."

Mit einer solchen Metaphernsprache werden heutzutage Konflikte angesprochen, ohne daß dabei beim Kunden ein Schuldgefühl entsteht. Wichtig ist nur, daß man seine Klienten nicht vergällt, ganz nach dem sog. Pseudoindividualisierungs- bzw. Barnum-Effekt: Biete jedem etwas passendes an. Um derartigen "schallenden Ohrfeigen" an die Astrologie künftig den Wind aus den Segeln zu nehmen, habe ich mir die (Lebens-) Aufgabe gemacht, im Bereich der Computertexte die Qualität der Radix-Deutung zu verbessern – zumindest für meine Forschungszwecke.

Der vom Kirchenvater THOMAS VON AQUIN (1225-74) aufgestellte, und bei den Astrologen berühmt gewordene und oft zitierte Satz "Die Sterne machen geneigt, aber sie zwingen nicht" hört sich in einer Zeit der psychologisch betonten Horoskop-Auslegung sehr moderat und tolerant an. Muß dieser Satz aber dazu herhalten, einer eher vagen oder unnötig relativierenden Ausdeutung des Geburtshoroskops das Wort zu reden, wie es der folgende Satz andeutet, ist dem tieferen, esoterischen Anliegen der Astrologie nicht gedient. "Die Deutung eines Horoskops beruht auf Inspirationen und hat damit die für jede Deutung eigentümliche Eigenschaft, weder willkürlich, noch zwingend zu sein. Auch ein Kunstwerk ist nicht richtig oder falsch. Es ist mehr oder weniger passend, mehr oder weniger beeindruckend oder anregend" (NIEHENKE, 1984). Hierzu ist mit DETHLEFSEN (1979) festzustellen, daß die Sterne natürlich zu nichts zwingen, sondern lediglich anzeigen, wie die Wirklichkeit zu einem bestimmten Zeitpunkt aussieht. Dies allerdings mit zwingender Genauigkeit, weil es hierbei um nichts Geringeres als um die Seelenentwicklung des Menschen geht. Vor dem Hintergrund eines solchen Mottos gälte für jede astrologische Aussage eine 50%-ige Wahrscheinlichkeit, nämlich sie kann stimmen – oder auch nicht. Um solche Ergebnisse zu erhalten ist es einfacher, ein Geldstück in die Luft zu werfen. Würde oben genannte Sätze zutreffen, so wäre jede mit Astrologie zugebrachte Zeit eine verlorene Zeit. Selbstverständlich kann man ein Horoskop auch ohne künstlerische Befähigung kurz und bündig deuten, man muß sich nur eng genug an die jeweilige Symbolik halten, wie es etwa BANZHAF & HAEBLER (1994) oder ÖHLSCHLEGER (1996) in vorbildlicher Weise taten. Wird ein Horoskop nach den altbekannten Regeln ausgedeutet kommen alle Astrologen zu übereinstimmenden Ergebnissen (LANG, 1986), es sei denn, sie arbeiten mit verschiedenen Häusermanieren.

Mit ARROYO (1991) und ÖHLSCHLEGER (1996) bin ich von der Richtigkeit, sich nur auf das Wesentliche im Horoskop zu beschränken, aus folgenden Gründen überzeugt:

1. Die wesentlichen Faktoren sind – wenn sie richtig gedeutet werden – sehr zuverlässig. Dies setzt allerdings relativ enge Orben voraus, damit man sich im Aspekte-Wirrwar nicht verfängt.
2. Die wesentlichen Faktoren eines Horoskops spiegeln die wichtigen Themen im Leben eines Menschen deutlich wider.
3. Der genaueste Aspekt fördert das durchschlagende Wesensmerkmal zu Tage.

ARROYO: "Wenn wir das Horoskop überfrachten, können wir die wichtigen Themen von den Details schwer unterscheiden; wir erkennen dann nicht, was die wichtigsten Themen im Leben eines Menschen sind und können diese nicht auf synthetische Weise betrachten. Man kann – je mehr Punkte, Methoden und Unbedeutendes man in Anwendung bringt – mit Hilfe des Horoskops beinahe alles rationalisieren; ich bin aber der Ansicht, daß man sich auf einige wenige, wesentliche Faktoren beschränken sollte, um den Klienten und seine Situation klar zu erkennen und immer eine Ordnung aufzuzeigen; ansonsten stürzt man ihn in Konfusion".

Wichtig bei der Verfassung von Deutungstexten ist die Wahrung des Analogieprinzips. Ein begnadeter und berufener Spontan-Deuter (ich bin es nicht) ist damit in der Lage, so schwierige Dinge, wie etwa den Häuserstand der geistigen Planeten oder gar deren Stand in den Zeichen schlüssig und widerspruchsfrei zu formulieren. Das Deutungsergebnis beispielsweise eines Saturn im 4. Haus muß ähnlich aussehen, wie:

- Saturn in Krebs
- Mond im Steinbock
- Mond im 10. Haus
- Spitze des 4. Hauses im Steinbock
- Spitze des 10. Hauses im Krebs
- Aspekte zwischen Mond und Saturn
- Aspekte zwischen Mond und Medium Coeli
- Aspekte zwischen Saturn und Imum Coeli
- Herrscher von Haus 4 im Steinbock oder im 10. Haus
- Herrscher von Haus 10 im Krebs oder im 4. Haus

Zwar unterscheidet sich die Deutung der genannten Konstellationen in Details, der Grundtenor muß aber gleich sein. Diese Variabilität in der Analogie ist auch der Grund dafür, daß Verwandte ähnliche Horoskope und damit ähnliche Wesensmerkmale besitzen, obwohl es auf den ersten Blick gar nicht so aussieht. Die exoterische Mitwelt indes hält dieses Phänomen bekanntlich für eine genetische Vererbung.

Im Hinblick auf eine stimmige Quadrantenaufteilung meint PELLETIER (zit. in SASPORTAS, 1987) mit Recht, es sei überflüssig, mathematische oder astronomische Genauigkeit anzustreben, da die Bezugsebene der Häuser ohnehin rein symbolisch ist. Meinungsverschiedenheiten über verschiedene Häusermanieren sollten aber dann bereinigt werden können, wenn es sich um die Feststellung von Tatsachen oder natürlichen Verhältnissen handelt, die beide nicht wir Menschen schaffen (GLAHN, 1928). Als Konsens-Ebene, welche Meinungsunterschiede überbrücken hilft, bietet sich m. E. die qualifizierte Deutung an.

Methodisches Vorgehen

Den Einfluß der Planeten auf das Wesen des Menschen wies erstmals GAUQUELIN (1957) nach. Darauf, und auf weitere Untersuchungen des französischen Forschers wird seitdem von Astrologen immer wieder verwiesen, wenn man sich in Beweisnot sieht. NIEHENKE (1987) versuchte, erstmalig für den deutschen Sprachraum mittels einer groß angelegten Fragebogen-Aktion nachzuweisen, daß es eine Korrelation gibt zwischen den Aussagen von Testpersonen zu eigenen Wesensmerkmalen und dem tatsächlichen Planetenstand ihres Geburtsbildes. Die Dissertation ergab jedoch keinerlei statistische Signifikanzen, was der Autor schließlich auf die unzureichende "Operationalisierung" (= Präzisierung, verbale Erfassung) der astrologischen Konzepte zurückführte. Sein Fazit: "Es bedarf möglicherweise nur anderer Operationalisierungen, um auch bei den Tierkreiszeichen (wie schon bei den Planeten-Bedeutungen) zu Ergebnissen im Sinne der astrologischen Tradition zu kommen".

Dazu ist methodisch zum Einen anzumerken, daß es prinzipiell schwierig ist, Testpersonen sich selber beurteilen zu lassen, da man sich stets anders sieht, als es die Mitwelt tut. Das Beispielsattribut "ab und zu erzähle ich auch mal eine Lüge" wird natürlich meist negativ beschieden, auch wenn es objektiv so ist. Zum Anderen sind Merkmale wie "Ich bin zu bestimmten Zeiten oder auch im allgemeinen besonders lichtempfindlich und geräuschempfindlich, so daß mir helles Licht, krasse Farben oder bestimmte Geräusche körperlich weh tun" schwer zu erfassen (zu operationalisieren). Dies ist eine für den beabsichtigten Zweck ungeeignete rhetorische Frage, die im übrigen so lang ist, daß die Testpersonen beim Entscheiden über nicht weniger als 425 solcher Attribute ermüden.

Um solchen methodischen Gefahren aus dem Wege zu gehen, sind griffige und mutige (aber dadurch nicht zwangsläufig falsche) Deutungen erforderlich, die sich auf das Wesentlich des jeweiligen Horoskopfaktors oder der Konstellation beziehen. Wer sich in vergleichender Weise mit der Deutungsliteratur befaßt, wird bald feststellen, daß sich die Texte der verschiedenen Autoren qualitativ voneinander unterscheiden und teilweise viel irreführenden Ballast mitführen. Häufig kommt es dabei zu einer Vermischung verschiedenartiger, speziell bei der Häuserbeschreibung benachbarter Prinzipien (z. B. 8. Haus / 9. Haus). Im übrigen ist eine Großteil der Deutungsliteratur unpräzise und ergeht sich im ständig wiederkehrenden Konjunktiv ("vielleicht", "könnte", "mag sein"). Eine Selektion auf klare und konsequente Interpretation gemäß astrosophischer Analogieprinzipien war für mein Vorhaben daher unerläßlich. Geeignet in diesem Sinne sind m. E. die Werke von SAKOIAN & ACKER (1979), BANZHAF & HAEBLER (1994) und

ÖHLSCHLEGER (1996). In jahrelanger Arbeit ging ich nun bei der stichwortartigen Formulierung so vor, daß ich jeweils nur diejenigen Deutungen sinngemäß übernahm, die bei diesen Werken miteinander übereinstimmen. Damit ist ein bestmögliches Maß an Stimmigkeit und standardisierter Qualität bei den Kurztexten gewährleistet.

Die heute käuflichen Computertexte beschreiben den Zeichen- und Häuserstand der Planeten unbeeinflußt von jeglicher Aspektierung, d. h., eine harmonische, disharmonische oder gemischte Bestrahlung wird ignoriert. Die Aspektierung wird indes als selbständiges Merkmal mit separaten Textbausteinen gedeutet. Da aber nach Untersuchungen von NIEHENKE (1984) eine isolierte Auswertung der Bedeutung der Aspekte keinerlei Resultate erbracht hat, bin ich dazu übergegangen, die **Qualität der Aspektierung** schon beim Häuser- und Zeichenstand zu berücksichtigen. Da ich unterschiede zwischen:

a) entweder harmonisch oder gar nicht aspektiert
b) sowohl harmonisch als auch disharmonisch aspektiert
c) ausschließlich disharmonisch aspektiert

sind die Texte so differenziert wie möglich angelegt.

Die wichtige Frage aber, welche Aspektierung harmonisch ist und welche disharmonisch, also welche Aspekte wie wirken, wird im nächsten Kapitel erläutert. Außerdem unterscheide ich bei Merkur und Venus zwischen **Morgen-** und **Abendstern**, eine Spezifizierung, die nur wenige Autoren leisten. Ein solches Vorgehen ist zwar deutungsgenauer, bringt es aber mit sich, daß der einer EDV-gestützten Horoskop-Analyse zugrunde liegende Hintergrundtext sich stark aufbläht und in meinem Fall inzwischen einen Umfang von 350 Seiten erreicht hat. Dennoch beschränkt sich eine Persönlichkeitsbeschreibung auf maximal 12 Seiten. Wie nachfolgendes Beispiel zeigt, gab ich jedem Deutungsabschnitt überdies eine sinnvolle, den Inhalt widerspiegelnde **Überschrift**.

Zweckmäßige Orben

Großzügige Orben bringen nicht nur beim Radix, sondern vor allem auch bei Transiten und Direktionen einen bunten Strauß von Aspekverbindungen mit sich, die kaum zu interpretieren sind und – je größer der Orbis gewählt wird – zu unangenehmen Fehldeutungen führen. Bei Sonne und Mond sollte man über 7°, bei den übrigen persönlichen wie auch bei den gesellschaftlichen Planeten über 5° und bei den geistigen Planeten über 4° nie hinausgehen! Neben-Aspekte sollten meiner Erfahrung zufolge mit einem Orbis von maximal 1° gewählt werden. Ich selbst bleibe bei der Forschungs- und Beratungstätigkeit (in Einklang z. B. mit BOOT, 1988) sogar noch unter diesen Grenzen *(Tabelle 4)*.

Tabelle 4: Orben-Übersicht

Haus	Aspekt-Name	Grad	Wirkung	maximaler Orbis (Grad)
Spitze 1. Haus	Konjunktion	0	harmonisch / disharmonisch	5
Spitze 2. und 12. Haus	Halbsextil	30	disharmonisch	0,5
Spitze 3. und 11. Haus	Sextil	60	harmonisch	4
Spitze 4. und 10. Haus	Quadrat	90	disharmonisch	4
Spitze 5. und 9. Haus	Trigon	120	harmonisch	4
Spitze 6. und 8. Haus	Quinkunx	150	disharmonisch	0,5
Spitze 7. Haus	Opposition	180	disharmonisch	5

Die **Auswahl** der Aspekte leite ich in Anlehnung an die bewährte Methode nach dem analogen (natürlichen) Häusersystem ab (vergl. ROHR, 1995).

Relativer **Gewichtungsfaktor** bei den einzelnen Horoskopfaktoren ist für: Sonne und Mond 1,3; für Merkur bis Saturn sowie AC, MC, Rahu und Ketu 1,0; für die geistigen Planeten und die sensitiven Punkte 0,7.

- Trigone und Sextile wirken generell harmonisch, ganz gleich von welchem Planeten sie kommen.
- Quadrate, Oppositionen, aber auch Quinkunxe und Halbsextile (vergl. BOOT, 1988; ROHR, 1995) wirken generell disharmonisch *(Tabelle 5)*, außer wenn sie von Merkur, Venus oder Jupiter kommen. Bei letzteren kann man bei dieser Deutungsmethode nicht a priori von problematischer Aspektierung sprechen.
- Konjunktionen wirken gemäß *Tabelle 6* und *Tabelle 7* unterschiedlich.
- Nicht gewertet wird die Aspektierung innerhalb der geistigen Planeten und zwischen diesen und den gesellschaftlichen Planeten. Grund: Ihre Verweildauer ist so lang, daß sie – ähnlich wie ihre Zeichenstände – für das individuelle Charakterbild nur wenig Relevanz besitzen.
- Unaspektierte Planeten wirken mit ihrer vollen eigenen Kraft, da sie nicht von anderen Prinzipien verfälscht oder modifiziert werden (vergl. MERTZ, 1990).

Was die Wirkung der Aspekte angeht, versteht es sich im übrigen von selbst, daß man in der esoterischen oder spirituellen Astrologie, für die ja der Reinkarnationsgedanke eine wichtige Grundlage ist, bei den disharmonischen eher von "Arbeitsaspekten", bei den harmonischen indes von "Erholungsaspekten" (bezüglich der Seelen-Entwicklung) reden sollte (BRIEMLE, 1997b).

Tabelle 5: Die Wirkung disharmonischer Winkel (Opposition, Quadrat, Quinkunx und Halbsextil)

Auf:	Von:
Sonne, Mond, Merkur, Venus, AC und MC	Mars, Saturn, Uranus, Neptun und Pluto
Mars	Sonne, Mond, Saturn, Uranus, Neptun und Pluto
Jupiter	Sonne, Mond, Mars, Saturn, Uranus, Neptun u. Pluto
Saturn, Urnaus, Neptun und Pluto	Sonne, Mond und Mars

Bemerkung: Saturnwinkel wirken merkmalhemmend, die anderen merkmalübersteigernd

Tabelle 6: Harmonisch wirkende Konjunktionen

Auf:	Von:
Sonne	Merkur, Venus und Jupiter
Mond	Merkur, Venus und Jupiter
Merkur	Sonne, Mond, Venus und Jupiter
Venus	Sonne, Mond, Merkur und Jupiter
Mars	Sonne, Mond, Merkur, Venus und Jupiter
Jupiter	Sonne, Mond, Merkur und Venus
Saturn	Sonne, Mond, Merkur, Venus und Jupiter
Uranus, Neptun und Pluto	Sonne, Mond, Merkur, Venus und Jupiter

Tabelle 7: Disharmonisch wirkende Konjunktionen

Auf:	Von:
Sonne	Mond, Mars, Saturn, Urnaus, Neptun und Pluto
Mond	Sonne, Mars, Saturn, Urnaus, Neptun und Pluto
Merkur	Mars, Saturn, Urnaus, Neptun und Pluto
Venus	Mars, Saturn, Urnaus, Neptun und Pluto
Mars	Saturn, Urnaus, Neptun und Pluto
Jupiter	Mars, Saturn, Urnaus, Neptun und Pluto
Saturn	Urnaus, Neptun und Pluto
Uranus, Neptun und Pluto	Mars und Saturn

Beispiel für einen Merkur im 8. Haus:

Entweder harmonisch oder gar nicht aspektierter Zwillings-Merkur im 8. Haus:

Tiefgründiges Denken
Forschergeist mit besonderem Interesse an Tabuthemen wie Tod, Jenseits oder Esoterik. Man will stets den Dingen auf den Grund gehen. Fähigkeit, Geheimnisse auszukundschaften und die Motivation der Mitmenschen zu entschlüsseln. Tendenz zu geistiger Fixierung. Oft Selbstgespräche oder Kommunikation mit Verstorbenen oder der jenseitigen Geisterwelt. (h Zwi-Me H8)

Sowohl harmonisch als auch disharmonisch aspektierter Zwillings-Merkur im 8. Haus:

Tiefgründiges bis verbohrtes Denken
Forschergeist mit besonderem Interesse an Tabuthemen wie Tod, Jenseits oder Esoterik. Man will stets den Dingen auf den Grund gehen. Fähigkeit, Geheimnisse auszukundschaften und die Motivation der Mitmenschen zu entschlüsseln. Tendenz zu geistiger Fixierung. Oft Selbstgespräche oder Kommunikation mit Verstorbenen oder der jenseitigen Geisterwelt. – Andererseits aber auch Tendenz zu verbohrtem, zwanghaftem oder engstirnigem Denken. Neigung, sich selbst beim Lernen unter Druck zu setzen. Zwanghaftes Rede- oder Lernbedürfnis. Fixe Vorstellung von der Wirklichkeit mit der Tendenz, seine Mitwelt davon zu überzeugen. Nach Zurücksetzung oft sehr nachtragend und rachsüchtig. Unter Saturn-Aspekten: Durch Wort und Schrift läßt man sich geistig manipulieren oder übernimmt die Vorstellungen und Gedanken anderer unkritisch. Tendenz, sich etwas aufschwatzen zu lassen. (h+d Zwi-Me H8)

Ausschließlich disharmonisch aspektierter Zwillings-Merkur im 8. Haus:

Verbohrtes Denken
Forschergeist mit besonderem Interesse an Tabuthemen wie Tod, Jenseits oder Esoterik. Tendenz zu verbohrtem, zwanghaftem oder engstirnigem Denken. Neigung, sich selbst beim Lernen unter Druck zu setzen. Zwanghaftes Rede- oder Lernbedürfnis. Fixe Vorstellung von der Wirklichkeit mit der Tendenz, seine Mitwelt davon zu überzeugen. Nach Zurücksetzung oft sehr nachtragend und rachsüchtig. Unter Saturn-Aspekten: Durch Wort und Schrift läßt man sich geistig manipulieren oder übernimmt die Vorstellungen und Gedanken anderer unkritisch. Tendenz, sich etwas aufschwatzen zu lassen. (d Zwi-Me H8)

Entweder harmonisch oder gar nicht aspektierter Jungfrau-Merkur im 8. Haus:

Tüchtiger Mitarbeiter
Arbeit im Bereich der Forschung, alternativer Therapien oder der Metaphysik. Oft hat man mit Erbschaftsangelegenheiten oder mit dem Geld anderer zu tun (etwa Vermögensverwalter, Treuhänder). Möglicherweise auch Tätigkeit in Zusammenhang mit dem Tod (z. B. Beerdigungsinstitut). Sehr fleißiger, ordentlicher und verläßlicher

Mitarbeiter, der totalen Einsatz bringt. Tätigkeit aber eher im Hintergrund; von dort aus wird gern manipulierend auf andere Macht ausgeübt. (h Jun-Me H8)

Sowohl harmonisch als auch disharmonisch aspektierter Jungfrau-Merkur im 8. Haus:

Tüchtiger bis perfektionistischer Mitarbeiter

Arbeit im Bereich der Forschung, alternativer Therapien oder der Metaphysik. Oft hat man mit Erbschaftsangelegenheiten oder mit dem Geld anderer zu tun (etwa Vermögensverwalter, Treuhänder). Möglicherweise auch Tätigkeit in Zusammenhang mit dem Tod (z. B. Beerdigungsinstitut). Sehr fleißiger, ordentlicher und verläßlicher Mitarbeiter, der totalen Einsatz bringt. Tätigkeit aber eher im Hintergrund; von dort aus wird gern manipulierend auf andere Macht ausgeübt. – Andererseits aber will man in einem Perfektions- und Kontrollzwang bei der Arbeit ständig alles im Griff haben. Gern auch Machtkämpfe am Arbeitsplatz wobei gegen Mitarbeiter intrigiert wird. Neigung, Abhängigkeiten zu erzeugen und andere zu dominieren. Auch Tendenz, fanatisch oder besessen zu arbeiten. Unter Saturn-Aspekten: Schwierigkeiten, sich bei der Arbeit zu behaupten. Durch dominante Mitarbeiter oder Vorgesetzte wird man unterdrückt oder zu etwas gezwungen. (h+d Jun-Me H8)

Ausschließlich disharmonisch aspektierter Jungfrau-Merkur im 8. Haus:

Perfektionistischer Mitarbeiter

Arbeit im Bereich der Forschung, alternativer Therapien oder der Metaphysik. Oft hat man mit Erbschaftsangelegenheiten zu tun. Perfektions- und Kontrollzwang wobei man bei der Arbeit ständig alles im Griff haben will. Gern auch Machtkämpfe am Arbeitsplatz wobei gegen Mitarbeiter intrigiert wird. Neigung, Abhängigkeiten zu erzeugen und andere zu dominieren. Auch Tendenz, fanatisch oder besessen zu arbeiten. Unter Saturn-Aspekten: Schwierigkeiten, sich bei der Arbeit zu behaupten. Durch dominante Mitarbeiter oder Vorgesetzte wird man unterdrückt oder zu etwas gezwungen.(d Jun-Me H8)

Bedingung 3: das richtige Häusersystem

Die Häuserposition der Planeten tritt nach außen hin stärker in Erscheinung als ihre Zeichenstellung, was verstärkt für die Langsamläufer, also für die gesellschaftlichen und die geistigen Planeten gilt. Erst durch die Häuser bekommt das Geburtshoroskop einen individuellen Charakter (ÖHLSCHEGER, 1996)

Die in meinem letzten Beitrag zu diesem Thema (vergl. MerCur 1/2000) zitierten Häuserexperten betonen einstimmig, daß das richtige Häusersystem nur empirisch gefunden werden könne. "Wir brauchen klare Richtlinien, wenn wir in dieser Frage weiterkommen wollen", meint HOLDEN (1998). Das heißt aber, man muß eine Reihe stimmiger Horoskope untersuchen, bei denen die Planeten bei verschiedenen Häusersystemen von einem Haus zum anderen wechseln. Wichtige Voraussetzung bei dieser Arbeit ist aber nicht nur eine minutengenaue Geburtszeit, sondern auch, daß man die jeweiligen Horoskopeigner gut kennt. Dazu ist wiederum eine gute Beobachtungsgabe und ein psychologisches Interesse am Mitmenschen nötig. Ein Häusersystem aus der astrologischen Praxis heraus zu beweisen, ist eine sehr schwierige und zeitraubende Aufgabe. Hierfür spricht schon der jahrhundertelange Streit um Regiomontanus und Placidus (LANG, 1986). Dennoch, unmöglich sollte auch hier nichts sein. Denn zum Wesen des Analogieprinzips gehört die Möglichkeit, Phänomene oder Erkenntnisse aus nur einer Stichprobe oder einem Beispiel auf die Gesamtheit übertragen zu können. Oder mit anderen Worten ausgedrückt: Trifft eine Gesetzmäßigkeit für den Einzelnen zu, dann trifft sie auch für alle zu. Im Lexikon ist der Analogieschluß ist so definiert, daß bei zwei Gegenständen ähnlicher Struktur auf die Entsprechung der Merkmale geschlossen werden kann. Für die herkömmlichen Naturwissenschaften ist dies kein zwingender Beweis, für Esoterik und Astrosophie schon, weil es sich um metaphysische und damit kosmische Gesetze handelt.

Eine systematisch aufgezogene Forschung in dieser Richtung steht also noch aus. SCHUBERT-WELLER (1996) drückt das Dilemma so aus: "Da die Astrologen ihre Forschung selbst organisieren müssen, in aller Regel neben und außerhalb ihrer Beratungspraxis, ist es begreiflich, daß die Grundlagenforschung – und zu einer solchen gehört die Häuserfrage – vorab vergleichsweise eng bleibt. Dieser Zustand ist bedauerlich, aber bis auf weiteres wohl kaum zu ändern".

Differenzierte Deutung der Häuserstände für die Computeranalyse

Die Weisheit der Astrologie ist zu bedeutsam,
um in einer Fülle von Worten oder endlosen,
unbedeutenden Details verlorenzugehen.
STEPHEN ARROYO

Ein Vorwort zu den Deutungstexten

Wie bereits weiter oben erläutert, haben meine Standard-Deutungen den Charakter von Wesensbeschreibungen und sind das Ergebnis von vergleichenden Exzerpten aus der verfügbaren Deutungsliteratur; dabei wurde allerdings nur Übereinstimmendes übernommen. Somit ist gewährleistet, daß das Häusertypische in Verbindung mit dem jeweiligen Planetenprinzip in möglichst klarer und unmißverständlicher Form zum Ausdruck kommt. Dadurch aber unterscheiden sich die Texte von den meisten anderen Computerdeutungen, die mehrheitlich psychologischer Natur sind. Wegen der Offenheit und Direktheit meiner Wesensbeschreibungen wird auf die Anrede "Sie" oder "Du" verzichtet. Statt dessen wird das allgemeingültige und neutrale "man" verwendet, was in dieser Form mit nur einem "n" natürlich auch für die Frau gilt. In gleicher Weise gilt die Formulierung: es ist "einem" möglich, statt: es ist "Ihnen" oder "Dir" möglich.

Der Großteil der Computertexte enthält Relativierungen, meist in Form häufiger Verwendung des Konjunktivs ("könnte", "möglicherweise", "vielleicht", "mag sein"). Damit mag in einfühlender Weise auf das zahlende Klientel Rücksicht genommen werden. Zur esoterischen Wahrheitsfindung sind jedoch alle Formen der Verharmlosung oder Beschönigung untauglich. Denn nicht nur dem Erkenntnistheoretiker ist es klar, daß es in unserer satanischen Welt nicht nur "liebe" Menschen gibt. Gerade im Geburtsbild kommen durch Wiederholungskonstellationen und minutengenaue Problemaspekte auch kriminelle Energien ans Tageslicht. Wenn auch die exoterische Mitwelt diese Grundveranlagung oder "fatalistische Determinierung" nicht wahrhaben will und lieber auf genetische oder umweltrelevante Ursachen verweist, sollte sich wenigstens der Astrologe diesbezüglich nicht in die eigene Tasche lügen. Er hat gegenüber dem Klienten ja die Möglichkeit, disharmonische Aspekte als "Arbeitsaspekte", harmonische dagegen als "Urlaubsaspekte" zu bezeichnen.

Die Vertreter der heute modernen "psychologischen Astrologie" distanzieren sich von einer "deterministischen, ereignisorientierten Astrologie". Es wird unterstellt, der westliche Mensch habe aufgrund seiner Entwicklung heute im Vergleich zu früher wesentlich mehr Wahlmöglichkeiten, "indem er sich nicht mehr restlos einem geschlechtlichen oder gesellschaftlichen Rollenverhalten zu unterziehen hat" (WEISS, 1992). Dem ist entgegenzuhalten, daß der moderne Mensch unserer mobilen Informationsgesellschaft genauso vielen Schicksalsschlägen unterliegt, wie es zu früheren Zeiten der Fall war. Wie sollten sie auch ausbleiben, wo doch er zur Vervollkommnung der Seele ebenso auf "geschicktes Heil" (= Schicksal) angewiesen ist, wie es früher seine Ahnen waren? Nur die Werkzeuge des Schicksals haben sich gewandelt: Während man früher unter der Willkür von Diktatoren litt, ist es heute beispielsweise der Straßenverkehr, der diese Aufgabe übernimmt. Weil der Mensch für die eigenen Fehler und Charakterschwächen blind ist, distanziert sich die psychologische Astrologie in opportunistischer Weise von der reinen Beschreibung der Stärken und Schwächen des Klienten. Dies mag zwar probat und wirtschaftlich interessanter sein, geschieht aber um den Preis langatmiger, oft unklarer Deutungstexte, die sich kaum für eine Häuserabgrenzung eignen. Im übrigen gibt die an den Zeitgeist angepaßte psychologische Astrologie Anlaß zur Kritik: Nach HADRY (2001) werden hier Vorstellungen an die Stelle von Wahrheit und Wirklichkeit gesetzt. "Die Reduzierung der Astrologie auf die Psychologie ist ein typischer Ausfluß jener Geisteshaltung, die in der Philosophie "perspektivischer Subjektivismus" genannt wird". Dagegen ist die Astrologie a priori ein Erkenntnis-Instrument, um die Zusammenhänge der Welt zu erkennen, insbesondere das Eingebundensein des Menschen in die Ganzheit der Welt. Wie sollte man anders die schicksalhaften Ereignisse in Politik oder Geschichte begreifen? In der konkreten Therapie wird für das Ziel der Schmerz- oder Symptomfreiheit ohne zu zögern die Selbständigkeit und Individualität des Patienten geopfert. Jede konventionelle Psychotherapie hat letztlich Schicksalsverhinderung zur Folge, wenn sie Fremdprogramme auf den Patienten überträgt. Die einzige Methode, die den Namen "Heilmethode" überhaupt verdient, ist die neutrale astrologische Deutung. Sie ermöglicht es dem Patienten, ein eigenes Bewußtsein zu erlangen (HADRY, 2001). Die "Schuld" der psychologischen Astrologen sieht er darin, "daß sie die Grundprinzipien, die Wahrheiten und die Begrifflichkeiten der Astrologie verraten und an die Stelle der Wahrheit ein illusionäres Programm gesetzt haben, das die Erlösung von allen Problemen schon in dieser Welt verspricht".

Im folgenden werden die Planetenstände in den 12 Horoskophäusern in der Art von Textbausteinen gedeutet. Das besondere und neue an diesen Deutungstexten ist – wie schon in Kapitel 3 erwähnt – die Kombination von Häuserstellung und Aspektierung. In chronologischer Folge erscheint dabei jewells der Text für einen "entweder harmonisch oder gar nicht aspektierter Planeten im Haus", einen "sowohl harmonisch als auch disharmonisch aspektierten Planeten" und einen "ausschließlich disharmonisch aspektierten Planeten". Dieser Terminus wird nicht mehr jedesmal wiederholt, sondern nur noch als Kürzel am Ende des Textbausteins erwähnt. Dabei bedeuten: h = harmonische oder gar keine Aspektierung, h+d = harmonische und disharmonische Aspektierung, d = ausschließlich disharmonische Aspektierung. Die Kürzel für die Planeten und Häusernamen sind der üblichen, verkürzten EDV-Schreibweise angeglichen. So steht beispielsweise "h+d So H7" für eine harmonisch und disharmonisch aspektierte Sonne im 7. Haus. Sind die Häuser leer, also nicht besetzt, erfolgt im Anschluß daran eine entsprechende Deutung der Häuserspitzen in den Zeichen.

Die Deutungen selbst folgen im Wesentlichen den vorbildlichen Werken von SAKOIAN & ACKER (1979), REINICKE (1991), BANZHAF & HAEBLER (1994) und ÖHLSCHLEGER (1996).

Haus 1: Persönliches Auftreten, Selbstdurchsetzung, Ego, Lebensenergie

Sonne im 1. Haus

Entweder harmonisch oder gar nicht aspektierte Sonne im 1. Haus:

Selbstbewußt

Starker Wille, gute Lebenskraft, starkes Selbstbewußtsein und Tatkraft. Viel Unternehmungsgeist. Führernatur, die sich durch die Meinungen oder Wünsche anderer nicht von ihren Zielen abbringen läßt. Man weiß ganz genau, was man will. Viel Energie und Regenerationskraft, die körperliche Störungen oder Erkrankungen rasch zu überwinden lassen. Bereit, lange und hart zu arbeiten, um in den Augen der Mitwelt Ansehen und Wertschätzung zu erlangen. (h So H1)

Sowohl harmonisch als auch disharmonisch aspektierte Sonne im 1. Haus:

Selbstbewußt bis herrschsüchtig

Starker Wille, gute Lebenskraft, starkes Selbstbewußtsein und Tatkraft. Viel Unternehmungsgeist. Führernatur, die sich durch die Meinungen oder Wünsche anderer nicht von ihren Zielen abbringen läßt. Man weiß ganz genau, was man will. Viel Energie und Regenerationskraft, die körperliche Störungen oder Erkrankungen rasch zu überwinden lassen. Bereit, lange und hart zu arbeiten, um in den Augen der Mitwelt Ansehen und Wertschätzung zu erlangen. – Andererseits übertriebener Stolz, Egoismus oder Übereifer. Man ist stets sich selbst der Nächste und wird primär für sich selbst aktiv. Gern auch kritikempfindlich, geltungs- und herrschsüchtig. Unter Saturn-Aspekten: Nicht fähig, sich selbst oder seinen Willen gegenüber Autoritäten (Vater, Männern) durchzusetzen. Kein Mut zur Eigenständigkeit. (h+d So H1)

Ausschließlich disharmonisch aspektierte Sonne im 1. Haus:

Herrschsüchtig

Starker Wille, gute Lebenskraft, starkes Selbstbewußtsein und Tatkraft. Viel Unternehmungsgeist. Andererseits übertriebener Stolz, Egoismus oder Übereifer. Man ist stets sich selbst der Nächste und wird primär für sich selbst aktiv. Gern auch kritikempfindlich, geltungs- und herrschsüchtig. Unter Saturn-Aspekten: Nicht fähig, sich selbst oder seinen Willen gegenüber Autoritäten (Vater, Männern) durchzusetzen. Kein Mut zur Eigenständigkeit. (d So H1)

Mond im 1. Haus

Anpassungsbereit

Intuitiv und instinktsicher mit sensiblem Gespür für die Erwartungen der Mitwelt. Man paßt sich an und reagiert lieber als zu agieren. Von anderen leicht beeinflußbar. Bedürfnis nach persönlicher Anerkennung mit der Gefahr, ausgenutzt zu werden. Ruhelose Natur mit Wandertrieb; viel auf (kleinen) Reisen. Sehr beeindruckbar und einfühlsam mit kindlicher Offenheit. Man übernimmt gerne die Gefühle und Haltungen der anderen. Engagement für Heim, Familie, Kinder und die Natur. (h Mo H1)

Anpassungsbereit bis unausgeglichen

Intuitiv und instinktsicher mit sensiblem Gespür für die Erwartungen der Mitwelt. Man paßt sich an und reagiert lieber als zu agieren. Von anderen leicht beeinflußbar. Bedürfnis nach persönlicher Anerkennung mit der Gefahr, ausgenutzt zu werden. Ruhelose Natur mit Wandertrieb; viel auf (kleinen) Reisen. Sehr beeindruckbar und einfühlsam mit kindlicher Offenheit. Man übernimmt gerne die Gefühle und Haltungen der anderen. Engagement für Heim, Familie, Kinder und die Natur. – Andererseits Zuhause gern Streit, besonders mit der Mutter. Als Frau: aggressiv und energisch, als Mann: sadistische Gefühle gegenüber Frauen. Neigung zu Affekthandlungen. Stark abhängig vom Modetrend, unausgeglichen und fremdbestimmt. Wendehals, der sich immer auf die Seite des Stärkeren schlägt. Wechselnder Energieeinsatz: Vieles wird begonnen, wenig zu Ende gebracht. Unter Saturn-Aspekten: Man hat keinen Mut, seine Gefühle auszudrücken. Unterdrückter Ärger mit aggressiven Gefühlen. Überempfindlich und seelisch leicht verletzbar. (h+d Mo H1)

Unausgeglichen

Intuitiv und instinktsicher mit sensiblem Gespür für die Erwartungen der Mitwelt. Stark abhängig vom Modetrend, unausgeglichen und fremdbestimmt. Wendehals, der sich immer auf die Seite des Stärkeren schlägt. Wechselnder Energieeinsatz: Vieles wird begonnen, wenig zu Ende gebracht. Zuhause gern Streit, besonders mit der Mutter. Als Frau: aggressiv und energisch, als Mann: sadistische Gefühle gegenüber Frauen. Neigung zu Affekthandlungen. Unter Saturn-Aspekten: Man hat keinen Mut, seine Gefühle auszudrücken. Unterdrückter Ärger mit aggressiven Gefühlen. Überempfindlich und seelisch leicht verletzbar. (d Mo H1)

Zwillings-Merkur im 1. Haus

Ideenreiches Auftreten

Interesse am Neuen. Pionierhaft setzt man geistige Impulse und hat eigene, oft neue Ideen oder Pläne. Bedürfnis nach Kommunikation mit intellektuellem Ehrgeiz. Im Denken stets eigenständig mit dem Drang, seine Meinung durchzusetzen; nur die eigene Meinung zählt. Man entwickelt Initiative. Praktisches oder manuelles Geschick. (h Zwi-Me H1)

Ideenreiches bis rechthaberisches Auftreten

Interesse am Neuen. Pionierhaft setzt man geistige Impulse und hat eigene, oft neue Ideen oder Pläne. Bedürfnis nach Kommunikation mit intellektuellem Ehrgeiz. Im Denken stets eigenständig mit dem Drang, seine Meinung durchzusetzen; nur die

eigene Meinung zählt. Man entwickelt Initiative. Praktisches oder manuelles Geschick.
– Andererseits aber auch scharf, direkt und verletzend im Ausdruck. Neigung zu
Rechthaberei, Übertreibungen und Streitlust mit willkürlichen "Rundumschlägen".
Gern auch zu schnelles, unüberlegtes Urteil. In der Argumentation meist lautstark.
Unter Saturn-Aspekten: Kein Mut, sich in Wort oder Schrift zu äußern, kein Mut zur
Kommunikation. Aggression und Ärger lebt man nur im Gedanken und kann sie nicht
ausdrücken oder formulieren. Geistig träge oder inaktiv. (h+d Zwi-Me H1)

Rechthaberisches Auftreten

Interesse am Neuen. Pionierhaft setzt man geistige Impulse und hat eigene, oft neue
Ideen oder Pläne. Andererseits aber auch scharf, direkt und verletzend im Ausdruck.
Neigung zu Rechthaberei, Übertreibungen und Streitlust mit willkürlichen
"Rundumschlägen". Gern auch zu schnelles, unüberlegtes Urteil. In der
Argumentation meist lautstark. Unter Saturn-Aspekten: Kein Mut, sich in Wort oder
Schrift zu äußern, kein Mut zur Kommunikation. Aggression und Ärger lebt man nur im
Gedanken und kann sie nicht ausdrücken oder formulieren. Geistig träge oder inaktiv.
(d Zwi-Me H1)

Jungfrau-Merkur im 1. Haus

Engagiert bei der Arbeit

Man arbeitet vorwiegend für sich selbst bzw. für seine persönlichen Zwecke. Dabei
wird viel Aktivität und Initiative an den Tag gelegt. Führungsanspruch mit dem
Bedürfnis, immer wieder etwas Neues zu machen oder neue Arbeitsmethoden zu
entwickeln (Pionier). Man engagiert sich bei allen Vorhaben persönlich mit der
Neigung, alles selber zu machen. (h Jun-Me H1)

Engagiert bis ungeduldig bei der Arbeit

Man arbeitet vorwiegend für sich selbst bzw. für seine persönlichen Zwecke. Dabei
wird viel Aktivität und Initiative an den Tag gelegt. Führungsanspruch mit dem
Bedürfnis, immer wieder etwas Neues zu machen oder neue Arbeitsmethoden zu
entwickeln (Pionier). Man engagiert sich bei allen Vorhaben persönlich mit der
Neigung, alles selber zu machen. – Andererseits aber geradezu arbeitswütig,
aggressiv oder streitbar bei der Arbeit. Gern auch egoistisch: man bringt nur Einsatz,
wenn es einem etwas nützt. Dabei gern kritisch, ungeduldig oder nörgelnd. Impulsiv
mit wenig Ausdauer. Man will schnelle Resultate haben. <k>Unter Saturn-
Aspekten:<n> Man geht kein Risiko bei der Arbeit ein, ist wenig initiativ oder sogar
energielos. Anpassend und unterordnend. (h+d Jun-Me H1)

Ungeduldig bei der Arbeit

Man arbeitet vorwiegend für sich selbst bzw. für seine persönlichen Zwecke. Gern
geradezu arbeitswütig, aggressiv oder streitbar bei der Arbeit. Gern auch egoistisch:
man bringt nur Einsatz, wenn es einem etwas nützt. Dabei oft kritisch, ungeduldig
oder nörgelnd. Impulsiv mit wenig Ausdauer. Man will schnelle Resultate haben.
<k>Unter Saturn-Aspekten:<n> Man geht kein Risiko bei der Arbeit ein, ist wenig
initiativ oder sogar energielos. Anpassend und unterordnend. (d Jun-Me H1)

Stier-Venus im 1. Haus

Sicherheitsstreben

Streben nach materieller Sicherheit. Man will mit Geld und Besitz den Eigenwert präsentieren oder sich damit Achtung verschaffen und durchsetzen. Hang zu geschmackvoller oder teurer Kleidung, gern mit Schmuck untermalt. Mut zu eigenem Lebensstil und zum Genuß. Viel Energieeinsatz zur Erlangung von Haus- und Grundbesitz. (h Sti-Ve H1)

Sicherheitsstreben bis Raffgier

Streben nach materieller Sicherheit. Man will mit Geld und Besitz den Eigenwert präsentieren oder sich damit Achtung verschaffen und durchsetzen. Hang zu geschmackvoller oder teurer Kleidung, gern mit Schmuck untermalt. Mut zu eigenem Lebensstil und zum Genuß. Viel Energieeinsatz zur Erlangung von Haus- und Grundbesitz. – Andererseits aber auch überzogener Ehrgeiz in bezug auf Besitz, Titel oder Prestige. Viel materieller Ehrgeiz mit Neigung zu Raffgier, Habgier und Geldgier. Dadurch ergibt sich oft Streit um Geld und Besitz. Unter Saturn-Aspekten: Minderwertigkeitsgefühle wegen Mittellosigkeit. Kein Mut, Geld zu verlangen oder nein zu sagen usw. (h+d Sti-Ve H1)

Raffgier

Streben nach materieller Sicherheit. Man will mit Geld und Besitz den Eigenwert präsentieren oder sich damit Achtung verschaffen und durchsetzen. Andererseits aber auch überzogener Ehrgeiz in bezug auf Besitz, Titel oder Prestige. Viel materieller Ehrgeiz mit Neigung zu Raffgier, Habgier und Geldgier. Dadurch ergibt sich oft Streit um Geld und Besitz. Unter Saturn-Aspekten: Minderwertigkeitsgefühle wegen Mittellosigkeit. Kein Mut, Geld zu verlangen oder nein zu sagen usw. (d Sti-Ve H1)

Waage-Venus im 1. Haus

Anmutige Erscheinung

Man hat ein gefälliges und anmutiges Äußeres. Als Frau: auffallende Schönheit; als Mann: eine etwas weibliche Ausstrahlung. Liebenswürdig im Umgang, taktvoll, charmant. Mit freundlichen und geselligen Auftritten ist man stets bemüht, anziehend zu wirken. Gerne künstlerisch tätig um sich damit durchzusetzen oder zu behaupten. – Andererseits aber auch eitel, gefallsüchtig und vergnügungshungrig. Als Mann Schürzenjäger und Playboy, als Frau erotisch aufreizend. Immer auf der Suche nach neuen Kontakten. Stürmisch in der Liebe und feuriger Liebhaber. (h Waa-Ve H1)

Anmutige bis eitle Erscheinung

Man hat ein gefälliges und anmutiges Äußeres. Als Frau: auffallende Schönheit; als Mann: eine etwas weibliche Ausstrahlung. Liebenswürdig im Umgang, taktvoll, charmant. Mit freundlichen und geselligen Auftritten ist man stets bemüht, anziehend zu wirken. Gerne künstlerisch tätig um sich damit durchzusetzen oder zu behaupten. – Andererseits aber auch eitel, gefallsüchtig und vergnügungshungrig. Als Mann Schürzenjäger und Playboy, als Frau erotisch aufreizend. Immer auf der Suche nach neuen Kontakten. Stürmisch in der Liebe und feuriger Liebhaber. Unter Saturn-Aspekten: Die eigenen Bedürfnisse werden unterdrückt, man kann sich nicht durchsetzen oder weicht Auseinandersetzungen aus. (h+d Waa-Ve H1)

Eitle Erscheinung

Man hat ein gefälliges und anmutiges Äußeres. Als Frau: auffallende Schönheit; als Mann: eine etwas weibliche Ausstrahlung. Gern eitel, gefallsüchtig und vergnügungshungrig. Als Mann Schürzenjäger und Playboy, als Frau erotisch aufreizend. Immer auf der Suche nach neuen Kontakten. Stürmisch in der Liebe und feuriger Liebhaber. Unter Saturn-Aspekten: Die eigenen Bedürfnisse werden unterdrückt, man kann sich nicht durchsetzen oder weicht Auseinandersetzungen aus. (d Waa-Ve H1)

Mars im 1. Haus (Regent)
Engagiertes Auftreten

Man ist spontan, gern etwas voreilig im Handeln und hat die Neigung, riskante Aktionen zu starten. Viel Unternehmungsgeist, Energie, Ehrgeiz, und Durchsetzungswille, meist mit Führungsanspruch. Man braucht viel Handlungsfreiheit, ist vielseitig engagiert und liebt den Sport, dort vor allem den Wettkampf. Gute handwerkliche Fähigkeiten. Bei der Frau: männliche Ausstrahlung. (h+d Ma H1)

Engagiertes bis aggressives Auftreten

Man ist spontan, gern etwas voreilig im Handeln und hat die Neigung, riskante Aktionen zu starten. Viel Unternehmungsgeist, Energie, Ehrgeiz, und Durchsetzungswille, meist mit Führungsanspruch. Man braucht viel Handlungsfreiheit, ist vielseitig engagiert und liebt den Sport, dort vor allem den Wettkampf. Gute handwerkliche Fähigkeiten. Bei der Frau: männliche Ausstrahlung. – Andererseits aber auch leicht reizbar, allzu impulsiv, direkt im Ausdruck und grob oder gar rücksichtslos im Umgang mit anderen. Aggressives und konfliktbereites Auftreten (zumindest verbal) mit dem Drang, sich durchzusetzen. Dabei oft ungeduldig, wütend oder gar jähzornig; beim Mann evtl. gewalttätig bis brutal. Unter Saturn-Aspekten: Nicht fähig, sich gegenüber Vater, Vorgesetzten oder Autoritäten durchzusetzen. Man erfährt das Recht des Stärkeren. (h+d Ma H1)

Aggressives Auftreten

Man ist spontan, gern etwas voreilig im Handeln und hat die Neigung, riskante Aktionen zu starten. Viel Unternehmungsgeist, Energie, Ehrgeiz, und Durchsetzungswille, meist mit Führungsanspruch. Andererseits aber auch leicht reizbar, allzu impulsiv, direkt im Ausdruck und grob oder gar rücksichtslos im Umgang mit anderen. Aggressives und konfliktbereites Auftreten (zumindest verbal) mit dem Drang, sich durchzusetzen. Dabei oft ungeduldig, wütend oder gar jähzornig; beim Mann evtl. gewalttätig bis brutal. Unter Saturn-Aspekten: Nicht fähig, sich gegenüber Vater, Vorgesetzten oder Autoritäten durchzusetzen. Man erfährt das Recht des Stärkeren. (h+d Ma H1)

Jupiter im 1. Haus
Würdevolle Erscheinung

Im Auftreten würdevoll, freundlich und wohlwollend. Ausgeprägte moralisch-ethische Überzeugungen, für die man auch eintritt. Gern im Bildungsbereich oder in der Kirche aktiv. Neues nimmt man begeistert in Angriff, und das in der Regel auch mit Erfolg. Überhaupt Glück im Leben. Optimistische Lebenseinstellung, die auch auf andere abfärbt. Starker Reise- und Erkenntnisdrang. (h Ju H1)

Würdevolle bis selbstgerechte Erscheinung

Im Auftreten würdevoll, freundlich und wohlwollend. Ausgeprägte moralisch-ethische Überzeugungen, für die man auch eintritt. Gern im Bildungsbereich oder in der Kirche aktiv. Neues nimmt man begeistert in Angriff, und das in der Regel auch mit Erfolg. Überhaupt Glück im Leben. Optimistische Lebenseinstellung, die auch auf andere abfärbt. Starker Reise- und Erkenntnisdrang. – Andererseits aber auch Gefahr, sich zu übernehmen oder zu überschätzen. Übermütig und überaktiv mit der Tendenz, über das Ziel hinauszuschießen. Neigung, sich wichtigzumachen, zu übertreiben oder mehr scheinen zu wollen, als man wirklich ist. Gern auch unfähig zum Eingeständnis eigener Fehler. Unter Saturn-Aspekten: Engagement, Mut und Triebleben werden durch Moral oder Weltanschauung am Ausleben gehindert oder verdrängt. Möglicherweise wird man wegen seiner Religion oder Weltanschauung angegriffen. (h+d Ju H1)

Selbstgerechte Erscheinung

Im Auftreten würdevoll, freundlich und wohlwollend. Gern aber Gefahr, sich zu übernehmen oder zu überschätzen. Übermütig und überaktiv mit der Tendenz, über das Ziel hinauszuschießen. Neigung, sich wichtigzumachen, zu übertreiben oder mehr scheinen zu wollen, als man wirklich ist. Gern auch unfähig zum Eingeständnis eigener Fehler. Unter Saturn-Aspekten: Engagement, Mut und Triebleben werden durch Moral oder Weltanschauung am Ausleben gehindert oder verdrängt. Möglicherweise wird man wegen seiner Religion oder Weltanschauung angegriffen. (d Ju H1)

Saturn im 1. Haus

Ernstes Auftreten

Ernst, zurückhaltend im Auftreten, kühl, distanziert und vorsichtig, oft mürrisch. Meist gehemmte Selbstdurchsetzung. Der Energieeinsatz ist jedoch zielgerichtet: man tut nie etwas ohne eine bestimmte Absicht. Verantwortung wird gern übernommen, Erfolg stellt sich aber nur durch harte Arbeit nach viel Energie und Ausdauer ein. Im Denken klar mit ausgeprägtem Gerechtigkeitsgefühl, aber wenig Sinn für Vergnügungen. (h Sa H1)

Ernstes bis pessimistisches Auftreten

Ernst, zurückhaltend im Auftreten, kühl, distanziert und vorsichtig, oft mürrisch. Meist gehemmte Selbstdurchsetzung. Der Energieeinsatz ist jedoch zielgerichtet: man tut nie etwas ohne eine bestimmte Absicht. Verantwortung wird gern übernommen, Erfolg stellt sich aber nur durch harte Arbeit nach viel Energie und Ausdauer ein. Im Denken klar mit ausgeprägtem Gerechtigkeitsgefühl, aber wenig Sinn für Vergnügungen. – Andererseits sehr geringes Selbstvertrauen mit ständiger Angst vor Verletzungen. Freudloser, sorgenvoller Einzelgänger. Wegen Mißtrauen der Mitwelt gegenüber gern egoistischer, materiell geprägter Ehrgeiz. Man glaubt, die eigenen Interessen stets verteidigen zu müssen. Die Jugendzeit ist hart und entbehrungsreich. Alles Neue wird zum Problem. (h+d Sa H1)

Pessimistisches Auftreten

Ernst, zurückhaltend im Auftreten, kühl, distanziert und vorsichtig, oft mürrisch. Meist gehemmte Selbstdurchsetzung. Sehr geringes Selbstvertrauen mit ständiger Angst vor Verletzungen. Freudloser, sorgenvoller Einzelgänger. Wegen Mißtrauen der Mitwelt gegenüber gern egoistischer, materiell geprägter Ehrgeiz. Man glaubt, die eigenen Interessen stets verteidigen zu müssen. Die Jugendzeit ist hart und entbehrungsreich. Alles Neue wird zum Problem. (d Sa H1)

Uranus im 1. Haus
Originelle Erscheinung

Im Auftreten originell, unkonventionell und voller Ideen. Dabei aufgeschlossen für alles Neue, jedoch großer Freiheitsdrang. Man handelt nur freiwillig und ist ganz von seiner Einzigartigkeit und Wichtigkeit überzeugt. Gern Anführer in der Gruppe oder initiativ im Freundeskreis. Viel Pioniergeist. (h Ur H1)

Originelle bis hektische Erscheinung

Im Auftreten originell, unkonventionell und voller Ideen. Dabei aufgeschlossen für alles Neue, jedoch großer Freiheitsdrang. Man handelt nur freiwillig und ist ganz von seiner Einzigartigkeit und Wichtigkeit überzeugt. Gern Anführer in der Gruppe oder initiativ im Freundeskreis. Viel Pioniergeist. – Andererseits aber auch sprunghaft oder hektisch mit Neigung zu Nervosität, Ticks oder Zuckungen. Man kann nicht ruhig sitzen. Sehr eigenwillig, oft mit extremen Verhaltensweisen: Überspanntes Freiheitsbedürfnis, aufrührerisch, rebellisch. Ständig auf der Suche nach neuen Aktivitäten, nach Spannung oder Abenteuern. (h+d Ur H1)

Hektische Erscheinung

Im Auftreten originell, unkonventionell und voller Ideen. Dabei aufgeschlossen für alles Neue, jedoch großer Freiheitsdrang. Gern sprunghaft oder hektisch mit Neigung zu Nervosität, Ticks oder Zuckungen. Man kann nicht ruhig sitzen. Sehr eigenwillig, oft mit extremen Verhaltensweisen: Überspanntes Freiheitsbedürfnis, aufrührerisch, rebellisch. Ständig auf der Suche nach neuen Aktivitäten, nach Spannung oder Abenteuern. (d Ur H1)

Neptun im 1. Haus
Einfühlsame Erscheinung

Man hat eine geheimnisvolle, oft faszinierende Ausstrahlung, ist künstlerisch oder musikalisch veranlagt; dabei sensibel und einfühlsam, stets aber hochgradig beeindruckbar. Selbstlos engagiert man sich für soziale oder karitative Zwecke (Helfersyndrom). Man geht, wie ferngesteuert, den richtigen Weg. (h Ne H1)

Einfühlsame bis verführbare Erscheinung

Man hat eine geheimnisvolle, oft faszinierende Ausstrahlung, ist künstlerisch oder musikalisch veranlagt; dabei sensibel und einfühlsam, stets aber hochgradig beeindruckbar. Selbstlos engagiert man sich für soziale oder karitative Zwecke (Helfersyndrom). Man geht, wie ferngesteuert, den richtigen Weg. – Andererseits besteht aber auch Suchtgefahr (Drogen, Alkohol). Neigung zur Selbsttäuschung, oder man wird von anderen getäuscht und hintergangen. Gern das Opfer starker Persönlichkeiten. Opportunistische Neigung, der Umwelt das Gesicht zu zeigen, das sie gern sieht. Durchsetzungs- und Entscheidungsschwäche (oft Fehlentscheidungen) mit Angst vor Risiken. (h+d Ne H1)

Verführbare Erscheinung

Man hat eine geheimnisvolle, oft faszinierende Ausstrahlung, ist künstlerisch oder musikalisch veranlagt. Es besteht aber Suchtgefahr (Drogen, Alkohol). Neigung zur Selbsttäuschung, oder man wird von anderen getäuscht und hintergangen. Gern das Opfer starker Persönlichkeiten. Opportunistische Neigung, der Umwelt das Gesicht zu zeigen, das sie gern sieht. Durchsetzungs- und Entscheidungsschwäche (oft Fehlentscheidungen) mit Angst vor Risiken. (d Ne H1)

Pluto im 1. Haus

Unnachgiebiges Auftreten

Starke Willenskraft und zwanghaft-dominantes Auftreten. Unnachgiebig: Man will sich unbedingt durchsetzen. Gern stechender oder finsterer Blick, aber dennoch magische Anziehungskraft. Großer Tatendrang und Fähigkeit, ungeahnte Kräfte zu mobilisieren. Man wächst in einer entbehrungsreichen Umwelt auf und ist mit dem Kampf ums Überleben vertraut. Verschlossen, nur schwer durchschaubar und daher oft verkannt. Sehr entwicklungsfähige Natur. (h PL H1)

Unnachgiebiges bis rücksichtsloses Auftreten

Starke Willenskraft und zwanghaft-dominantes Auftreten. Unnachgiebig: Man will sich unbedingt durchsetzen. Gern stechender oder finsterer Blick, aber dennoch magische Anziehungskraft. Großer Tatendrang und Fähigkeit, ungeahnte Kräfte zu mobilisieren. Man wächst in einer entbehrungsreichen Umwelt auf und ist mit dem Kampf ums Überleben vertraut. Verschlossen, nur schwer durchschaubar und daher oft verkannt. Sehr entwicklungsfähige Natur. – Andererseits aber auch zwanghafte Neigung, andere beherrschen und bestimmen zu wollen. Dabei destruktiver Einsatz der Energien bis hin zu rücksichtslosem Durchsetzen seines Willens. Beim Mann: gern gewalttätig bis brutal. (h+d PL H1)

Rücksichtsloses Auftreten

Starke Willenskraft und dominantes Auftreten. Unnachgiebig: Man will sich unbedingt durchsetzen. Gern stechender oder finsterer Blick, aber dennoch magische Anziehungskraft. Zwanghafte Neigung, andere beherrschen und bestimmen zu wollen. Dabei destruktiver Einsatz der Energien bis hin zu rücksichtslosem Durchsetzen seines Willens. Beim Mann: gern gewalttätig bis brutal. (d PL H1)

Winkel zum AC

Sie gelten nur bei minutengenauer Geburtszeit!

Selbstbewußtes Auftreten

Deutlicher Geltungs- und Tatendrang. Positiver und starker Ausdruck der Persönlichkeit. Dabei spontan, kraftvoll und willensstark. Oft väterliche Haltung mit Neigung zu Bevorzugung und Gönnerschaft. Starkes Vertrauen in die eigenen Fähigkeiten mit großem Selbstbewußtsein und gesundes Selbstwertgefühl. Positive Einstellung zum Leben mit öffentliche Anerkennung und guter Gesundheit. (So h AC)

Konfliktreiches Auftreten

Drang nach Einfluß und Macht, jedoch nicht immer erfolgreich. Das Angestrebte bleibt oft oder man kann die Stellung nur schwer aufrecht erhalten. Oft auch Schädigung durch andere, mit Verleumdungen und Enttäuschungen. Äußere Erscheinung und inneres Wesen passen nicht zusammen: Man versteckt sich gern hinter einer gesellschaftlich akzeptierten Maske. Dadurch Hemmungen des persönlichen Ausdrucks und frustrierende Auseinandersetzungen. Etwas schwache Lebenskraft. (So d AC)

Gemütvolles Wesen

Gemütvolle und anpassungsfähige Persönlichkeit. Einfühlsam, phantasievoll, beeindruckbar, abwartend, meistens reagierend (nicht agierend). Sehr entgegenkommend mit Neigung zu Gemeinschaftssinn mit instinktiv volkstümlicher Wesensäußerung. Fähigkeit, beliebt oder gar bekannt zu werden. Meist auch bereit, sich gegenüber anderen seelisch zu öffnen. Vertrauen in die Weisheit in einer höheren Gewalt, die den Menschen führt. Gern etwas sentimental veranlagt. (Mo h AC)

Viel Stimmungswechsel

Starker Stimmungswechsel, oft mit manisch-depressiven Phasen und Launen. Schwankung zwischen Heiterkeit und Traurigkeit. Daher Schwierigkeiten, Gefühle zu zeigen oder die eigenen Wünsche in die Tat umzusetzen. Im Ausdruck mitunter emotional blockiert, zugleich aber launisch, sentimental und empfindsam gegenüber anderen. Neigung zu Mißverständnissen. (Mo d AC)

Wendig

Ausgeglichener, anpassungsfähiger Intellekt, meist mit mehr theoretischer oder wissenschaftlicher Ausprägung (z. B. schriftstellerische Begabung). Sehr geschickt und wendig im Auftreten, kontakt- und kommunikationsfreudig, diplomatisch und unterhaltsam. Persönlichkeit mit intellektueller Note. (Me h AC)

Listig

Listig und durchtrieben im Umgang mit anderen. Häufig aber nervös und seelisch reizbar, mit Neigung zu Irrtümern und Fehlleistungen besonders im Bereich praktischer Betätigung. Unermüdlicher Widerspruchsgeist mit der Folge von Auseinandersetzungen. Neigung zu Mißverständnissen, Kritiksucht und Klatsch. (Me d AC)

Charmantes Auftreten

Anpassungsfähiges Gefühls- und Triebleben, zärtlichkeitsbedürftig und gesellig mit lebhaft sinnlichem Einschlag; oft gepaart mit künstlerische Anlagen, wie etwa Malerei, Schauspiel oder Musik. Im Auftreten charmant, feminin und anmutig. Diplomatisches Geschick, gesellige Umgangsformen und eine angenehme Wesensart. (Ve h AC)

Gefallsüchtig

Lebhaft sinnlicher Einschlag mit dem Bedürfnis nach Zärtlichkeit. Im Gefühls- und Triebleben aber manchmal Neigung zu Hemmungen, Spannungen und Sperrungen. Schwierigkeiten, eigene Gefühle auszudrücken. Buhlen um Sympathien mit Eitelkeit, jedoch mitunter peinliches Auftreten. Oft aber gute künstlerische Anlagen, wie etwa Malerei, Schauspiel oder Musik. (Ve d AC)

Direktes Auftreten

Starke Lebensenergie, deren Impulse sich meist harmonisch im Leben zum Einsatz bringen lassen. Man versteht es, seinen Willen klar zum Ausdruck zu bringen und durchzusetzen. Sehr schnell, wenn es darum geht, für sich zu sorgen und sich zu behaupten. Dennoch Fähigkeit zu harmonischer Zusammenarbeit und Kameradschaft. (Ma h AC)

Übereiltes Auftreten

Neigung, sich zu Torheiten, Tollkühnheit, Übereilung und Unachtsamkeit hinziehen zu lassen. Es bestehen dann starke seelische Spannungen. Aggressiver aber gehemmter Charakter. Entweder überhitztes Gebaren oder depressiv und geduckt. Teils hinterhältiges Verhalten oder aber ständige offene Auseinandersetzungen mit der Umwelt. Neigung zu fieberhaften Krankheiten oder Unfällen. (Ma d AC)

Glaubwürdiges Auftreten

Man strebt nach Idealen und strahlt eine natürliche Würde und Autorität aus. Eigenschaften wie soziales Gefühl und Gerechtigkeitsstreben. Man vermag sich gut in die übergeordneten Ziele einer Gemeinschaft einzupassen. Im Wesen großzügig, optimistisch, offen, menschlich und liberal. (Ju h AC)

Selbstüberschätzung

Man besitzt soziale Eigenschaften, wie etwa Mitgefühl und Gerechtigkeitsstreben, die aber manchmal überspannt und übertreiben eingesetzt werden. Dies führt gern zu einer Schwächung der eigenen Vitalität. Man überschätzt sich leicht und nimmt sich oft mehr vor, als jemals zu schaffen ist. Außerdem gern allergisch gegenüber Kritik und schnell beleidigt. (Ju d AC)

Beharrlich und sachlich

Hohes Konzentrationsvermögen mit viel Beharrlichkeit und Sachlichkeit. Stets sparsam mit großem Lebensernst. In Gesellschaft tritt man stets gefaßt, höflich, meistens eher förmlich auf; vermag sich gut gegenüber den Wünschen anderer abzugrenzen, respektiert aber auch die Grenzen anderer. Große Ausdauer in der Verfolgung von Zielen. (Sa h AC)

Zurückhaltend bis gehemmt

Im Wesen zurückhaltend, oft gehemmt und ängstlich, mit der Neigung, alles negativ, pessimistisch oder zumindest problematisch zu sehen. Man steht sich in der Entwicklung oft selbst im Weg. Neigung zu Depressionen und sich von der Umwelt abzusondern, gern spröde, ja gefühlskalt, oftmals mit tragischen Geschicken im Leben. Meist etwas verringerte Vitalität oder chronische Leiden; oft auch Schwermut. (Sa d AC)

Reformerisch

Eigenwilliger Charakter mit individuellem Auftreten. Aufgeschlossen für alles Neue, Verrückte und Originelle; stets und schnell bereit, sich umzustellen. Mitunter gewisse intellektuelle Labilität, oft gepaart mit Veränderungsliebe. Intuitive Veranlagung, oft mit Gefahren für eine beständige Lebensführung. Technisch oder naturwissenschaftlich begabt mit Originalität und Erfindungsgabe. Man entwickelt Gedanken, die erst in späterer Zeit von der Masse verstanden werden. (Ur h AC)

Unberechenbar

Im Wesen gern unberechenbar, gepaart mit einem Drang nach Veränderungen und Umbrüchen im Leben. Gewisse psychische und intellektuelle Labilität. Deshalb oft rastlos, eigenwillig kaum fähig, sich anzupassen. Seelisch reizbar, mitunter geradezu explosiv. Technisch oder naturwissenschaftlich talentiert mit gewisser Originalität und Erfindungsgabe. Körper und Gesundheit sind mitunter Gefahren ausgesetzt; Neigung zu plötzlichen Verletzungen. (Ur d AC)

Schlafwandlerische Sicherheit

Intuitiv, einfühlsam und sensibel, dadurch aber auch verletzlich. Äußere Eindrücke und Stimmungen werden sofort aufgenommen. Interesse an allem Nichtalltäglichen; das Schöne, Erhabene wird gesucht. Mit schlafwandlerischer Sicherheit geht man durchs Leben und fühlt sich von einer höheren Macht geführt. Mitunter sogar mit Hellsicht und medialer Begabung ausgestattet. (Ne h AC)

Abgrenzungsschwierigkeiten

Schwierigkeiten, sich gegen die Interessen anderer abzugrenzen; oft unfähig, ein bestimmtes Ziel zu verfolgen. Leicht manipulier- und verführbar. Der gern etwas labile Seelenzustand spiegelt sich im äußeren Erscheinungsbild wider. Häufig ohne festen Boden unter den Füßen, geistesabwesend oder weltfremd mit der Tendenz zu Heimlichkeiten. Wechselvolles, unruhiges Leben, manchmal auch in "schlechter" Gesellschaft. Mitunter aber "medial" oder hellsichtig begabt. (Ne d AC)

Willensstarkes Auftreten

Machtvolle Persönlichkeit mit großer schöpferischer Kraft und fast unüberwindbarem Willen. Oft auch charismatische Ausstrahlung oder hypnotische Fähigkeiten, mit denen auf andere suggestiv Einfluß genommen wird. Übernommene Einstellungen wandeln sich zu tiefen, esoterischen Erkenntnissen. Unbewußter Drang zu tiefgreifender Veränderung bei sich und anderen, zu Überwindung und grundlegender Änderung alter Werte. (PL h AC)

Dominantes Wesen

Schwierigkeiten im Umgang mit dem Streben nach Macht und Einfluß. Schwieriger Partner: Nach außen wirkt man gern undurchsichtig, verhalten und gedrückt. Im Innern jedoch dominantes, herrisches Wesen mit Kontrollsucht. Unbewußte Neigung zu kompromißlosem Durchsetzen des eigenen Willens (Kommandanten-Allüren), mitunter auch zum Machtmißbrauch. In der Folge dann starke Konflikte mit Umwelt und Gesetz. (PL d AC)

Leeres 1. Haus in den Zeichen
Engagiert
Mutig, energisch, engagiert und leidenschaftlich. Bei Problemen gibt man nicht auf und resigniert nie (Stehaufmännchen). Stets aktiv, mit Liebe zu Sport und Wettkampf.

Man läßt sich begeistern und ist schnell im Handeln. Im Dialog direkt und gern etwas laut. Man hat große Ziele und Pläne, geht eigene, vor allem neue Wege und setzt sich mit Ehrgeiz und Herrsch-Liebe durch. Meist ausgesprochen technisch begabt. (H1 in Wid)

Gemütlich

Im Wesen gemächlich, gelassen und beständig. Sehr ausdauernd, ruhig, eher schweigsam und verschlossen; dabei praktisch und sehr sinnlich. Ausgeprägte Genuß- und Lebensliebe, mit Hang zu materieller Sicherheit. Oft witzig und humorvoll. Hang zum Vertrauten und Beständigen mit Geschmack und Sinn für Formen mit künstlerischer Veranlagung. (H1 in Sti)

Neugierig

Sehr interessiert, weltoffen und vielseitig. Dabei neugierig, kontaktfreudig, geistig beweglich und anpassungsfähig. Starker Mitteilungsdrang, gern weitschweifig. Immer gut informiert und gesprächig. Ausgesprochene Sprach- und Redebegabung oft mit Nachahmungstalent und nie um Worte verlegen. Kurz: ein "Hansdampf in allen Gassen". Vergleichbar mit einem Schmetterling, der überall hinfliegt, sich aber nur kurz einläßt. (H1 in Zwi)

Romantisch

Olm Wesen träumerisch mit lebhafter Phantasie. Empfindlich und seelisch verwundbar mit der Neigung, Kontakte aufzugeben und sich in sich selbst zurückzuziehen. Vorsicht, Sensibilität und Schüchternheit verbinden sich aber mit großem Ehrgeiz. Trotz starker Stimmungsschwankungen zäh und beharrlich in der Verfolgung einmal gefaßter Ziele. Man handelt instinktsicher aus dem Gefühl heraus, sucht Geborgenheit im vertrauten Kreis, ist einfühlsam und romantisch. Mütterlich sorgendes Wesen mit viel Sinn für Heim, Häuslichkeit, Familie und Heimat. (H1 in Kre)

Großzügig

Im Wesen warmherziger und großzügiger Lebensoptimist mit hohem Selbstbewußtsein und dem Gefühl, ein Bevorzugter und ein Glückskind zu sein. Stolz, kreativ und ausdrucksstark, stets voller Schwung und mitreißender Lebensfreude. Gern etwas poltrige Persönlichkeit mit Drang zur Repräsentation. Wohlwollendes, protegierendes Verhalten mit ausgeprägter Erzählergabe. (H1 in Loe)

Vorsichtig

Im Wesen liegt viel kühle Reserve, Abwerten, Vorsicht und Kritik, was sich in Behutsamkeit Sorgfalt und Ordnungsliebe äußert. Der Alltag ist sehr auf Zweckmäßigkeit ausgerichtet und man ist stets auf Gesundheit und Sauberkeit bedacht. Fähigkeit, zwischen Brauchbarem und Unbrauchbarem, zwischen Förderlichem und Schädlichem zu unterscheiden. Anpassungsfähig, wenn es die Umstände erfordern. Man liebt das Überschaubare, arbeitet methodisch-systematisch und wirklichkeitsnah. (H1 in Jun)

Diplomatisch

Im Wesen heiter, ruhig, besonnen und gepflegt, stets auf Harmonie, Ausgleich und Gerechtigkeit bedacht. Ferner kontaktfreudig, kompromißfähig und sehr auf äußere Zustimmung angewiesen. Viel diplomatisches Geschick! Mit Genußliebe und Sinnlichkeit verbindet sich starkes Bedürfnis nach Schönheit und Harmonie. Daher künstlerisch begabt mit gutem Blick für ästhetische Formen. Sinn für Feste und Vergnügungen. (H1 in Waa)

Willensstark

Im Wesen viel Willensstärke, Ausdauer und Entschlossenheit. Gute Beobachtungsgabe mit scharfem Blick für schwache Stellen. Dabei klug und zu tiefen Einsichten fähig. Auch bei hoher innerer Erregung wirkt man äußerlich ruhig und verhalten. Man ist verschlossen und verschwiegen, versteht man es aber, andere aus der Reserve zu locken. Eignung zu forschender und belehrender Tätigkeit, zu der ein besonderer Spürsinn befähigt. Starkes Triebleben. Bleibt dies unbefriedigt, wird es gern in bedeutende berufliche Leistungen umgesetzt. (H1 in Sko)

Optimistisch

Weltoffen, optimistisch und reiselustig, dabei begeisterungsfähig und wohltätig. Man strebt nach höheren Idealen, Philosophie und Bildung, ist religiös, sehr gerechtigkeits- und freiheitsliebend. Aber auch Geltungsstreben, gepaart mit großem Mitteilungsdrang. Starke Abneigung gegen alles Elend. Gern feierliche Ergriffenheit, oft mit sentimentalem Einschlag. Bedürfnis nach gehobener Lebensführung und sozial gehobenem Umgang, dabei Hang zu teuren, noblen Hobbys und Passionen. (H1 in Sch)

Pflichtbewußt

Im Wesen sehr pflichtbewußt, beharrlich, zäh und ehrgeizig. Im Umgang zwar gesellig, oft aber auch verschlossen, skeptisch und melancholisch. Gewisser Anreiz bei der Überwindung von Schwierigkeiten und Hindernissen, die einen nur noch zu mehr Leistung anspornen. Dabei solide, gründlich, geduldig und wenn nötig asketisch. Man braucht und setzt klare Verhältnisse, arbeitet sehr konzentriert und läßt nicht locker. (H1 in Ste)

Originell

Im Umgang freundlich, offen und objektiv, dabei stets distanziert. Im Wesen originell, eigenwillig und unabhängig. Gern spielerische Neigungen mit starkem Wechsel der Stimmungen und Auffassungen. Hang zu Illusionen, aber auch Fähigkeit zu intuitivem Vorgehen. Guter Menschenkenner. Man besitzt hohe intellektuelle Fähigkeiten, ist ideenreich und erfinderisch. Typischer (beruflicher) Quer-Einsteiger, für den normale Entwicklungswege nicht in Betracht kommen. (H1 in Was)

Feinfühlig

Zwar geselliges, aber von Stimmungen abhängiges Gemüt mit träumerischer Prägung. Hohe Feinfühligkeit und schlafwandlerische Instinktsicherheit, die einen durchs Leben führt. Im Wesen weich, einfühlsam, mitunter sentimental aber von großer Aufopferungsfähigkeit. Stets romantisch-phantasievoll und oft mit schauspielerischer Begabung. Daneben sehr hingabefähig, hilfsbereit und anpassungsfähig. (H1 in Fis)

Haus 2: Materielle Werte und Sicherheit, Gelderwerb, Besitz, Vermögen

Sonne im 2. Haus

Materielle Grundhaltung

Man hat eine materielle Grundhaltung. Selbstbewußtsein und Eigenwert werden durch Geld, Besitz und Vermögen erlangt. Die materielle Basis ist wesentlich für die Selbstdarstellung. Man ist, was man hat und will keinesfalls als arm gelten. Souveräner Umgang mit Geld. Man braucht es vor allem dazu, um finanziell unabhängig zu sein. Dies gelingt auch in aller Regel. (h So H2)

Materielle Grundhaltung bis statusabhängig

Man hat eine materielle Grundhaltung. Selbstbewußtsein und Eigenwert werden durch Geld, Besitz und Vermögen erlangt. Die materielle Basis ist wesentlich für die Selbstdarstellung. Man ist, was man hat und will keinesfalls als arm gelten. Souveräner Umgang mit Geld. Man braucht es vor allem dazu, um finanziell unabhängig zu sein. Dies gelingt auch in aller Regel. – Andererseits sicherheitsfanatisch, oft gepaart mit Raffgier und Geiz. Man glaubt, nur durch Geld könne man Ansehen erlangen. Neigung zu Verschwendung, Prunk, Pomp und Extravaganzen. Man macht sich mit Besitz wichtig. Unter Saturn-Aspekten: Mangelndes Selbstbewußtsein durch wenig Besitz. Man meint, ohne Vermögen nichts zu sein, keinen Eigenwert zu besitzen. Schwache Finanzlage. (h+d So H2)

Statusabhängig

Man hat eine materielle Grundhaltung. Selbstbewußtsein und Eigenwert werden durch Geld, Besitz und Vermögen erlangt. Gern sicherheitsfanatisch, oft gepaart mit Raffgier und Geiz. Man glaubt, nur durch Geld könne man Ansehen erlangen. Neigung zu Verschwendung, Prunk, Pomp und Extravaganzen. Man macht sich mit Besitz wichtig. Unter Saturn-Aspekten: Mangelndes Selbstbewußtsein durch wenig Besitz. Man meint, ohne Vermögen nichts zu sein, keinen Eigenwert zu besitzen. Schwache Finanzlage. (d So H2)

Mond im 2. Haus

Instinktsicherer Gelderwerb

Guter Instinkt in finanziellen Angelegenheiten. Besitzdrang mit starkem Streben nach Eigenheim, Haus- oder Grundbesitz. Dies oder auch Kinder steigern den Eigenwert und bedeuten Sicherheit. Geld wird vorzugsweise im Nahrungs- und Gastgewerbe verdient. Starker Hang zu Gegenständen der Vergangenheit. Liebe zu geschmackvoller Wohnung und gutem Essen. Bedürfnis, liebgewonnene Dinge zu pflegen und zu bemuttern. Der Komfort stärkt das gefühlsmäßige Wohlbefinden. (h Mo H2)

Instinktsicherer Gelderwerb bis materiell anspruchsvoll

Guter Instinkt in finanziellen Angelegenheiten. Besitzdrang mit starkem Streben nach Eigenheim, Haus- oder Grundbesitz. Dies oder auch Kinder steigern den Eigenwert und bedeuten Sicherheit. Geld wird vorzugsweise im Nahrungs- und Gastgewerbe verdient. Starker Hang zu Gegenständen der Vergangenheit. Liebe zu geschmackvoller Wohnung und gutem Essen. Bedürfnis, liebgewonnene Dinge zu pflegen und zu bemuttern. Der Komfort stärkt das gefühlsmäßige Wohlbefinden. – Andererseits übertriebenes Sicherheitsbedürfnis, gern mit Geiz oder Geldgier. Für die Wohnung wird viel Geld ausgegeben. Das Beste ist gerade gut genug. Man hängt zu sehr an Gewohntem, an Familie, Zuhause oder Besitz. Seelisch besitzergreifend. Oft wechselnde Finanzlage, dann labiles Selbstwertgefühl. Unter Saturn-Aspekten: Man kann nicht nein sagen und ist nicht fähig, sich gegenüber der Mutter oder Frauen abzugrenzen. Finanzielle Probleme schlagen gleich auf dem Magen. Enge, kleine Wohnung. (h+d Mo H2)

Materiell anspruchsvoll

Guter Instinkt in finanziellen Angelegenheiten. Neigung zu übertriebenem Sicherheitsbedürfnis, gern mit Geiz oder Geldgier. Für die Wohnung wird viel Geld ausgegeben. Das Beste ist gerade gut genug. Man hängt zu sehr an Gewohntem, an Familie, Zuhause oder Besitz. Seelisch besitzergreifend. Oft wechselnde Finanzlage, dann labiles Selbstwertgefühl. Unter Saturn-Aspekten: Man kann nicht nein sagen und ist nicht fähig, sich gegenüber der Mutter oder Frauen abzugrenzen. Finanzielle Probleme schlagen gleich auf dem Magen. Enge, kleine Wohnung. (d Mo H2)

Zwillings-Merkur im 2. Haus

Clever im Gelderwerb

Einfallsreich und geschickt im Umgang mit allem, was materielle Sicherheit bedeutet. Fähigkeit, die finanziellen Angelegenheiten methodisch zu planen. Ausgeprägter Geschäftssinn und viel geistige Beschäftigung mit Geld und Besitz. Gern mehrere Einnahmequellen und vielfältige materielle Interessen. Der Eigenwert wird über Bücher oder Wissen definiert. (h Zwi-Me H2)

Clever bis unflexibel im Gelderwerb

Einfallsreich und geschickt im Umgang mit allem, was materielle Sicherheit bedeutet. Fähigkeit, die finanziellen Angelegenheiten methodisch zu planen. Ausgeprägter Geschäftssinn und viel geistige Beschäftigung mit Geld und Besitz. Gern mehrere Einnahmequellen und vielfältige materielle Interessen. Der Eigenwert wird über Bücher oder Wissen definiert. – Andererseits aber auch reines Nützlichkeitsdenken; darin stur und unflexibel. Man lernt nur, was praktisch verwertbar ist. Oft auch leichtsinnig und dadurch gern finanzielle Verluste durch Selbstüberschätzung. Mitunter eiskaltes, verlogenes Geschäftsgebaren oder zweifelhafte oder zwielichtige Tricks beim Gelderwerb. Unter Saturn-Aspekten: Langsame Auffassungsgabe und schwerfällig im mündlichen und schriftlichen Ausdruck. Wenig Interesse an Geld oder Besitz. (h+d Zwi-Me H2)

Unflexibel im Gelderwerb

Einfallsreich und geschickt im Umgang mit allem, was materielle Sicherheit bedeutet. Meist aber reines Nützlichkeitsdenken; darin stur und unflexibel. Man lernt nur, was praktisch verwertbar ist. Oft auch leichtsinnig und dadurch gern finanzielle Verluste durch Selbstüberschätzung. Mitunter eiskaltes, verlogenes Geschäftsgebaren oder zweifelhafte oder zwielichtige Tricks beim Gelderwerb. Unter Saturn-Aspekten: Langsame Auffassungsgabe und schwerfällig im mündlichen und schriftlichen Ausdruck. Wenig Interesse an Geld oder Besitz. (d Zwi-Me H2)

Jungfrau-Merkur im 2. Haus

Sparsam

Leistung und Arbeit werden stark von finanziellen Erwägungen beeinflußt. Geld wird nur für Vernünftiges, Nützliches oder Praktisches ausgegeben. Man arbeitet vor allem, um den eigenen Besitz auszubauen oder abzusichern, um später einmal die Früchte genießen zu können. Man hat viel mit Banken, Versicherungen oder Liegenschaften zu tun. (h Jun-Me H2)

Sparsam bis knauserig

Leistung und Arbeit werden stark von finanziellen Erwägungen beeinflußt. Geld wird nur für Vernünftiges, Nützliches oder Praktisches ausgegeben. Man arbeitet vor allem, um den eigenen Besitz auszubauen oder abzusichern, um später einmal die Früchte genießen zu können. Man hat viel mit Banken, Versicherungen oder Liegenschaften zu tun. – Andererseits aber auch Tendenz, allzu berechnend in finanziellen Dingen zu sein. Man wird nur tätig, wenn die Arbeit etwas einbringt. Neigung, zuviel Geld für seine Arbeit zu verlangen oder man ist überbezahlt. Oft wird dem Gelderwerb die Gesundheit geopfert. Gern auch geizig oder knauserig. Man kauft nur billige Sonderangebote. Unter Saturn-Aspekten: Man ist für seine Arbeit unterbezahlt oder verlangt zu wenig Geld oder arbeitet gar umsonst. Die Arbeit erscheint einem nichts wert. (h+d Jun-Me H2)

Knauserig

Leistung und Arbeit werden stark von finanziellen Erwägungen beeinflußt. Geld wird nur für Vernünftiges, Nützliches oder Praktisches ausgegeben. Allzu berechnend in finanziellen Dingen: Man wird nur tätig, wenn die Arbeit etwas einbringt. Neigung, zuviel Geld für seine Arbeit zu verlangen oder man ist überbezahlt. Oft wird dem Gelderwerb die Gesundheit geopfert. Gern auch geizig oder knauserig. Man kauft nur billige Sonderangebote. Unter Saturn-Aspekten: Man ist für seine Arbeit unterbezahlt oder verlangt zu wenig Geld oder arbeitet gar umsonst. Die Arbeit erscheint einem nichts wert.(d Jun-Me H2)

Stier-Venus im 2. Haus (Regent)

Schmuckvoll

Interesse für alles Schöne, das sich mit Geld kaufen läßt. Manchmal geradezu erotische Einstellung zum Geld. Die materielle Sicherheit ist einem besonders wichtig. Geld verdient man mit Schönheit, Kunst oder Mode oder aber in Banken / Versicherungen. Sammel-Leidenschaft für Wertbeständiges (Münzen, Schmuck, Kunstgegenstände). Sinnlicher Genießertyp! (h Sti-Ve H2).

Schmuckvoll bis eitel

Interesse für alles Schöne, das sich mit Geld kaufen läßt. Manchmal geradezu erotische Einstellung zum Geld. Die materielle Sicherheit ist einem besonders wichtig. Geld verdient man mit Schönheit, Kunst oder Mode oder aber in Banken / Versicherungen. Sammel-Leidenschaft für Wertbeständiges (Münzen, Schmuck, Kunstgegenstände). Sinnlicher Genießertyp! – Andererseits aber auch Neigung zu luxuriöser Extravaganz und Verschwendung. Die eigenen Bedürfnisse werden egoistisch und selbstgefällig befriedigt. Man meint, sich mit Geld Liebe erkaufen zu können. Übertriebenes Streben nach finanzieller Sicherheit. (h+d Sti-Ve H2).

Eitel

Interesse für alles Schöne, das sich mit Geld kaufen läßt. Manchmal geradezu erotische Einstellung zum Geld. Neigung zu luxuriöser Extravaganz und Verschwendung. Die eigenen Bedürfnisse werden egoistisch und selbstgefällig befriedigt. Man meint, sich mit Geld Liebe erkaufen zu können. Übertriebenes Streben nach finanzieller Sicherheit. (d Sti-Ve H2).

Waage-Venus im 2. Haus

Wohlhabender Partner

Seinen Eigenwert erhält man erst durch den (Ehe-) Partner. Hang zu wohlhabendem Partner oder man ist es selber. Geld wird mit oder über den Partner verdient oder aber mit Liebe, Schönheit, Mode oder Kunst. Oft Geldheirat oder Wohlstand durch den Partner. Große Genußfreude! Man sammelt schöne Dinge und genießt alle Schönheiten des Lebens, wird mit viel Schmuck vom anderen beschenkt oder man ist selber der Schenkende. (h Waa-Ve H2)

Wohlhabender bis verschwenderischer Partner

Seinen Eigenwert erhält man erst durch den (Ehe-) Partner. Hang zu wohlhabendem Partner oder man ist es selber. Geld wird mit oder über den Partner verdient oder aber mit Liebe, Schönheit, Mode oder Kunst. Oft Geldheirat oder Wohlstand durch den Partner. Große Genußfreude! Man sammelt schöne Dinge und genießt alle Schönheiten des Lebens, wird mit viel Schmuck vom anderen beschenkt oder man ist selber der Schenkende. – Andererseits aber auch Neigung zur Verschwendung, zum Prassen und Schlemmen. Alles Geld wird für den anderen oder für Schönheit und Mode ausgegeben. Übertriebene Genußliebe. Der Eigenwert wird nur über Schönheit und Äußerliches (teure Kleider) definiert und der Partner gern als Besitz betrachtet. Unter Saturn-Aspekten: Finanziell abhängig vom Partner oder man hat ohne diesen keinen Eigenwert. (h+d Waa-Ve H2)

Verschwenderischer Partner

Seinen Eigenwert erhält man erst durch den (Ehe-) Partner. Hang zu wohlhabendem Partner oder man ist es selber. Neigung zur Verschwendung, zum Prassen und Schlemmen. Alles Geld wird für den anderen oder für Schönheit und Mode ausgegeben. Übertriebene Genußliebe. Der Eigenwert wird nur über Schönheit und Äußerliches (teure Kleider) definiert und der Partner gern als Besitz betrachtet. Unter Saturn-Aspekten: Finanziell abhängig vom Partner oder man hat ohne diesen keinen Eigenwert. (d Waa-Ve H2)

Mars im 2. Haus

Tatkräftig im Gelderwerb

Spontaner, willkürlicher Umgang mit Geld und Vermögen. Man kämpft und arbeitet offensiv und mit voller Kraft – oft gegen Konkurrenz – für seine finanzielle Sicherheit. Betontes Streben nach finanzieller Unabhängigkeit mit Hang zu selbständigem Gelderwerb. Geld wird schnell verdient, aber auch wieder schnell ausgegeben. Bedürfnis, "schnelles Geld" zu machen. Wagemut in finanziellen Angelegenheiten. (h Ma H2)

Tatkräftig bis risikoreich im Gelderwerb

Spontaner, willkürlicher Umgang mit Geld und Vermögen. Man kämpft und arbeitet offensiv und mit voller Kraft – oft gegen Konkurrenz – für seine finanzielle Sicherheit. Betontes Streben nach finanzieller Unabhängigkeit mit Hang zu selbständigem Gelderwerb. Geld wird schnell verdient, aber auch wieder schnell ausgegeben. Bedürfnis, "schnelles Geld" zu machen. Wagemut in finanziellen Angelegenheiten. – Andererseits aber auch Tendenz zu materiellem Ehrgeiz mit Raffgier, Hab- und Geldgier. Starker Ehrgeiz bezüglich Besitz, Titel und Prestige. Viel Kampf und Streit ums Geld. Ständige Suche nach neuen finanziellen Abenteuern, gern mit Verlusten. Unvorsichtig im Umgang mit Geld. Unter Saturn-Aspekten: Auf Grund von Mittellosigkeit oder Minderwertigkeitsgefühlen nicht fähig, sich durchzusetzen. Kein Mut, Geld zu verlangen. (h+d Ma H2)

Risikoreich im Gelderwerb

Spontaner, willkürlicher Umgang mit Geld und Vermögen. Tendenz zu materiellem Ehrgeiz mit Raffgier, Hab- und Geldgier. Starker Ehrgeiz bezüglich Besitz, Titel und Prestige. Viel Kampf und Streit ums Geld. Ständige Suche nach neuen finanziellen Abenteuern, gern mit Verlusten. Unvorsichtig im Umgang mit Geld. Unter Saturn-Aspekten: Auf Grund von Mittellosigkeit oder Minderwertigkeitsgefühlen nicht fähig, sich durchzusetzen. Kein Mut, Geld zu verlangen. (d Ma H2)

Jupiter im 2. Haus

Finanziell sorglos

In Geldfragen sorglos, zufrieden und voller Gottvertrauen in die materielle Sicherheit. Glückliche Hand, sein Hab und Gut zu vermehren oder man genießt Vorteile. Daher ist Wohlstand wahrscheinlich, möglicherweise sogar Überfluß (Großgrundbesitz, Villa). Neigung zum Schlemmen und Genießen. Geld wird gern im Ausland angelegt oder man verdient es dort, etwa über Reisen, Religion, Philosophie oder Veröffentlichungen. Andere werden oft finanziell fördern oder unterstützt. Armut ist ausgeschlossen. (h Ju H2)

Finanziell sorglos bis verschwenderisch

In Geldfragen sorglos, zufrieden und voller Gottvertrauen in die materielle Sicherheit. Glückliche Hand, sein Hab und Gut zu vermehren oder man genießt Vorteile. Daher ist Wohlstand wahrscheinlich, möglicherweise sogar Überfluß (Großgrundbesitz, Villa). Neigung zum Schlemmen und Genießen. Geld wird gern im Ausland angelegt oder man verdient es dort, etwa über Reisen, Religion, Philosophie oder Veröffentlichungen. Andere werden oft finanziell fördern oder unterstützt. Armut ist ausgeschlossen. – Andererseits aber auch allzu großzügiger Umgang mit Geld oder Neigung zum Verschwenden. Im Übermaß wird geschlemmt und gepraßt. Tendenz zu Bequemlichkeit. Oft fordernd, ohne selbst eine (angemessene) Leistung zu erbringen. Gern ruht man prahlerisch auf vermeintlichen Lorbeeren aus. Unter Saturn-Aspekten: Wenig Besitz oder Vermögen. Keine Möglichkeit zum Reisen oder zur geistigen Weiterbildung. Die Moral verbietet, Geld zu verlangen. (h+d Ju H2)

Finanziell verschwenderisch

In Geldfragen sorglos, zufrieden und voller Gottvertrauen in die materielle Sicherheit. Andererseits aber auch allzu großzügiger Umgang mit Geld oder Neigung zum Verschwenden. Im Übermaß wird geschlemmt und gepraßt. Tendenz zu

Bequemlichkeit. Oft fordernd, ohne selbst eine (angemessene) Leistung zu erbringen. Gern ruht man prahlerisch auf vermeintlichen Lorbeeren aus. Unter Saturn-Aspekten: Wenig Besitz oder Vermögen. Keine Möglichkeit zum Reisen oder zur geistigen Weiterbildung. Die Moral verbietet, Geld zu verlangen. (d Ju H2)

Saturn im 2. Haus

Sparsam

Für den Lebensunterhalt muß man schwer arbeiten. Es wird viel Ehrgeiz und Mühe investiert, um bleibenden materiellen Besitz zu erlangen. Sehr sparsam. Geld wird nie leichtfertig ausgegeben, sondern als Sicherheit angelegt. Streben nach Grund- und Hausbesitz (gern Prestigehaus). Geringes Selbstwertgefühl. Man fühlt sich arm – unabhängig vom Kontostand. Neigung, alte Gegenstände mit bleibendem Wert zu sammeln oder man verdient Geld mit Antiquitäten. (h Sa H2)

Sparsam bis geizig

Für den Lebensunterhalt muß man schwer arbeiten. Es wird viel Ehrgeiz und Mühe investiert, um bleibenden materiellen Besitz zu erlangen. Sehr sparsam. Geld wird nie leichtfertig ausgegeben, sondern als Sicherheit angelegt. Streben nach Grund- und Hausbesitz (gern Prestigehaus). Geringes Selbstwertgefühl. Man fühlt sich arm – unabhängig vom Kontostand. Neigung, alte Gegenstände mit bleibendem Wert zu sammeln oder man verdient Geld mit Antiquitäten. – Andererseits überzogener materieller Ehrgeiz mit dem alleinigen Ziel, Geld und Besitz anzuhäufen. Man arbeitet nur, um Geld zu machen. Dabei gern geizig und hartherzig: man gönnt sich und anderen nichts. Dennoch Gefahr finanzieller Verluste oder Armut. Oft auch Schulden oder chronischer Geldmangel. (h+d Sa H2)

Geizig

Für den Lebensunterhalt muß man schwer arbeiten. Es wird viel Ehrgeiz und Mühe investiert, um bleibende materielle Werte zu erlangen. Oft überzogener materieller Ehrgeiz mit dem alleinigen Ziel, Geld und Besitz anzuhäufen. Man arbeitet nur, um Geld zu machen. Dabei gern geizig und hartherzig: man gönnt sich und anderen nichts. Dennoch Gefahr finanzieller Verluste oder Armut. Oft auch Schulden oder chronischer Geldmangel. (d Sa H2)

Uranus im 2. Haus

Erfinderisch in Gelddingen

Neigung, auf ungewöhnliche Art Geld zu verdienen (und auszugeben). Man ist einfallsreich und erfinderisch in Gelddingen mit starken Drang nach finanzieller Unabhängigkeit. Ungewöhnlicher bis exzentrischer Lebensstil. Talent, sein Geld in ausgefallenen Berufen oder über Gruppenseminare zu verdienen. Hang, ungewöhnliche Dinge zu sammeln. (h Ur H2)

Erfinderisch bis unzuverlässig in Gelddingen

Neigung, auf ungewöhnliche Art Geld zu verdienen (und auszugeben). Man ist einfallsreich und erfinderisch in Gelddingen mit starken Drang nach finanzieller Unabhängigkeit. Ungewöhnlicher bis exzentrischer Lebensstil. Talent, sein Geld in ausgefallenen Berufen oder über Gruppenseminare zu verdienen. Hang, ungewöhnliche Dinge zu sammeln. – Andererseits aber auch unfähig, mit Geld umzugehen: Plötzliche, unregelmäßige Ausgaben oder Einnahmen; ständige Veränderungen im finanziellen Bereich. In Gelddingen unzuverlässig oder gar vertragsbrüchig. Meist angespannte Finanzlage. Durch Risiko und Spekulation will man schnell an das "große Geld" kommen (h+d Ur H2)

Unzuverlässig in Gelddingen

Neigung, auf ungewöhnliche Art Geld zu verdienen (und auszugeben). Aber auch unfähig, mit Geld umzugehen: Plötzliche, unregelmäßige Ausgaben oder Einnahmen; ständige Veränderungen im finanziellen Bereich. In Gelddingen unzuverlässig oder gar vertragsbrüchig. Meist angespannte Finanzlage. Durch Risiko und Spekulation will man schnell an das "große Geld" kommen (d Ur H2)

Neptun im 2. Haus

Sorglos in Geldangelegenheiten

Idealistische Einstellung zum Besitz. Dabei meist sorglos, großzügig und hilfsbereit in finanziellen Dingen. Geld und Besitz sind für einen eher bedeutungslos. Man hat instinktiv den richtigen Riecher für lukrative und einträgliche Geschäfte, meist aber Schwierigkeiten, die Sache planmäßig und methodisch anzugehen. Fähigkeit auf spirituellem oder medialem Gebiet Geld zu verdienen. (h Ne H2)

Sorglos bis unfähig in Geldangelegenheiten

Idealistische Einstellung zum Besitz. Dabei meist sorglos, großzügig und hilfsbereit in finanziellen Dingen. Geld und Besitz sind für einen eher bedeutungslos. Man hat instinktiv den richtigen Riecher für lukrative und einträgliche Geschäfte, meist aber Schwierigkeiten, die Sache planmäßig und methodisch anzugehen. Fähigkeit auf spirituellem oder medialem Gebiet Geld zu verdienen. – Andererseits aber gern unpraktisch oder gar zu bequem, sich seinen Lebensunterhalt zu verdienen. Schlampig in Geldangelegenheiten (finanzielles Chaos). Häufig unklare, illegale oder heimliche Einnahmequellen (z. B. Schwarzgeld- oder Geheimkonten). Schicksal, bestohlen oder um den Besitz betrogen zu werden oder finanzielle Verluste durch Fehlinvestitionen. Man hat ein geringes Eigenwertgefühl, oder ist tatsächlich materiell arm. (h+d Ne H2)

Unfähig, mit Geld umzugehen

Idealistische Einstellung zum Besitz. Dabei meist sorglos, großzügig und hilfsbereit in finanziellen Dingen. Andererseits aber gern unpraktisch oder gar zu bequem, sich seinen Lebensunterhalt zu verdienen. Schlampig in Geldangelegenheiten (finanzielles Chaos). Häufig unklare, illegale oder heimliche Einnahmequellen (z. B. Schwarzgeld- oder Geheimkonten). Schicksal, bestohlen oder um den Besitz betrogen zu werden oder finanzielle Verluste durch Fehlinvestitionen. Man hat ein geringes Eigenwertgefühl, oder ist tatsächlich materiell arm. (d Ne H2)

Pluto im 2. Haus

Vom Geld fasziniert

Man ist von Geld und Besitz fasziniert und strebt danach in unbewußt-zwanghafter Weise. Geld bedeutet für einen Macht: Mit ihm wird gern Druck ausgeübt oder manipuliert. Oft auch extreme Vermögensverhältnisse: Reich oder arm, große

Gewinne oder große Verluste. Dabei undurchsichtige Einnahmequellen. Fähigkeit, mit seelischen Kräften (z.B. Hypnose) Geld zu verdienen. (h PL H2)

Vom Geld fasziniert bis habgierig

Man ist von Geld und Besitz fasziniert und strebt danach in unbewußt-zwanghafter Weise. Geld bedeutet für einen Macht: Mit ihm wird gern Druck ausgeübt oder manipuliert. Oft auch extreme Vermögensverhältnisse: Reich oder arm, große Gewinne oder große Verluste. Dabei undurchsichtige Einnahmequellen. Fähigkeit, mit seelischen Kräften (z.B. Hypnose) Geld zu verdienen. – Andererseits zwanghafter Drang, dem Geld nachzujagen. Die Macht des Geldes wird dabei rücksichtslos ausgespielt: Menschen und Meinungen werden gekauft. Gern auch kleinlich oder geizig, hab- und geldgierig, meist mit Kontrollsucht. Oft auch finanziell von anderen abhängig. (h+d PL H2)

Habgierig

Man ist von Geld und Besitz fasziniert und strebt danach in unbewußt-zwanghafter Weise. Geld bedeutet für einen Macht: Mit ihm wird gern Druck ausgeübt oder manipuliert. Drang, dem Geld nachzujagen. Die Macht des Geldes wird dabei rücksichtslos ausgespielt: Menschen und Meinungen werden gekauft. Gern auch kleinlich oder geizig, hab- und geldgierig, meist mit Kontrollsucht. Oft auch finanziell von anderen abhängig. (d PL H2)

Leeres 2. Haus in den Zeichen

Engagiert beim Gelderwerb

Starker Drang, Geld zu verdienen und zwar oft über neue Wege oder neue Ideen. Man ergreift gerne die Initiative, wenn es darum geht, an Geld, Besitz und Vermögen heranzukommen; oft etwas ungeduldig darin. Geld wird ebenso schnell ausgegeben wie eingenommen. Liebe zum Wettbewerb in Geldangelegenheiten. (H2 in Wid)

Hang zur Bequemlichkeit

Man strebt nach den angenehmeren Dingen des Lebens; sucht Bequemlichkeit, Komfort und Sicherheit durch Einkommen und Besitz. Sehr praktisch beim Gelderwerb. Von einmal erworbenem Besitz kann man sich nur schwer trennen. Aber nur dann erfolgreich, wenn Harmonie zwischen Geist und Körper hergestellt wird. (H2 in Sti)

Abwechslung im Gelderwerb

Neugierig in Gelddingen. Man spricht gerne über alles, was mit Geld, Besitz und Vermögen zusammenhängt. Es werden bevorzugt Dinge gekauft, die den Intellekt anregen. Viel Abwechslung beim Gelderwerb oder Hang zu delikaten und komplizierten Dinge im Bereich von Sicherheit / Einkommen. Geldverdienen wird eher als Spiel aufgefaßt. Man "verkauft" sich gut durch Witz und Begeisterungsfähigkeit. (H2 in Zwi)

Fürsorglich in Gelddingen

Vertrauenswürdig in Bezug auf Geld. Man möchte den Besitz mit Menschen teilen, zu denen eine emotionale Beziehung besteht. Zwar gefühlsmäßiger Widerstand gegen das Geldverdienen, aber man widmet sich ihm ganz, wenn es notwendig wird. Dabei sparsam, aber nicht geizig. Talent, Geld mit Immobilien zu verdienen, oder mit Dingen, die der Verschönerung des Heimes dienen. (H2 in Kre)

Souverän in Gelddingen

Man liebt äußeren Glanz und Prunk, und geht mit Selbstvertrauen an das Geldverdienen heran. Organisationstalent. Sehr vertrauenswürdig beim Erwerb des Einkommens. Man wünscht sich über den Besitz eine hohe Position mit Autorität. In Gelddingen ehrgeiziger als es nach außen hin den Anschein hat. (H2 in Loe)

Fleißig beim Gelderwerb

Etwas nüchterne, kritische Einstellung zum Geld. Wichtig ist die Umgebung, in der Geld verdient wird. Man achtet dabei auf eine sorgfältige Durchführung der Arbeiten und ist sehr fleißig. Schwierigkeiten, den Besitz mit anderen zu teilen. Zwang zur Sparsamkeit, da man ausschließlich auf das eigene Einkommen angewiesen ist. (H2 in Jun)

Harmoniebedürftig beim Gelderwerb

Geldverdienen bzw. Besitzerwerb sind eine Art künstlerischer Selbstausdruck. Man liebt harmonische Verhältnisse und Partnerschaften beim Einkommenserwerb. Das Einkommen wird gern im kulturellen Sektor oder öffentlichen Dienst erworben. Scheu davor, um Besitz und Vermögen zu kämpfen oder zu prozessieren. Abneigung gegen schmutzige Witze und gegen ungehobelte Lebensführung. (H2 in Waa)

Leidenschaftliches Besitzstreben

Man strebt nach Macht über Geld und Besitz oder wird davon beherrscht. Leidenschaftliches bis eifersüchtiges Verhältnis zu Geld und Besitz, was man jedoch gut verbergen kann. Neigung zu Rachsucht, wenn sich jemand dem Einkommenserwerb in den Weg stellt. Man kann den Besitz nur schwer mit anderen teilen. (H2 in Sko)

Optimistisch beim Gelderwerb

Großzügige oder aber naive bzw. arglose Einstellung allen materiellen Werten gegenüber. Einkommenserwerb gern als Sport mit einem Hang zum Spekulieren. Man ist jovial und optimistisch im Umgang mit Geld und Besitz. Energisch beim Schaffen von Sicherheit, ohne sich dessen bewußt zu sein. Man ignoriert herkömmliche Verhaltensweisen im Bereich von Geld und Besitz. (H2 in Sch)

Beharrlich beim Gelderwerb

Viel Ernst und Pflichtbewußtsein in Sachen Geld, Besitz und Sicherheit. Man setzt hohe Maßstäbe in diesem Bereich. Beharrlicher Einsatz beim Einkommenserwerb, nachdem eine anfängliche Zurückhaltung überwunden ist. In der Lage, Entbehrungen zu ertragen und hart fürs Geld zu arbeiten; aber auch Tendenz zu Geiz in Gelddingen. (H2 in Ste)

Erfinderisch beim Gelderwerb

Gern Experimente mit Geld, Besitz und materieller Sicherheit. Sehr erfinderisch und einfallsreich, aber auch sprunghaft, wenn es um das Geldverdienen geht. Manager-Talent! Man ist nie mit dem Erreichten zufrieden. Das Einkommen wird möglicherweise von großen Institutionen oder gesellschaftlichen Verbänden bezogen. Andererseits auch Tendenz, eine gewisse Distanz zu materiellen Dingen einzunehmen. (H2 in Was)

Aufopfernd in Gelddingen
Träumerische und phantasiebetonte Vorstellungen von Sicherheit und Besitz. Selbstloser Umgang mit Geld mit viel Opferbereitschaft. Andererseits Schwierigkeiten, ein festes Einkommen zu erwerben. Tendenz, sich im Bereich von Geld und Besitz ganz zu verlieren; oder aber man ist zu freigebig und aufopfernd, mit der Gefahr, ausgenutzt zu werden. (H2 in Fis)

Haus 3: Lernvermögen, Intellekt, verstandesmäßiges Denken, Alltagskontakte

Sonne im 3. Haus
Wissensdurstig
Bestreben, sich auf intellektuellem Gebiet hervorzutun. Man hat Interesse an Wissenschaften und ist bemüht, sich Wissen aller Art anzueignen. Stets an der Erforschung neuer Dinge interessiert. Geistig flexibel, wandlungs- und anpassungsfähig. Kraftvoller, selbstdarstellender Vortragsstil. Man will mit Wissen glänzen und es gerne demonstrieren. Erfolge bei literarischer oder journalistischer Tätigkeit. Geschwister und Nachbarn spielen im Leben eine große Rolle. (h So H3)

Wissensdurstig bis übergescheit
Bestreben, sich auf intellektuellem Gebiet hervorzutun. Man hat Interesse an Wissenschaften und ist bemüht, sich Wissen aller Art anzueignen. Stets an der Erforschung neuer Dinge interessiert. Geistig flexibel, wandlungs- und anpassungsfähig. Kraftvoller, selbstdarstellender Vortragsstil. Man will mit Wissen glänzen und es gerne demonstrieren. Erfolge bei literarischer oder journalistischer Tätigkeit. Geschwister und Nachbarn spielen im Leben eine große Rolle. – Andererseits fühlt man sich grundlos anderen überlegen, macht sich verbal wichtig oder will der Umgebung seine Ideen aufzwingen. Dabei intellektuell arrogant, schwatzhaft, besserwisserisch und widersprüchlich. Unter Saturn-Aspekten: Gern unselbständig im Denken und Lernen. Wenig eigene Ideen oder schwach im Selbstausdruck. (h+d So H3)

Übergescheit
Bestreben, sich auf intellektuellem Gebiet hervorzutun. Man hat Interesse an Wissenschaften und ist bemüht, sich Wissen aller Art anzueignen. Andererseits fühlt man sich grundlos anderen überlegen, macht sich verbal wichtig oder will der Umgebung seine Ideen aufzwingen. Dabei intellektuell arrogant, schwatzhaft, besserwisserisch und widersprüchlich. Unter Saturn-Aspekten: Gern unselbständig im Denken und Lernen. Wenig eigene Ideen oder schwach im Selbstausdruck. (d So H3)

Mond im 3. Haus

Mitteilsam

Das Denken und die Sprache werden vom Gefühl beeinflußt. Identifikation mit den Ideen anderer bzw. Neigung, die Ausdrucksweise anderer nachzuahmen. Viel Kommunikation mit der Umwelt, insbesondere mit Frauen. Bedürfnis, über seine Gefühle zu reden oder zu schreiben (z. B. Tagebuch). Talent, sich überall passend in Szene zu setzen. Gern naturkundliche oder biologische Studien, oft mit Publikationen auf diesem Gebiet. Wechselhafter Bildungsweg mit vielen Veränderungen. Unstillbar neugierig und dauernd in Bewegung. Man hat viel mit Geschwistern zu tun und betrachtet Nachbarn als zur Familie gehörig. (h Mo H3)

Mitteilsam bis schwatzhaft

Das Denken und die Sprache werden vom Gefühl beeinflußt. Identifikation mit den Ideen anderer bzw. Neigung, die Ausdrucksweise anderer nachzuahmen. Viel Kommunikation mit der Umwelt, insbesondere mit Frauen. Bedürfnis, über seine Gefühle zu reden oder zu schreiben (z. B. Tagebuch). Talent, sich überall passend in Szene zu setzen. Gern naturkundliche oder biologische Studien, oft mit Publikationen auf diesem Gebiet. Wechselhafter Bildungsweg mit vielen Veränderungen. Unstillbar neugierig und dauernd in Bewegung. Man hat viel mit Geschwistern zu tun und betrachtet Nachbarn als zur Familie gehörig. – Andererseits im Denken und Reden oberflächlich und vorurteilsvoll. Hang zu Tagträumereien und Phantasie. Die Kommunikation wird oft von unwichtigen Dingen beherrscht. Schwatzhaft, unselbständig und tagträumerisch. Unter Saturn-Aspekten: Über seine Gefühle kann man schlecht sprechen. Probleme, jemandem zu sagen: "Ich liebe dich." Schlechter Draht zur Mutter oder zu Kindern. (h+d Mo H3)

Schwatzhaft

Das Denken und die Sprache werden vom Gefühl beeinflußt. Identifikation mit den Ideen anderer bzw. Neigung, die Ausdrucksweise anderer nachzuahmen. Im Denken und Reden aber gern oberflächlich und vorurteilsvoll. Hang zu Tagträumereien und Phantasie. Die Kommunikation wird oft von unwichtigen Dingen beherrscht. Schwatzhaft, unselbständig und tagträumerisch. (d Mo H3)

Zwillings-Merkur im 3. Haus (Regent)

Neugierig

Sehr neugierig mit großem Bedürfnis zu vermitteln, kommunizieren, lehren und lernen. Man ist viel unterwegs und telefoniert gerne. In der Regel intensiver Kontakt mit Geschwistern und Nachbarn. Ausgeprägtes Verhandlungs- und Diskussionsgeschick, oft mit Überredungskunst. Beste Fähigkeiten zum Redner, Lehrer oder Schriftsteller. Oft (per Auto) unterwegs. (h Zwi-Me H3)

Neugierig bis oberflächlich

Sehr neugierig mit großem Bedürfnis zu vermitteln, kommunizieren, lehren und lernen. Man ist viel unterwegs und telefoniert gerne. In der Regel intensiver Kontakt mit Geschwistern und Nachbarn. Ausgeprägtes Verhandlungs- und Diskussionsgeschick, oft mit Überredungskunst. Beste Fähigkeiten zum Redner, Lehrer oder Schriftsteller. Oft (per Auto) unterwegs. – Andererseits aber auch wortspalterisch, oberflächlich und schwatzhaft mit vorschnellen Urteilen. Die Unterhaltung ist einem wichtiger als der Inhalt, die rhetorische Überlegenheit wichtiger als Wahrheit. Neigung zu indiskreten Äußerungen. Unter Saturn-Aspekten: Zweifel an den eigenen geistigen Fähigkeiten mit Lernproblemen. Angst, etwas Falsches zu sagen. Mitunter Sprachhemmungen. (h+d Zwi-Me H3)

Oberflächlich

Sehr neugierig mit großem Bedürfnis zu vermitteln, kommunizieren, lehren und lernen. Man ist viel unterwegs und telefoniert gerne. Gern aber auch wortspalterisch, oberflächlich und schwatzhaft mit vorschnellen Urteilen. Die Unterhaltung ist einem wichtiger als der Inhalt, die rhetorische Überlegenheit wichtiger als Wahrheit. Neigung zu indiskreten Äußerungen. Unter Saturn-Aspekten: Zweifel an den eigenen geistigen Fähigkeiten mit Lernproblemen. Angst, etwas Falsches zu sagen. Mitunter Sprachhemmungen. (d Zwi-Me H3)

Jungfrau-Merkur im 3. Haus
Analytisches Denken

Fähigkeit zu analytischem, kritischem, aber auch logischem Denken. Oft auch mathematische Begabung. Viel geistige Beschäftigung mit gesunder Ernährung. Fähigkeit, sein Wissen über Gesundheit und Krankheit zu vermitteln (Vorträge, medizinische Bücher). Intellektuelles Arbeiten, etwa als Wissenschaftler oder in Sparten, in denen viel geredet wird (z. B. als Verkäufer). (h Jun-Me H3)

Analytisches bis überkritisches Denken

Fähigkeit zu analytischem, kritischem, aber auch logischem Denken. Oft auch mathematische Begabung. Viel geistige Beschäftigung mit gesunder Ernährung. Fähigkeit, sein Wissen über Gesundheit und Krankheit zu vermitteln (Vorträge, medizinische Bücher). Intellektuelles Arbeiten, etwa als Wissenschaftler oder in Sparten, in denen viel geredet wird (z. B. als Verkäufer). – Andererseits aber auch überkritisch und belehrend. Sehr berechnend mit ausgeprägtem Nützlichkeitsdenken oder Kontrollsucht. Oft auch ständiges Reden über Krankheit oder die Arbeit. Häufig wechselnde Arbeitsverhältnisse. Unter Saturn-Aspekten: Man denkt oder redet wenig bei der Arbeit, ordnet sich geistig unter oder paßt sich an. Geistig anspruchslose Tätigkeit. (h+d Jun-Me H3)

Überkritisches Denken

Fähigkeit zu analytischem, kritischem, aber auch logischem Denken. Oft auch mathematische Begabung. Gern aber überkritisch und belehrend. Sehr berechnend mit ausgeprägtem Nützlichkeitsdenken oder Kontrollsucht. Oft auch ständiges Reden über Krankheit oder die Arbeit. Häufig wechselnde Arbeitsverhältnisse. Unter Saturn-Aspekten: Man denkt oder redet wenig bei der Arbeit, ordnet sich geistig unter oder paßt sich an. Geistig anspruchslose Tätigkeit. (d Jun-Me H3)

Stier-Venus im 3. Haus
Guter Geschäftssinn

Es wird viel Geld für Bücher, Zeitungen, Kurse oder Seminare ausgegeben, was den Eigenwert hebt. Gut entwickelter Geschäftssinn: Häufig mit der Vermittlung von Genußmitteln, Geld, Wertgegenständen oder Liegenschaften beschäftigt (z. B. Anlageberater) oder aber man schreibt oder referiert darüber. Gern Sammler von

Büchern, Briefmarken oder Ansichtskarten. Meist angenehme, melodische Stimme. Oft finanzielle Vorteile durch Geschwister. (h Sti-Ve H3)

Guter Geschäftssinn bis Nützlichkeitsdenken
Es wird viel Geld für Bücher, Zeitungen, Kurse oder Seminare ausgegeben, was den Eigenwert hebt. Gut entwickelter Geschäftssinn: Häufig mit der Vermittlung von Genußmitteln, Geld, Wertgegenständen oder Liegenschaften beschäftigt (z. B. Anlageberater) oder aber man schreibt oder referiert darüber. Gern Sammler von Büchern, Briefmarken oder Ansichtskarten. Meist angenehme, melodische Stimme. Oft finanzielle Vorteile durch Geschwister. – Andererseits aber auch betont materielle Gesinnung mit Nützlichkeitsdenken. Man denkt und spricht nur noch über Geld und Besitz. Es wird nur das gelernt, was praktisch verwertbar ist (es muß stets etwas "bringen"). Übertriebenes Sicherheitsdenken mit sturem Festhalten an Gewohntem. Unter Saturn-Aspekten: Wenig Interesse an Geld oder Besitz. Geistig unbeweglich, schwerfällig oder langsame Auffassung. (h+d Sti-Ve H3)

Nützlichkeitsdenken
Es wird viel Geld für Bücher, Zeitungen, Kurse oder Seminare ausgegeben, was den Eigenwert hebt. Gern betont materielle Gesinnung mit Nützlichkeitsdenken. Man denkt und spricht nur noch über Geld und Besitz. Es wird nur das gelernt, was praktisch verwertbar ist (es muß stets etwas "bringen"). Übertriebenes Sicherheitsdenken mit sturem Festhalten an Gewohntem. Unter Saturn-Aspekten: Wenig Interesse an Geld oder Besitz. Geistig unbeweglich, schwerfällig oder langsame Auffassung. (d Sti-Ve H3)

Waage-Venus im 3. Haus
Charmante Ausdrucksweise
Hang zu schöngeistiger Literatur, zu schönem (Kunst-) Büchern oder zu Liebesromanen. Charmant in der Ausdrucksweise mit wohlklingender, melodischer Stimme! Fähigkeit, sich angenehm in Szene zu setzen. Man schreibt gern Liebesbriefe oder stilvolle Gedichte. Liebesbeziehungen und soziale Kontakte sind das Gesprächsthema. Kontakte werden gerne über Zeitungsinserate geknüpft. Liebe zu Geschwistern oder zur Nachbarschaft. (h Waa-Ve H3)

Charmante bis oberflächliche Ausdrucksweise
Hang zu schöngeistiger Literatur, zu schönem (Kunst-) Büchern oder zu Liebesromanen. Charmant in der Ausdrucksweise mit wohlklingender, melodischer Stimme! Fähigkeit, sich angenehm in Szene zu setzen. Man schreibt gern Liebesbriefe oder stilvolle Gedichte. Liebesbeziehungen und soziale Kontakte sind das Gesprächsthema. Kontakte werden gerne über Zeitungsinserate geknüpft. Liebe zu Geschwistern oder zur Nachbarschaft. – Andererseits aber auch oberflächliche, inhaltlose oder opportunistische Ausdrucksweise. Melodischer Wortzauber ohne tiefere Substanz. Aufreißertyp mit dem Hang zum ständigen Flirten. Es wird dauernd an Liebe gedacht oder darüber geredet (Verbalerotiker, der jeden anmacht). Gern mehrere Partner gleichzeitig. Unter Saturn-Aspekten: Verschlossen, zugeknöpft gegenüber anderen. Probleme in der Kommunikation mit Mitmenschen oder mit dem Partner. (h+d Waa-Ve H3)

Oberflächliche Ausdrucksweise

Hang zu schöngeistiger Literatur, zu schönem (Kunst-) Büchern oder zu Liebesromanen. Charmant in der Ausdrucksweise mit wohlklingender, melodischer Stimme! Andererseits aber auch oberflächliche, inhaltlose oder opportunistische Ausdrucksweise. Melodischer Wortzauber ohne tiefere Substanz. Aufreißertyp mit dem Hang zum ständigen Flirten. Es wird dauernd an Liebe gedacht oder darüber geredet (Verbalerotiker, der jeden anmacht). Gern mehrere Partner gleichzeitig. Unter Saturn-Aspekten: Verschlossen, zugeknöpft gegenüber anderen. Probleme in der Kommunikation mit Mitmenschen oder mit dem Partner. (d Waa-Ve H3)

Mars im 3. Haus

Kraftvoller Vortragsstil

Man ist wortstark und vermag sich verbal oder schriftlich kraftvoll auszudrücken. Starker aber schwankender Energieeinsatz beim Lernen. Man lernt rasch, redet, schreibt und liest schnell, aber Tendenz zu voreiligen Schlüssen. Mut, Farbe zu bekennen und sich zu zeigen. Oft aktiv im Vermittlungs- oder Lehrwesen tätig. Gern auch Sportschule, Sportstudium, Technikstudium oder Militärakademie. Eignung zum (aggressiven) Zeitungsreporter. Technische Begabung mit großer Fingerfertigkeit. (h Ma H3)

Kraftvoller bis streitlustiger Vortragsstil

Man ist wortstark und vermag sich verbal oder schriftlich kraftvoll auszudrücken. Starker aber schwankender Energieeinsatz beim Lernen. Man lernt rasch, redet, schreibt und liest schnell, aber Tendenz zu voreiligen Schlüssen. Mut, Farbe zu bekennen und sich zu zeigen. Oft aktiv im Vermittlungs- oder Lehrwesen tätig. Gern auch Sportschule, Sportstudium, Technikstudium oder Militärakademie. Eignung zum (aggressiven) Zeitungsreporter. Technische Begabung mit großer Fingerfertigkeit. – Andererseits aber auch viel Sarkasmus, Nörgelei und Aggressivität im Ausdruck. Streithansel, der gern mit Geschwistern oder Nachbarn hadert. Daher meist unbeliebt. Schwierigkeit mit Verträgen oder Abmachungen. Ungeduldiger bis riskanter Autofahrer mit Unfallgefahr. Aggressiver Verkäufer. Unter Saturn-Aspekten: Nicht fähig, Aggression oder Ärger auszudrücken (nur gedanklich). Kein Mut zur Äußerung in Wort und Schrift oder zur Kommunikation. (h+d Ma H3)

Streitlustiger Vortragsstil

Starker aber schwankender Energieeinsatz beim Lernen. Man lernt rasch, redet, schreibt und liest schnell. Aber auch viel Sarkasmus, Nörgelei und Aggressivität im Ausdruck. Streithansel, der gern mit Geschwistern oder Nachbarn hadert. Daher meist unbeliebt. Schwierigkeit mit Verträgen oder Abmachungen. Ungeduldiger bis riskanter Autofahrer mit Unfallgefahr. Aggressiver Verkäufer. Unter Saturn-Aspekten: Nicht fähig, Aggression oder Ärger auszudrücken (nur gedanklich). Kein Mut zur Äußerung in Wort und Schrift oder zur Kommunikation. (d Ma H3)

Jupiter im 3. Haus

Gebildet

Man redet viel und überzeugend, liebt große Worte und epische Ausschmückungen. Dadurch oft glänzender, gut informierter Unterhalter, gebildet und bei der Mitwelt angesehen. Glückhaft und erfolgreich als Redner, Lehrer oder Schriftsteller. Gern

Studium der Philosophie, Religion oder Fremdsprachen. Man besitzt viele Bücher, liest, schreibt und lernt gern. Schule oder Ausbildung im Ausland. Evtl. auch Geschäfte im Ausland. Optimistisch und kommunikationsfreudig mit ausgeprägtem Gerechtigkeitssinn. Gutes Verhältnis zu seinen Geschwistern oder Nachbarn. (h Ju H3)

Gebildet bis überheblich

Man redet viel und überzeugend, liebt große Worte und epische Ausschmückungen. Dadurch oft glänzender, gut informierter Unterhalter, gebildet und bei der Mitwelt angesehen. Glückhaft und erfolgreich als Redner, Lehrer oder Schriftsteller. Gern Studium der Philosophie, Religion oder Fremdsprachen. Man besitzt viele Bücher, liest, schreibt und lernt gern. Schule oder Ausbildung im Ausland. Evtl. auch Geschäfte im Ausland. Optimistisch und kommunikationsfreudig mit ausgeprägtem Gerechtigkeitssinn. Gutes Verhältnis zu seinen Geschwistern oder Nachbarn. – Andererseits fühlt man sich gern als etwas Besseres und zeigt sich im Dialog respektlos und rechthaberisch. Großspurig im Reden und Denken mit Übertreibungen. Vielredner und Vielschwätzer mit großen Worten. Tendenz zu geistigem Hochmut und Überheblichkeit. Unter Saturn-Aspekten: Man liest, lernt und weiß wenig. Es erfolgt keine geistige Weiterbildung. Kein Interesse an Reisen oder Horizonterweiterung. (h+d Ju H3)

Überheblich

Man redet viel und überzeugend, liebt große Worte und epische Ausschmückungen. Gern aber fühlt man sich als etwas Besseres und zeigt sich im Dialog respektlos und rechthaberisch. Großspurig im Reden und Denken mit Übertreibungen. Vielredner und Vielschwätzer mit großen Worten. Tendenz zu geistigem Hochmut und Überheblichkeit. Unter Saturn-Aspekten: Man liest, lernt und weiß wenig. Es erfolgt keine geistige Weiterbildung. Kein Interesse an Reisen oder Horizonterweiterung. (d Ju H3)

Saturn im 3. Haus

Konzentriertes Denken

Fähigkeit, sorgfältig, konzentriert, logisch und ernsthaft zu denken. Bestreben, sich durch Wissen zu profilieren; dieses muß aber hart erarbeitet werden. Im Ausdruck methodisch, präzise, ernst und wohlüberlegt. Man lernt nur Nützliches. Möglicherweise zweiter Bildungsweg im späteren Leben. (h Sa H3)

Konzentriertes bis schwerfälliges Denken

Fähigkeit, sorgfältig, konzentriert, logisch und ernsthaft zu denken. Bestreben, sich durch Wissen zu profilieren; dieses muß aber hart erarbeitet werden. Im Ausdruck methodisch, präzise, ernst und wohlüberlegt. Man lernt nur Nützliches. Möglicherweise zweiter Bildungsweg im späteren Leben. – Andererseits langsam und begriffsstutzig im Gespräch. Gern auch unbeweglich im Denken, oder Probleme sich verständlich auszudrücken. Schwächen im mündlichen oder schriftlichen Verkehr. Schul-, Lern- oder Sprachprobleme (evtl. Stottern). Im Kontakt mit der Umgebung eher mißtrauisch. Sorgenvolles Denken mit Selbstmitleid und Nörgelei. Probleme mit Geschwistern. (h+d Sa H3)

Schwerfälliges Denken

Fähigkeit, sorgfältig, konzentriert, logisch und ernsthaft zu denken. Bestreben, sich durch Wissen zu profilieren; dieses muß aber hart erarbeitet werden. Eher langsam und begriffsstutzig im Gespräch. Gern auch unbeweglich im Denken, oder Probleme sich verständlich auszudrücken. Schwächen im mündlichen oder schriftlichen Verkehr. Schul-, Lern- oder Sprachprobleme (evtl. Stottern). Im Kontakt mit der Umgebung eher mißtrauisch. Sorgenvolles Denken mit Selbstmitleid und Nörgelei. Probleme mit Geschwistern. (d Sa H3)

Uranus im 3. Haus

Origineller Vortragsstil

Fähigkeit, schnell zu lesen, reden oder zu schreiben. Originelles, ideenreiches Denken, seiner Zeit meist voraus. Autodidakt, schnell von Begriff. Guter Organisator und Stegreifredner ohne Redekonzept. Durch plötzliche Einsichten gelangt man zu ganz neuen Ideen. Hang zu ständig neuen Interessensgebieten. Gern geistiger Rebell mit Widerspruchsgeist und dem Bedürfnis, revolutionäre Ansichten zu verbreiten. Neigung zu Freundschaft mit Intellektuellen. (h Ur H3)

Origineller bis sprunghafter Vortragsstil

Fähigkeit, schnell zu lesen, reden oder zu schreiben. Originelles, ideenreiches Denken, seiner Zeit meist voraus. Autodidakt, schnell von Begriff. Guter Organisator und Stegreifredner ohne Redekonzept. Durch plötzliche Einsichten gelangt man zu ganz neuen Ideen. Hang zu ständig neuen Interessensgebieten. Gern geistiger Rebell mit Widerspruchsgeist und dem Bedürfnis, revolutionäre Ansichten zu verbreiten. Neigung zu Freundschaft mit Intellektuellen. – Andererseits aber auch ruhelos, sprunghaft im Vortragsstil oder unkonzentriert. Häufiger Meinungswechsel; große Ungeduld beim Lernen. Man leidet unter dem herkömmlichen Schulwesen oder lehnt es ab. Gern Wechsel der Schule oder der Studienrichtung (klassischer Schulschwänzer oder Schulabbrecher). Möglicherweise gespanntes Verhältnis zu Geschwistern. Verkehrsunfallgefahr. (h+d Ur H3)

Sprunghafter Vortragsstil

Fähigkeit, schnell zu lesen, reden oder zu schreiben. Originelles, ideenreiches Denken, seiner Zeit meist voraus. Andererseits aber auch ruhelos, sprunghaft im Vortragsstil oder unkonzentriert. Häufiger Meinungswechsel; große Ungeduld beim Lernen. Man leidet unter dem herkömmlichen Schulwesen oder lehnt es ab. Gern Wechsel der Schule oder der Studienrichtung (klassischer Schulschwänzer oder Schulabbrecher). Möglicherweise gespanntes Verhältnis zu Geschwistern. Verkehrsunfallgefahr. (d Ur H3)

Neptun im 3. Haus

Einfühlsam im Denken

Sehr intuitiv, idealistisch und einfühlsam im Denken. Viel Phantasie und Ahnungsvermögen, ja mitunter sogar medial oder hellsichtig. Möglicherweise Besuch eines Internats oder einer Klosterschule. Interesse an Medizin oder Psychologie mit dem betont sozialen Bedürfnis, Hilfe zu vermitteln. Dichterische Neigungen. Hilfsbereit gegenüber Geschwistern oder Nachbarn. Man kann gut in verschiedene Rollen schlüpfen und ist ein Überredungskünstler mit schauspielerischem Talent. (h Ne H3)

Einfühlsam bis verwirrt im Denken

Sehr intuitiv, idealistisch und einfühlsam im Denken. Viel Phantasie und Ahnungsvermögen, ja mitunter sogar medial oder hellsichtig. Möglicherweise Besuch eines Internats oder einer Klosterschule. Interesse an Medizin oder Psychologie mit dem betont sozialen Bedürfnis, Hilfe zu vermitteln. Dichterische Neigungen. Hilfsbereit gegenüber Geschwistern oder Nachbarn. Man kann gut in verschiedene Rollen schlüpfen und ist ein Überredungskünstler mit schauspielerischem Talent. – Andererseits aber auch verschwommenes Denken mit Neigung zu Fehleinschätzung. Man macht sich gern falsche Illusionen, lernt schwer, träumt und phantasiert viel und ist zerstreut bis verwirrt. Man hat Probleme mit der Wahrheit oder wird selber Opfer von Lug und Trug. Neigung zu Angstpsychosen. Geschwister sind möglicherweise krank oder süchtig. (h+d Ne H3)

Verwirrt im Denken

Sehr intuitiv, idealistisch und einfühlsam im Denken. Viel Phantasie und Ahnungsvermögen, ja mitunter sogar medial oder hellsichtig. Möglicherweise Besuch eines Internats oder einer Klosterschule. Andererseits aber auch verschwommenes Denken mit Neigung zu Fehleinschätzung. Man macht sich gern falsche Illusionen, lernt schwer, träumt und phantasiert viel und ist zerstreut bis verwirrt. Man hat Probleme mit der Wahrheit oder wird selber Opfer von Lug und Trug. Neigung zu Angstpsychosen. Geschwister sind möglicherweise krank oder süchtig. (d Ne H3)

Pluto im 3. Haus

Forschergeist

Kompromißloses Suchen und Forschen nach den tiefen Wahrheiten des Lebens. Interesse für Hintergründiges, Jenseitiges oder für Fragen nach dem Tod. Leidenschaftlicher und faszinierender Redner. Gern in eine fixe Idee verbissen; im Denken oft dogmatisch und in der Meinung stur. Zwanghaftes Bestreben, andere geistig zu beeinflussen. Dabei meist auch gute Überzeugungskraft. (h PL H3)

Forschergeist bis Provokateur

Kompromißloses Suchen und Forschen nach den tiefen Wahrheiten des Lebens. Interesse für Hintergründiges, Jenseitiges oder für Fragen nach dem Tod. Leidenschaftlicher und faszinierender Redner. Gern in eine fixe Idee verbissen; im Denken oft dogmatisch und in der Meinung stur. Zwanghaftes Bestreben, andere geistig zu beeinflussen. Dabei meist auch gute Überzeugungskraft. – Andererseits aber auch zwanghafte Neigung, seine Meinung durchzusetzen, sich provokant oder verletzend auszudrücken. Meist ausgesprochen verbohrtes Denken mit fixen Ideen und Redezwang. Es kommt gerne zu Machtkämpfen mit Geschwistern oder Nachbarn.(h+d PL H3)

Provokateur

Kompromißloses Suchen und Forschen nach den tiefen Wahrheiten des Lebens. Interesse für Hintergründiges, Jenseitiges oder für Fragen nach dem Tod. Zwanghafte Neigung, seine Meinung durchzusetzen, sich provokant oder verletzend auszudrücken. Meist ausgesprochen verbohrtes Denken mit fixen Ideen und Redezwang. Es kommt gerne zu Machtkämpfen mit Geschwistern oder Nachbarn.(d PL H3)

Leeres 3. Haus in den Zeichen

Direkt im Dialog

Schneller, aufgeweckter Geist, der impulsiv Entscheidungen trifft. Man lenkt die Aufmerksamkeit bei der Unterhaltung mit andern gern auf sich und übernimmt in Gesprächen die Führung und Initiative. Man liebt Diskussionen, ist sehr direkt bis vorlaut und meist ungeduldig im Gespräch. (H3 in Wid)

Pragmatisch im Denken

Praktischer und realistischer, aber etwas langsamer Geist. Man handelt lieber als zu reden und macht große Anstrengungen, Dinge zu erlernen, welche Komfort, Bequemlichkeit und Sicherheit versprechen. Ausdauernd, alle Hindernisse zu überwinden, wenn man sich einmal etwas in den Kopf gesetzt hat. (H3 in Sti)

Neugieriger Geist

Man ist sehr mitteilsam, reist gerne und paßt sich überall schnell an. Immer auf der Suche nach Abwechslung. Stets neugierig, wissensdurstig bis sensationshungrig, sagt das eine und tut das andere. In der Lage, sich mit mehreren Dingen gleichzeitig zu beschäftigen. Spielerischer, geselliger Unterhalter. (H3 in Zwi)

Gutes Gedächtnis

Gutes Gedächtnis, vor allem, was Fakten und Daten betrifft. Wenn man sich nach langem Zögern einmal für etwas begeistert, dann aus ganzem Herzen. Gewandt im Gespräch, wenn auch auf eine etwas blumig-sentimentale Art. Überempfindlich gegenüber Kritik an eigenen Ideen. Bedürfnis nach Kontakt mit Gleichgesinnten, dabei vertrauensselig. (H3 in Kre)

Souverän in der Unterhaltung

Großzügig und selbstbewußt in der Kommunikation mit Hang, sich in den Mittelpunkt zu stellen. Aber stets ehrlich und vertrauenswürdig. Man trägt die eigene Meinung mit viel Selbstbewußtsein vor, kommt Vereinbarungen gerne und pünktlich nach und sagt die Dinge so, wie sie sind. (H3 in Loe)

Kritischer Geist

Man hat einen kritischen, anspruchsvollen Geist, achtet auf Details und schätzt Gründlichkeit im kommunikativen Bereich. Redegewandt und selbstsicher mit analytischem Vorgehen. Abneigung gegen Überraschungen auf intellektuellem Gebiet. Bei der Kommunikation ist die Umgebung, in der sie stattfindet, sehr wichtig. (H3 in Jun)

Harmoniebedürfnis im Dialog

Man liebt Harmonie und Anmut in der Unterhaltung und macht alles Intellektuelle zu einer Art künstlerischem Selbstausdruck. Viel Gerechtigkeitsliebe auf geistigem Gebiet. Diplomatisches Vorgehen, aber sehr konfliktscheu. Begabt für Teamarbeit. (H3 in Waa)

Tiefschürfender Geist

Man vertritt die eigenen Auffassungen sehr offen und entschlossen und sucht den direktesten Weg, um die eigene Meinung durchzusetzen. Information wird als Machtmittel angesehen, gibt sich aber meist sehr verschwiegen. Alles Hintergründige ist von besonderem Interesse. Nachtragend bis rachsüchtig, wenn man von jemandem verbal angegriffen wurde. (H3 in Sko)

Optimistischer Geist

Begeisterungsfähige Natur, die alles Geistige ebenso wie alles Wissen optimistisch betrachtet. Man nimmt die Dinge, wie sie kommen, mag aber keine Sentimentalitäten. Man redet, erzählt und reist gerne; jovial, weltoffen und tolerant in der Unterhaltung. Bedürfnis, auf dem einen oder anderen Gebiet als Autorität angesehen zu werden. (H3 in Sch)

Pflichtbewußter Geist

Auf geistigem Gebiet und im kommunikativen Umgang ist man sehr pflichtbewußt und setzt hohe Maßstäbe; man möchte auf diesem Gebiet perfekt sein. Zuverlässig und verschwiegen für anvertraute Informationen. Etwas reservierter und konservativer Gesprächspartner, der mit neuen Ideen Schwierigkeiten hat. (H3 in Ste)

Origineller Geist

Man hat viele Ideen, ist jedoch unsicher, wie diese in die Praxis umzusetzen sind. In der Unterhaltung wirkt man auf andere gern unpersönlich und distanziert. Fähig zur Selbsterkenntnis und tiefes Verständnis für die menschliche Natur. Man liebt Experimente auf geistigem und wissenschaftlichem Gebiet und vertritt dabei originelle bis exzentrische Ansichten. (H3 in Was)

Feinfühlig im Denken

Starkes Einfühlungsvermögen im geistigen und kommunikativen Bereich. Gern mystisch-religiöse Denkweise und sehr empfänglich für altruistische Ideen. Sehr hilfsbereit und einfühlsam mit großer Anhänglichkeit an die Geschwister. Neigung zu Träumen und Phantastereien, dabei oft Schwierigkeiten mit der harten Realität. (H3 in Fis)

Haus 4: Familie, Zuhause, Geborgenheit, Heimat und Volk, Tradition

Sonne im 4. Haus

Zuhause autoritär

Man ist heimatverbunden und häuslich. Starker Wunsch nach Familie und einem gesicherten Heim, aber auch fähig, ein harmonisches Heim aufzubauen. Viel Stolz auf das Familienerbe mit aristokratischer Einstellung. Vater oder Ehegatte ist die Autorität, ja sogar der "Pascha" im Hause. Starker gefühlsmäßiger Bezug zum Vater oder Großvater. Selbstverwirklichung in Heim und Familie; ausgeprägte Naturverbundenheit mit Streben nach Hausbesitz. Viel Erfolg im zweiten Lebensabschnitt mit glücklichem, sorglosem Alter in gesicherten Verhältnissen. (h So H4)

Zuhause autoritär bis tyrannisch

Man ist heimatverbunden und häuslich. Starker Wunsch nach Familie und einem gesicherten Heim, aber auch fähig, ein harmonisches Heim aufzubauen. Viel Stolz auf das Familienerbe mit aristokratischer Einstellung. Vater oder Ehemann ist die Autorität, ja sogar der "Pascha" im Hause. Starker gefühlsmäßiger Bezug zum Vater oder Großvater. Selbstverwirklichung in Heim und Familie; ausgeprägte Naturverbundenheit mit Streben nach Hausbesitz. Viel Erfolg im zweiten Lebensabschnitt mit glücklichem, sorglosem Alter in gesicherten Verhältnissen. – Andererseits gern übertriebener Familienstolz, oder unfähig, mit den Eltern auszukommen. Tendenz zum Haustyrannen und sich mit Heim oder Familie wichtig zu machen. Unglückliche Familien- oder Trennungsschicksale. Unter Saturn-Aspekten: Keine Harmonie zwischen Gefühl und Handeln. Familie oder Mutter hemmen das Selbstbewußtsein oder die Abnabelung vom Elternhaus. (h+d So H4)

Zuhause tyrannisch

Man ist heimatverbunden und häuslich. Starker Wunsch nach Familie und einem gesicherten Heim. Gern aber übertriebener Familienstolz, oder unfähig, mit den Eltern auszukommen. Tendenz zum Haustyrannen und sich mit Heim oder Familie wichtig zu machen. Unglückliche Familien- oder Trennungsschicksale. Unter Saturn-Aspekten: Keine Harmonie zwischen Gefühl und Handeln. Familie oder Mutter hemmen das Selbstbewußtsein oder die Abnabelung vom Elternhaus. (d So H4)

Mond im 4. Haus

Harmonisches Zuhause

Starke gefühlsmäßige Bindungen an Familie, Heim, Heimat und Vaterland. Vor allem die Mutter übt einen starken Einfluß auf einen aus. Sehr kinderlieb, häuslich und heimatverbunden. Man sucht und erhält Wärme und Geborgenheit in der Familie und wohnt meist in der Natur, im Grünen und im eigenen Haus. Starke Neigung, andere zu bekochen oder zu bemuttern. Viel beschäftigt mit Nahrungsmitteln, Haushaltsprodukten und Grundbesitz, aber auch Erfolge darin. Lebensabend in Unabhängigkeit. (h Mo H4)

Harmonisches bis disharmonisches Zuhause

Starke gefühlsmäßige Bindungen an Familie, Heim, Heimat und Vaterland. Vor allem die Mutter übt einen starken Einfluß auf einen aus. Sehr kinderlieb, häuslich und heimatverbunden. Man sucht und erhält Wärme und Geborgenheit in der Familie und wohnt meist in der Natur, im Grünen und im eigenen Haus. Starke Neigung, andere zu bekochen oder zu bemuttern. Viel beschäftigt mit Nahrungsmitteln, Haushaltsprodukten und Grundbesitz, aber auch Erfolge darin. Lebensabend in Unabhängigkeit. – Andererseits Mangel an häuslicher Harmonie, weswegen es zu zahlreichen Wohnungswechseln kommt. Geringes Gefühl innerer Zugehörigkeit zur Heimat. Unglück im häuslichen Leben. Vor allem in der zweiten Lebenshälfte Unruhe und Komplikationen mit dem Elternhaus gern mit sorgenvollem, depressivem Lebensabend. Unter Saturn-Aspekten: Im Gefühlsleben gehemmt; Probleme, sich seelisch zu öffnen. Gern auch schwierige Kindheit, etwa Mangel an Zuwendung. (h+d Mo H4)

Disharmonisches Zuhause

Starke gefühlsmäßige Bindungen an Familie, Heim, Heimat und Vaterland. Vor allem die Mutter übt einen starken Einfluß auf einen aus. Gern Mangel an häuslicher Harmonie, weswegen es zu zahlreichen Wohnungswechseln kommt. Geringes Gefühl innerer Zugehörigkeit zur Heimat. Unglück im häuslichen Leben. Vor allem in der zweiten Lebenshälfte Unruhe und Komplikationen mit dem Elternhaus gern mit sorgenvollem, depressivem Lebensabend. Unter Saturn-Aspekten: Im Gefühlsleben gehemmt; Probleme, sich seelisch zu öffnen. Gern auch schwierige Kindheit, etwa Mangel an Zuwendung.(d Mo H4)

Zwillings-Merkur im 4. Haus
Einfühlsames Denken

Starke geistige Beschäftigung mit Ernährung, Heim, Familie und Volk, aber auch mit Umwelt und Natur. Das Zuhause ist bevorzugter geistiger Arbeitsplatz (gern große Bibliothek) oder die Wohnung ist ein Begegnungszentrum, etwa für Kurse. Einfühlsam im Denken vermag man phantasievoll Geschichten zu erzählen. Weiterbildung bevorzugt Zuhause über Fernlehrgänge. Oft mehrere Wohnsitze oder viel (per Wohnwagen) auf Reisen. (h Zwi-Me H4)

Einfühlsames bis konservatives Denken

Starke geistige Beschäftigung mit Ernährung, Heim, Familie und Volk, aber auch mit Umwelt und Natur. Das Zuhause ist bevorzugter geistiger Arbeitsplatz (gern große Bibliothek) oder die Wohnung ist ein Begegnungszentrum, etwa für Kurse. Einfühlsam im Denken vermag man phantasievoll Geschichten zu erzählen. Weiterbildung bevorzugt Zuhause über Fernlehrgänge. Oft mehrere Wohnsitze oder viel (per Wohnwagen) auf Reisen. – Andererseits aber auch sehr redselig mit übergroßem Kommunikationsbedürfnis. Jedem wird sein Herz ausgeschüttet. Ständig redet man mit der Mutter oder den Kindern. Verbal leicht verletzbar, kritikempfindlich und zartbesaitet. Übertriebene Abneigung gegenüber fremdem Gedankengut; geistig oft engstirnig oder altmodisch. Unter Saturn-Aspekten: Probleme, seine Gefühle auszudrücken oder darüber zu sprechen. Schlechte Kommunikation mit der Mutter oder mit Kindern. (h+d Zwi-Me H4)

Konservatives Denken

Starke geistige Beschäftigung mit Ernährung, Heim, Familie und Volk, aber auch mit Umwelt und Natur. Sehr redselig mit übergroßem Kommunikationsbedürfnis. Jedem wird sein Herz ausgeschüttet. Ständig redet man mit der Mutter oder den Kindern. Verbal leicht verletzbar, kritikempfindlich und zartbesaitet. Übertriebene Abneigung gegenüber fremdem Gedankengut; geistig oft engstirnig oder altmodisch. Unter Saturn-Aspekten: Probleme, seine Gefühle auszudrücken oder darüber zu sprechen. Schlechte Kommunikation mit der Mutter oder mit Kindern. (d Zwi-Me H4)

Jungfrau-Merkur im 4. Haus
Reinlicher Heimarbeiter

Fleißiger Heimarbeiter, mit dem Bedürfnis, die Wohnung stets sauber, ordentlich und reinlich zu halten. Man arbeitet vorwiegend Zuhause als Hausfrau oder Hausmann, oder hat viel mit Heimat, Familie oder Natur (evtl. Gärtnerei, Landwirtschaft) zu tun.

Oft wohnt man ländlich oder in einem Naturhaus (Öko-Haus). Das Büro hat man daheim, beispielsweise eine Arztpraxis in der Wohnung. (h Jun-Me H4)

Reinlicher bis pedantischer Heimarbeiter

Fleißiger Heimarbeiter, mit dem Bedürfnis, die Wohnung stets sauber, ordentlich und reinlich zu halten. Man arbeitet vorwiegend Zuhause als Hausfrau oder Hausmann, oder hat viel mit Heimat, Familie oder Natur (evtl. Gärtnerei, Landwirtschaft) zu tun. Oft wohnt man ländlich oder in einem Naturhaus (Öko-Haus). Das Büro hat man daheim, beispielsweise eine Arztpraxis in der Wohnung. – Andererseits aber auch pedantisch und überkritisch was die Wohnung anlangt; dort ständiges Arbeiten und Putzen (Putzfrauensyndrom). Gern auch sehr launisch oder nörgelnd bei der Arbeit mit berechnenden Gefühlen. Daher häufig wechselnde Arbeitsverhältnisse bzw. Mitarbeiter. Nüchternes Elternhaus. Unter Saturn-Aspekten: Überangepaßt an Zuhause: die eigene Natur kann in der Familie nicht gelebt werden. In der Familie wird wenig Gefühl gezeigt. (h+d Jun-Me H4)

Pedantischer Heimarbeiter

Fleißiger Heimarbeiter, mit dem Bedürfnis, die Wohnung stets sauber, ordentlich und reinlich zu halten. Oft aber pedantisch und überkritisch was die Wohnung anlangt; dort ständiges Arbeiten und Putzen (Putzfrauensyndrom). Gern auch sehr launisch oder nörgelnd bei der Arbeit mit berechnenden Gefühlen. Daher häufig wechselnde Arbeitsverhältnisse bzw. Mitarbeiter. Nüchternes Elternhaus. Unter Saturn-Aspekten: Überangepaßt an Zuhause: die eigene Natur kann in der Familie nicht gelebt werden. In der Familie wird wenig Gefühl gezeigt. (d Jun-Me H4)

Stier-Venus im 4. Haus

Schmuckvolles Zuhause

Eigenheim oder Hausbesitz ist einem sehr wichtig. Deshalb setzt man sein Geld ein für Heim, Familie oder Immobilien und genießt die Wohnung. Heimat- und naturliebend mit Vorliebe für Grund und Boden, Gärtnern und Blumenpflege. Bedürfnis, Wohnung und Garten gediegen und geschmackvoll einzurichten. Gern Wertgegenstände (z. B. kostbare Bilder- oder Münzensammlung) im Haus. Vorteile durch Grund- und Hausbesitz. (h Sti-Ve H4)

Schmuckvolles bis luxuriöses Zuhause

Eigenheim oder Hausbesitz ist einem sehr wichtig. Deshalb setzt man sein Geld ein für Heim, Familie oder Immobilien und genießt die Wohnung. Heimat- und naturliebend mit Vorliebe für Grund und Boden, Gärtnern und Blumenpflege. Bedürfnis, Wohnung und Garten gediegen und geschmackvoll einzurichten. Gern Wertgegenstände (z. B. kostbare Bilder- oder Münzensammlung) im Haus. Vorteile durch Grund- und Hausbesitz. – Andererseits übertriebenes Bedürfnis nach Sicherheit, worin viel Geld investiert wird (Versicherungen). Auch für Möbel oder Kleider wird viel ausgeben: hier immer nur das beste. Gern bleibt man zu stark dem Elternhaus verbunden, wird nicht selbständig und orientiert sich zu sehr am Ideal des gegengeschlechtlichen Elternteils. Unter Saturn-Aspekten: Finanzielle Probleme mit der Wohnung oder Verluste durch die Familie. Schlechte Finanzlage verursacht gern Magenprobleme. Schwierigkeiten, nein zu sagen oder sich abzugrenzen. (h+d Sti-Ve H4)

Luxuriöses Zuhause

Eigenheim oder Hausbesitz ist einem sehr wichtig. Deshalb investiert man in Heim, Familie oder Immobilien und genießt die Wohnung. Gern übertriebenes Bedürfnis nach Sicherheit, worin viel Geld investiert wird (Versicherungen). Auch für Möbel oder Kleider wird viel ausgeben: hier immer nur das beste. Gern bleibt man zu stark dem Elternhaus verbunden, wird nicht selbständig und orientiert sich zu sehr am Ideal des gegengeschlechtlichen Elternteils. Unter Saturn-Aspekten: Finanzielle Probleme mit der Wohnung oder Verluste durch die Familie. Schlechte Finanzlage verursacht gern Magenprobleme. Schwierigkeiten, nein zu sagen oder sich abzugrenzen. (d Sti-Ve H4)

Waage-Venus im 4. Haus

Bedürfnis nach häuslicher Harmonie

Viel Liebe zu Heim und Familie mit großem Harmoniebedürfnis. Die Wohnung wird mit Kunstgegenständen und schönen Bildern geschmackvoll eingerichtet bzw. immer wieder verschönert. Hang zu geselligen Zusammenkünften oder Partys im Heim. Guter Gastgeber: Die Gäste werden zum Essen eingeladen und liebevoll "bekocht". Bedürfnis, die Familie zu bemuttern und zu umsorgen. Vom Elternhaus wird man unterstützt. (h Waa-Ve H4)

Bedürfnis nach häuslicher Harmonie

Viel Liebe zu Heim und Familie mit großem Harmoniebedürfnis. Die Wohnung wird mit Kunstgegenständen und schönen Bildern geschmackvoll eingerichtet bzw. immer wieder verschönert. Hang zu geselligen Zusammenkünften oder Partys im Heim. Guter Gastgeber: Die Gäste werden zum Essen eingeladen und liebevoll "bekocht". Bedürfnis, die Familie zu bemuttern und zu umsorgen. Vom Elternhaus wird man unterstützt. – Andererseits aber auch übergroßes Harmoniebedürfnis mit Hunger nach Liebe, Zuwendung, Wärme und Zärtlichkeit. Partner und Kinder werden ständig bemuttert, umsorgt und mit Aufmerksamkeit überschüttet. Unter Saturn-Aspekten: Das Bedürfnis nach Liebe wird nicht erfüllt oder man fühlt sich ungeliebt. Vom Partner erhält man zu wenig Zuwendung, und Zärtlichkeit. Gern Disharmonien in der Familie wegen Geld- oder Partnerangelegenheiten. Probleme, seine Gefühle auszudrücken. (h+d Waa-Ve H4)

Übergroßes Bedürfnis nach häuslicher Harmonie

Viel Liebe zu Heim und Familie mit großem Bedürfnis nach Harmonie und schön eingerichteter Wohnung. Übergroßes Harmoniebedürfnis mit Hunger nach Liebe, Zuwendung, Wärme und Zärtlichkeit. Partner und Kinder werden ständig bemuttert, umsorgt und mit Aufmerksamkeit überschüttet. Unter Saturn-Aspekten: Das Bedürfnis nach Liebe wird nicht erfüllt oder man fühlt sich ungeliebt. Vom Partner erhält man zu wenig Zuwendung, und Zärtlichkeit. Gern Disharmonien in der Familie wegen Geld- oder Partnerangelegenheiten. Probleme, seine Gefühle auszudrücken.(d Waa-Ve H4)

Mars im 4. Haus

Zuhause engagiert

Starker Energieeinsatz für Heim und Familie mit Streben nach Eigenheim und Grundbesitz. Prototyp des Heimwerkes und Häuslebauers. Gern wird mit oder in der Natur gearbeitet (z. B. Landwirtschaft, Gärtnerei). Früh einsetzendes Bestreben nach

Abnabelung von der Familie und nach Unabhängigkeit von Zuhause. Das Elternhaus wird einem beizeiten zu eng. Aggressionen werden zu Hause, in der Familie über Gartenarbeit oder Basteln ausgelebt. (h Ma H4)

Zuhause engagiert bis streitbar

Starker Energieeinsatz für Heim und Familie mit Streben nach Eigenheim und Grundbesitz. Prototyp des Heimwerkes und Häuslebauers. Gern wird mit oder in der Natur gearbeitet (z. B. Landwirtschaft, Gärtnerei). Früh einsetzendes Bestreben nach Abnabelung von der Familie und nach Unabhängigkeit von Zuhause. Das Elternhaus wird einem beizeiten zu eng. Aggressionen werden zu Hause, in der Familie über Gartenarbeit oder Basteln ausgelebt. – Andererseits aber hängt der Haussegen häufig schief. Konflikte und Streitigkeiten in Heim und Familie. Es kommt zu Familienkrisen und Auseinandersetzungen, vor allem mit der Mutter. Gern Haustyrann. Demütigungen führen oft zum Abbruch der familiären Beziehungen. Unter Saturn-Aspekten: Unfähig, Gefühle aktiv auszudrücken. Unterdrückter Ärger und aggressive Gefühle. Seelisch leicht verletzbar. (h+d Ma H4)

Zuhause streitbar

Starker Energieeinsatz für Heim und Familie mit Streben nach Eigenheim und Grundbesitz. Andererseits aber hängt der Haussegen häufig schief. Konflikte und Streitigkeiten in Heim und Familie. Es kommt zu Familienkrisen und Auseinandersetzungen, vor allem mit der Mutter. Gern Haustyrann. Demütigungen führen oft zum Abbruch der familiären Beziehungen. Unter Saturn-Aspekten: Unfähig, Gefühle aktiv auszudrücken. Unterdrückter Ärger und aggressive Gefühle. Seelisch leicht verletzbar. (d Ma H4)

Jupiter im 4. Haus

Familiärer Wohlstand

Man ist stolz auf die eigene Herkunft und lebt in Elternhaus und (großer) Familie unter günstigen Voraussetzungen. Von dort erhält man Hilfe und Förderung. Meist wohlhabende und gebildete Familie. Aussichten auf eigenen Haus- oder Grundbesitz. Daher gesicherte, gepflegte oder gar komfortable Wohnverhältnisse. Gern auch religiöses Zuhause; der Glaube vermittelt Geborgenheit. Angenehmer Lebensabend. (h Ju H4)

Familiärer Wohlstand bis verwöhnt

Man ist stolz auf die eigene Herkunft und lebt in Elternhaus und (großer) Familie unter günstigen Voraussetzungen. Von dort erhält man Hilfe und Förderung. Meist wohlhabende und gebildete Familie. Aussichten auf eigenen Haus- oder Grundbesitz. Daher gesicherte, gepflegte oder gar komfortable Wohnverhältnisse. Gern auch religiöses Zuhause; der Glaube vermittelt Geborgenheit. Angenehmer Lebensabend. – Andererseits gern überheblich und selbstherrlich im Umgang mit sozial niedriger gestellten Menschen. Große, pompöse Wohnung und besondere Tierliebe (Hund). Mutter oder Frau ist sehr moralisch. Verwöhnt mit übermäßiger Genußsucht. Als Mann läßt man sich von der Mutter oder Frauen, aushalten. Häufig Gefühlsüberschwang mit idealistischen, bombastischen Gefühlen. Unter Saturn-Aspekten: Wenig Gefühlstiefe oder Mangel an Wärme oder Zärtlichkeit. Die Familie ist arm und die Wohnung schlecht. (h+d Ju H4)

Von Zuhause verwöhnt

Man ist stolz auf die eigene Herkunft und lebt in Elternhaus und (großer) Familie unter günstigen Voraussetzungen. Gern überheblich und selbstherrlich im Umgang mit sozial niedriger gestellten Menschen. Große, pompöse Wohnung und besondere Tierliebe (Hund). Mutter oder Frau ist sehr moralisch. Verwöhnt mit übermäßiger Genußsucht. Als Mann läßt man sich von der Mutter oder Frauen, aushalten. Häufig Gefühlsüberschwang mit idealistischen, bombastischen Gefühlen. Unter Saturn-Aspekten: Wenig Gefühlstiefe oder Mangel an Wärme oder Zärtlichkeit. Die Familie ist arm und die Wohnung schlecht. (d Ju H4)

Saturn im 4. Haus

Belastendes Zuhause

Viel Verantwortung, Lasten und Pflichten im Heim bzw. gegenüber den Eltern. Dadurch ergeben sich Einschränkungen oder Hemmnisse, welche die eigene Entwicklungsmöglichkeit behindern. Streben nach Haus- oder Grundbesitz als Kompensation für häusliche Unsicherheiten. Man sorgt für das Alter vor. Starke Verbundenheit mit dem Heimatort bzw. der Familie; daher besondere Sorgfalt im Umgang mit allem, was "Zuhause" bedeutet. Daheim ist man gerne allein (Stubenhocker). Schwierigkeiten, Gefühle zuzulassen oder auszudrücken. (h Sa H4)

Belastendes bis kaltes Zuhause

Viel Verantwortung, Lasten und Pflichten im Heim bzw. gegenüber den Eltern. Dadurch ergeben sich Einschränkungen oder Hemmnisse, welche die eigene Entwicklungsmöglichkeit behindern. Streben nach Haus- oder Grundbesitz als Kompensation für häusliche Unsicherheiten. Man sorgt für das Alter vor. Starke Verbundenheit mit dem Heimatort bzw. der Familie; daher besondere Sorgfalt im Umgang mit allem, was "Zuhause" bedeutet. Daheim ist man gerne allein (Stubenhocker). Schwierigkeiten, Gefühle zuzulassen oder auszudrücken. – Andererseits ausgesprochen wenig Wärme oder Zuneigung in der Familie. Die Eltern sind kalt, streng und konservativ – oder aber man ist es selbst. Gern autoritärer Vater. Entfremdung von den Eltern. Seelisch meist verschlossen, isoliert oder abgesondert. Im Alter gern einsam oder krank. (h+d Sa H4)

Kaltes Zuhause

Viel Verantwortung, Lasten und Pflichten im Heim bzw. gegenüber den Eltern. Dadurch ergeben sich Einschränkungen oder Hemmnisse, welche die eigene Entwicklungsmöglichkeit behindern. Mitunter ausgesprochen wenig Wärme oder Zuneigung in der Familie. Die Eltern sind kalt, streng und konservativ – oder aber man ist es selbst. Gern autoritärer Vater. Entfremdung von den Eltern. Seelisch meist verschlossen, isoliert oder abgesondert. Im Alter gern einsam oder krank. (d Sa H4)

Uranus im 4. Haus

Familiär ungebunden

Die häuslichen oder familiären Verhältnisse sind eher ungewöhnlich: Ausgefallener Geschmack in der Wohnungseinrichtung oder architektonisch eigenartiges Heim schlechthin. Zuhause kommt modernste Technik zum Einsatz. Viel Freiheit im Heim; es dient oft zu Aktivitäten für Freunde oder Gruppen. Gern fehlt ein Elternteil oder ist häufig abwesend. Frühe Loslösung von der Familie. Neigung zu Wohnungswechsel oder aber man verändert Zuhause ständig etwas. (h Ur H4)

Familiär ungebunden bis distanziert

Die häuslichen oder familiären Verhältnisse sind eher ungewöhnlich: Ausgefallener Geschmack in der Wohnungseinrichtung oder architektonisch eigenartiges Heim schlechthin. Zuhause kommt modernste Technik zum Einsatz. Viel Freiheit im Heim; es dient oft zu Aktivitäten für Freunde oder Gruppen. Gern fehlt ein Elternteil oder ist häufig abwesend. Frühe Loslösung von der Familie. Neigung zu Wohnungswechsel oder aber man verändert Zuhause ständig etwas. – Andererseits aber auch gespanntes oder distanziertes Verhältnis zu Familie, Heimat oder Tradition. Man fühlt sich selber als Fremdkörper und nicht dazugehörig. Kein Gefühl der Verpflichtung gegenüber der Familie oder den Eltern. Ständiger Wohnungswechsel oder Leben im Wohnwagen. Möglicherweise trennen sich die Eltern. (h+d Ur H4)

Familiär distanziert

Viel Freiheit im Heim; es dient oft zu Aktivitäten für Freunde oder Gruppen. Zuhause kommt häufig modernste Technik zum Einsatz. Gern aber gespanntes oder distanziertes Verhältnis zu Familie, Heimat oder Tradition. Man fühlt sich selber als Fremdkörper und nicht dazugehörig. Kein Gefühl der Verpflichtung gegenüber der Familie oder den Eltern. Ständiger Wohnungswechsel oder Leben im Wohnwagen. Möglicherweise trennen sich die Eltern. (d Ur H4)

Neptun im 4. Haus

Emotionale Heimatgefühle

Starke gefühlsmäßige Bindungen an Familie und Heim. Man wächst in einer religiösen Familie auf und pflegt daheim Kunst und Musik. Die Ablösung vom Elternhaus geschieht nur sehr langsam; man "träumt" sich gern in die Ferne. Dort sucht man ein "Haus am Meer" oder aber wohnt tatsächlich in der Nähe des Wassers (oder feuchte Wohnung). Meist ist man gefühlsmäßig der "Scholle", Heimat oder Natur verbunden. Bedürfnis, alle Welt zu bemuttern oder Arme bei sich aufzunehmen. (h Ne H4)

Emotionale bis verschwommene Heimatgefühle

Starke gefühlsmäßige Bindungen an Familie und Heim. Man wächst in einer religiösen Familie auf und pflegt daheim Kunst und Musik. Die Ablösung vom Elternhaus geschieht nur sehr langsam; man "träumt" sich gern in die Ferne. Dort sucht man ein "Haus am Meer" oder aber wohnt tatsächlich in der Nähe des Wassers (oder feuchte Wohnung). Meist ist man gefühlsmäßig der "Scholle", Heimat oder Natur verbunden. Bedürfnis, alle Welt zu bemuttern oder Arme bei sich aufzunehmen. – Andererseits aber auch chaotische Verhältnisse Zuhause: Unklarheiten oder Geheimnisse in der Familie, mangelnde Identifikationsmöglichkeit, unsichere Wohnverhältnisse oder gar wohnungs- oder heimatlos (Asylant, Flüchtling). Möglicherweise fehlt ein Elternteil oder man ist ein Waisen- bzw. Pflegekind. Lebensende in Einsamkeit oder Abgeschiedenheit. (h+d Ne H4)

Verschwommene Heimatgefühle

Starke gefühlsmäßige Bindungen an Familie und Heim. Meist aber chaotische Verhältnisse Zuhause: Unklarheiten oder Geheimnisse in der Familie, mangelnde

Identifikationsmöglichkeit, unsichere Wohnverhältnisse oder gar wohnungs- oder heimatlos (Asylant, Flüchtling). Möglicherweise fehlt ein Elternteil oder man ist ein Waisen- bzw. Pflegekind. Lebensende in Einsamkeit oder Abgeschiedenheit. (d Ne H4)

Pluto im 4. Haus

Zuhause tonangebend

Man ist Zuhause tonangebend und der eigentliche Machthaber in der Familie. Als Kind stand man gern vom Elternhaus unter Druck. Man fühlt sich verpflichtet, die Erwartungen der Eltern zu erfüllen. Zwar innere Wut dagegen, aber meist Schwierigkeit, sich davon zu befreien. Schicksalhafte Bindung an Familie oder Heimat. Interesse an der Natur mit einem Hang zur Geologie. Befähigung zum Pendeln und Wünschelrutengang, aber auch zum Naturwissenschaftler. (h PL H4)

Zuhause tonangebend bis dominant

Man ist Zuhause tonangebend und der eigentliche Machthaber in der Familie. Als Kind stand man gern vom Elternhaus unter Druck. Man fühlt sich verpflichtet, die Erwartungen der Eltern zu erfüllen. Zwar innere Wut dagegen, aber meist Schwierigkeit, sich davon zu befreien. Schicksalhafte Bindung an Familie oder Heimat. Interesse an der Natur mit einem Hang zur Geologie. Befähigung zum Pendeln und Wünschelrutengang, aber auch zum Naturwissenschaftler. - Andererseits aber auch zwanghafte Neigung, Macht auf die Familie auszuüben, sie zu dominieren oder zu beherrschen. Oder aber, man wird selber von der Familie tyrannisiert. Deswegen gern Machtkämpfe und Streitigkeiten Zuhause. (h+d PL H4)

Zuhause dominant

Man ist Zuhause tonangebend und der eigentliche Machthaber in der Familie. Als Kind stand man gern vom Elternhaus unter Druck. Man fühlt sich verpflichtet, die Erwartungen der Eltern zu erfüllen. Zwar innere Wut dagegen, aber meist Schwierigkeit, sich davon zu befreien. Zwanghafte Neigung, Macht auf die Familie auszuüben, sie zu dominieren oder zu beherrschen. Oder aber, man wird selber von der Familie tyrannisiert. Deswegen gern Machtkämpfe und Streitigkeiten Zuhause. (d PL H4)

Leeres 4. Haus in den Zeichen

Führung im eigenen Heim

Man übernimmt Zuhause oder in der Familie gerne die Führung und spielt König(in) im eigenen Haus. Das Zuhause wird manchmal zum Schlachtfeld für emotionaler Auseinandersetzungen. Es besteht eine starke Beziehung zur Mutter. Evtl. Engagement in Heimat- und Brauchtumsvereinen. (H4 in Wid)

Treu zu Familie und Heimat

Man hat dem Heim und der Familie gegenüber eine treue, konservative und sicherheitsbetonte Einstellung und liebt den Komfort im eigenen Haus. Abneigung gegen Umzüge. Künstlerisches und harmonisches häusliches Leben mit Liebe zur Natur. Ein Elternteil ist gern besitzergreifend bis stur. (H4 in Sti)

Umtriebiges Zuhause

Drang nach viel Abwechslung in Heim und Familie. Man fühlt sich schnell irgendwo zu Hause und zieht häufig um. Man hat ein gutes Gedächtnis und pflegt den innerfamiliären Dialog (z.B. Anlage eines Familienarchivs). Gern Stimmungsschwankungen. Ein Elternteil ist oft sehr redselig und umtriebig. (H4 in Zwi)

Geborgenheit in der Familie

Man sucht seelischen Schutz und Geborgenheit in Heim und Familie. Starkes Bedürfnis, Wurzeln zu schlagen, dabei sehr häuslich und mütterlich-sorgend. In Kindheit oder Jugend erfolgten womöglich etliche Umzüge. Ein Elternteil übt starken beschützenden Einfluß aus oder man erlebt ihn als überempfindlich. (H4 in Kre)

Großzügiger Gastgeber

Man ist stolz auf das eigene Zuhause und empfindet es als eine Quelle der Freude. Großzügiger Gastgeber mit Bedürfnis nach komfortabler bis elitärer Ausstattung des eigenen Heims. Freigebig mit Geschenken. Man gibt Kindern jede Möglichkeit, sich zu entfalten. Einen Elternteil erlebt man als sehr selbstbewußt und autoritär. (H4 in Loe)

Reinliches Zuhause

Abneigung gegen Überraschungen im häuslichen und familiären Bereich. Dort ist man sehr fleißig und reinlichkeits- und gesundheitsbewußt, regt sich aber schnell über Kleinigkeiten im Haus auf. Guter dienender Gastgeber, der Gespräche in Gang bringt. Ein Elternteil ist sehr praktisch und/oder pedantisch. Liebe zu Haustieren. (H4 in Jun)

Harmonisches Zuhause

Man macht sein Haus oder die Wohnung zu einer Art künstlerischem, musikalischem Hort. Großes Harmoniebedürfnis in der Familie; häusliche Konflikte sind daher nur schwer auszuhalten. Man ist glücklich, wenn man mit einem geliebten Menschen zusammen die Wohnung teilen kann. Ein Elternteil wird als sehr diplomatisch und gerecht empfunden. (H4 in Waa)

Leidenschaftliche Heimatliebe

Emotional gefärbte, oft leidenschaftliche Einstellung zu Volk und Vaterland, Heimat und Familie. Gern hegt man Geheimnisse gegenüber der Familie. Bedürfnis nach Dominanz beim Engagement z.B. in Heimat- und Brauchtumsvereinen. Aufbrausend bis rachsüchtig, wenn es Zuhause nicht gut steht. Einen Elternteil erlebt man als machthungrig. (H4 in Sko)

Weltoffenes Zuhause

Weltoffen bis religiös in häuslichen und familiären Angelegenheiten. Das Heim ist gern Treffpunkt für philosophische Gesprächskreise. Optimistisches Familienmitglied mit viel Stolz auf seine völkische oder verwandtschaftliche Herkunft. Möglicherweise wohnt man weit vom Geburtsort entfernt. Ein Elternteil wird oft als rechthaberisch bis missionarisch empfunden. (H4 in Sch)

Pflichtbewußtes Familienleben
Verantwortungs- und pflichtbewußt allem gegenüber, was Vaterland, Heimat, und Familie bedeutet. Stolz auf die eigene Herkunft, daher mitunter Sammler von Erbstücken. Man kann seine Zuneigung nur schwer zum Ausdruck bringen, ist dafür aber in der Lage, Entbehrungen gut zu ertragen. (H4 in Ste)

Kaum familiäre Bindungen
Man verläßt das Elternhaus früh, zieht oft um und geht dann völlig eigene Wege. Wichtig ist das Gefühl der absoluten Freiheit von jedweden familiären Banden oder Verpflichtungen. Man lebt in eigenwilliger, origineller Umgebung. Ein Elternteil wird als intellektuell oder sprunghaft erlebt. (H4 in Was)

Aufopferung für die Familie
Starkes Bedürfnis, sich für die Familie aufzuopfern. Macht sich insgeheim auch Sorgen über traditionelle, überkommene Werte von Heimat, Volk und Vaterland. Man löst sich nur langsam und passiv vom Elternhaus, leidet gern unter Stimmungsschwankungen und erlebt viel Auf und Ab. Ein Elternteil wird oft als träumerisch oder verführbar erlebt. (H4 in Fis)

Haus 5: Selbstverwirklichung, Lebenslust, Vergnügungen, Erotik, Spiel, Kinder

Sonne im 5. Haus (Regent)

Lebenslustig
Viel Lebenslust und starker Wille zu schöpferischer Selbstdarstellung. Man sucht Geselligkeit und Vergnügen, will bemerkt und geschätzt werden. Sonniges, heiteres Gemüt das andere Menschen anzieht. Spielerische Grundveranlagung mit pädagogischen Talenten. Man ist gern Mittelpunkt bei Veranstaltungen. Gutes Verhältnis zu Kindern und zur Jugend. Harmonie in Liebe und Erotik. Vorliebe für Musik, Theater und andere künstlerischen Betätigungen. Guter Liebhaber mit der Fähigkeit, dem Partner in Liebe treu zu sein. (h So H5)

Lebenslustig bis theatralisch
Viel Lebenslust und starker Wille zu schöpferischer Selbstdarstellung. Man sucht Geselligkeit und Vergnügen, will bemerkt und geschätzt werden. Sonniges, heiteres Gemüt das andere Menschen anzieht. Spielerische Grundveranlagung mit pädagogischen Talenten. Man ist gern Mittelpunkt bei Veranstaltungen. Gutes Verhältnis zu Kindern und zur Jugend. Harmonie in Liebe und Erotik. Vorliebe für Musik, Theater und andere künstlerischen Betätigungen. Guter Liebhaber mit der Fähigkeit, dem Partner in Liebe treu zu sein. – Andererseits gern abhängig von Beifall, egozentrisch, eingebildet und theatralisch. Man gibt sich gerne dramatisch. Gehemmtes oder aber überzogenes Triebleben. Oft Übertreibungen in Spiel, Sex und Vergnügen. Als Mann gern "Casanova". Autoritär im Umgang mit Kindern. Unter Saturn-Aspekten: Gehemmte Lebenslust oder keine Möglichkeit, sich selbst darzustellen. Schwierigkeiten mit Kindern oder Abneigung gegen alles Leichte und Spielerische im Leben. (h+d So H5)

Theatralisch

Viel Lebenslust und starker Wille zu schöpferischer Selbstdarstellung. Spielerische Grundveranlagung mit pädagogischen Talenten. Aber auch abhängig von Beifall, egozentrisch, eingebildet und theatralisch. Man gibt sich gerne dramatisch. Gehemmtes oder aber überzogenes Triebleben. Oft Übertreibungen in Spiel, Sex und Vergnügen. Als Mann gern "Casanova". Autoritär im Umgang mit Kindern. Unter Saturn-Aspekten: Gehemmte Lebenslust oder keine Möglichkeit, sich selbst darzustellen. Schwierigkeiten mit Kindern oder Abneigung gegen alles Leichte und Spielerische im Leben. (d So H5)

Mond im 5. Haus

Verspielte Gefühlsnatur

Ausgeprägter Hang zu Vergnügungen, Theater, Kunst und oder Schauspielerei. Fähigkeit, seine Gefühle über schöpferisch-kreative Betätigung (als Künstler) zu zeigen. Ausgeprägtes Geltungsbedürfnis. Starke gefühlsmäßige Verbundenheit mit Kindern; man beschäftigt sich viel mit ihnen. Oft besteht ein besonderes Verhältnis zur Tochter. Die Familie mischt sich gern in Liebesangelegenheiten ein. Hohe Fruchtbarkeit mit oft reichem Kindersegen. Guter Instinkt bei Glücksspielen. (h Mo H5)

Verspielte bis dramatisierende Gefühlsnatur

Ausgeprägter Hang zu Vergnügungen, Theater, Kunst und oder Schauspielerei. Fähigkeit, seine Gefühle über schöpferisch-kreative Betätigung (als Künstler) zu zeigen. Ausgeprägtes Geltungsbedürfnis. Starke gefühlsmäßige Verbundenheit mit Kindern; man beschäftigt sich viel mit ihnen. Oft besteht ein besonderes Verhältnis zur Tochter. Die Familie mischt sich gern in Liebesangelegenheiten ein. Hohe Fruchtbarkeit mit oft reichem Kindersegen. Guter Instinkt bei Glücksspielen. – Andererseits Neigung, mit Gefühlen zu dramatisieren, zu schauspielern oder mit Familie, Kindern oder der Wohnung zu prahlen. Stark wechselnde Zuneigungen und Liebesromanzen. Daheim gern tyrannisch (besonders als Frau), oder aber gefühlsmäßig abhängig vom Partner, oft gepaart mit erotischen Perversionen. Verluste bei Spekulationen, beim Spiel oder an der Börse. Unter Saturn-Aspekten: Die familiären Verhältnisse hemmen das Selbstbewußtsein. Schwierigkeiten mit dem anderen Geschlecht. Gern Beziehungsprobleme. (h+d Mo H5)

Dramatisierende Gefühlsnatur

Ausgeprägter Hang zu Vergnügungen, Theater, Kunst und oder Schauspielerei. Aber auch Neigung, mit Gefühlen zu dramatisieren, zu schauspielern oder mit Familie, Kindern oder der Wohnung zu prahlen. Stark wechselnde Zuneigungen und Liebesromanzen. Daheim gern tyrannisch (besonders als Frau), oder aber gefühlsmäßig abhängig vom Partner, oft gepaart mit erotischen Perversionen. Verluste bei Spekulationen, beim Spiel oder an der Börse. Unter Saturn-Aspekten: Die familiären Verhältnisse hemmen das Selbstbewußtsein. Schwierigkeiten mit dem anderen Geschlecht. Gern Beziehungsprobleme. (d Mo H5)

Zwillings-Merkur im 5. Haus

Schöpferisches Denken

Großes Interesse, mit Kindern zu arbeiten und zu lernen; daher zum Lehrer und Erzieher geeignet. Es fällt einem leicht, sich mit mehreren Dingen gleichzeitig zu beschäftigen. Im Denken und Handeln sehr schöpferisch und einfallsreich. Schauspielerische Begabung. Hang zu geistig anspruchsvollen Spielen wie etwa Schach, Quiz oder Skat. Viel intellektueller Kunst- und Kultursinn mit Vorliebe fürs Theater. (h Zwi-Me H5)

Schöpferisches bis selbstherrliches Denken

Großes Interesse, mit Kindern zu arbeiten und zu lernen; daher zum Lehrer und Erzieher geeignet. Es fällt einem leicht, sich mit mehreren Dingen gleichzeitig zu beschäftigen. Im Denken und Handeln sehr schöpferisch und einfallsreich. Schauspielerische Begabung. Hang zu geistig anspruchsvollen Spielen wie etwa Schach, Quiz oder Skat. Viel intellektueller Kunst- und Kultursinn mit Vorliebe fürs Theater. – Andererseits in der Selbstdarstellung großsprecherisch, selbstherrlich und dramatisch (viel Lärm um nichts). Man redet viel über sich selbst mit der Neigung, sich in Wort oder Schrift wichtig zu machen. Gern intellektuelle Eitelkeit mit Neigung zu unvorsichtigen Spekulationen und Wettabschlüssen mit Gefahr von Verlusten. Unter Saturn-Aspekten: Schwach im Selbstausdruck oder unselbständig im Denken und Lernen. Schlechte Kommunikation mit dem Vater. (h+d Zwi-Me H5)

Selbstherrliches Denken

Großes Interesse, mit Kindern zu arbeiten und zu lernen; daher zum Lehrer und Erzieher geeignet. Andererseits in der Selbstdarstellung großsprecherisch, selbstherrlich und dramatisch (viel Lärm um nichts). Man redet viel über sich selbst mit der Neigung, sich in Wort oder Schrift wichtig zu machen. Gern intellektuelle Eitelkeit mit Neigung zu unvorsichtigen Spekulationen und Wettabschlüssen mit Gefahr von Verlusten. Unter Saturn-Aspekten: Schwach im Selbstausdruck oder unselbständig im Denken und Lernen. Schlechte Kommunikation mit dem Vater. (d Zwi-Me H5)

Jungfrau-Merkur im 5. Haus

Schöpferisches Arbeiten

Fähigkeit, mit Kindern schöpferisch und produktiv zu arbeiten (z. B. als Lehrer). Die Anerkennung bei der Arbeit ist einem wichtig. Natürliche Autorität am Arbeitsplatz und Möglichkeit der Selbstverwirklichung im Dienste der anderen. Bedürfnis, Autorität im Lehr- oder Gesundheitswesen zu sein. Kreative und künstlerische Betätigung mit Spiel, Liebe oder Erotik. Der bevorzugte Arbeitsplatz sind Schulen, Vergnügungsstätten, Theater, Bühnen oder Kasinos. (h Jun-Me H5)

Schöpferisches bis selbstgefälliges Arbeiten

Fähigkeit, mit Kindern schöpferisch und produktiv zu arbeiten (z. B. als Lehrer). Die Anerkennung bei der Arbeit ist einem wichtig. Natürliche Autorität am Arbeitsplatz und Möglichkeit der Selbstverwirklichung im Dienste der anderen. Bedürfnis, Autorität im Lehr- oder Gesundheitswesen zu sein. Kreative und künstlerische Betätigung mit Spiel, Liebe oder Erotik. Der bevorzugte Arbeitsplatz sind Schulen, Vergnügungsstätten, Theater, Bühnen oder Kasinos. – Andererseits aber auch Neigung, sich vollkommen mit seiner Arbeit zu identifizieren, so daß daran das ganze Selbstbewußtsein hängt. Bedürfnis, sich mit seinem Beruf wichtig zu machen bzw. die Arbeit stolz oder autoritär in den Vordergrund stellen. Außerdem als Mann: übertriebenes Gesundheitsbewußtsein, als Frau überkritisch gegenüber Männern. Unter Saturn-Aspekten: Unselbständig bei der Arbeit mit Anpassung und Unterordnung. Geschwächtes Selbstbewußtsein. (h+d Jun-Me H5)

Selbstgefälliges Arbeiten

Fähigkeit, mit Kindern schöpferisch und produktiv zu arbeiten (z. B. als Lehrer). Die Anerkennung bei der Arbeit ist einem wichtig. Neigung, sich vollkommen mit seiner Arbeit zu identifizieren, so daß daran das ganze Selbstbewußtsein hängt. Bedürfnis, sich mit seinem Beruf wichtig zu machen bzw. die Arbeit stolz oder autoritär in den Vordergrund stellen. Außerdem als Mann: übertriebenes Gesundheitsbewußtsein, als Frau überkritisch gegenüber Männern. Unter Saturn-Aspekten: Unselbständig bei der Arbeit mit Anpassung und Unterordnung. Geschwächtes Selbstbewußtsein. (d Jun-Me H5)

Stier-Venus im 5. Haus

Genußfreudig

Sonniges Gemüt voller Lebens- und Genußfreude. Hang zu Partys, Theater oder Konzerte. Unkompliziert! Stets neu verliebt in die Liebe und den Flirt. Man liebt das Vergnügen und das Spiel und gibt dafür auch viel Geld aus. Auch in die Kinder wird viel investiert, da sie Vorzeigeobjekt sind. Besondere Fähigkeit zum Malen und Schauspielen. (h Sti-Ve H5)

Genußfreudig bis prahlerisch

Sonniges Gemüt voller Lebens- und Genußfreude. Hang zu Partys, Theater oder Konzerte. Unkompliziert! Stets neu verliebt in die Liebe und den Flirt. Man liebt das Vergnügen und das Spiel und gibt dafür auch viel Geld aus. Auch in die Kinder wird viel investiert, da sie Vorzeigeobjekt sind. Besondere Fähigkeit zum Malen und Schauspielen. – Andererseits bezieht man sein Selbstbewußtsein nur durch Geld, Besitz, Titel oder Status. Gern prahlerisch (z. B. mit Goldschmuck). Übertriebene Genußsucht. Berechnendes Ausspielen erotischer Trümpfe. Komplikationen in der Liebe oder mit Kindern. Als Frau bezieht man sein Ansehen immer über den Mann. Unter Saturn-Aspekten: Schwache Finanzlage (= geringer Eigenwert) hemmt die Selbstverwirklichung. Es ist kein Geld für Schmuck, Vergnügen oder Kinder da. Verluste durch Spiel oder Spekulation oder finanzielle Verluste durch Vater oder Mann. (h+d Sti-Ve H5)

Prahlerisch

Sein Selbstbewußtsein bezieht man nur durch Geld, Besitz, Titel oder Status. Gern prahlerisch (z. B. mit Goldschmuck). Übertriebene Genußsucht. Berechnendes Ausspielen erotischer Trümpfe. Komplikationen in der Liebe oder mit Kindern. Als Frau bezieht man sein Ansehen immer über den Mann. Unter Saturn-Aspekten: Schwache Finanzlage (= geringer Eigenwert) hemmt die Selbstverwirklichung. Es ist kein Geld für Schmuck, Vergnügen oder Kinder da. Verluste durch Spiel oder Spekulation oder finanzielle Verluste durch Vater oder Mann. (d Sti-Ve H5)

Waage-Venus im 5. Haus

Vergnügungsliebend

Vergnügungsliebend mit Hang zu Partys, erotischen Romanzen und zärtlichen Liebesspielen. Schönheit wird durch modische Kleidung demonstriert. Große Liebe zu Kindern; daher guter Lehrer und Kinderpsychologe. Allgemein beliebt oder sogar populär. Künstlerisch kreativ mit besonderer Fähigkeit zum Malen und Schauspielen. (h Waa-Ve H5)

Vergnügungsliebend bis narzißtisch

Vergnügungsliebend mit Hang zu Partys, erotischen Romanzen und zärtlichen Liebesspielen. Schönheit wird durch modische Kleidung demonstriert. Große Liebe zu Kindern; daher guter Lehrer und Kinderpsychologe. Allgemein beliebt oder sogar populär. Künstlerisch kreativ mit besonderer Fähigkeit zum Malen und Schauspielen. – Andererseits Neigung, sich wichtig zu machen; dabei auf ständige Bewunderung durch andere angewiesen. Viel Eigenliebe: narzißtisch in sich selbst verliebt. Mit Schönheit wird geprahlt (Kleider machen Leute). In Partnerschaften wird nur Sex gesucht (Playboy, Playgirl, Callgirl). Als Mann: selbstbewußter, autoritärer oder egoistischer Partner. Liebe zu Männern (Homosexualität). Unter Saturn-Aspekten: Man kann sich selbst nicht lieben oder hält sich nicht für liebenswert. Unselbständig; kein Selbstbewußtsein in der Beziehung. Ohne Partner ist man nichts. Nur Sexualobjekt des Partners. Als Mann unmodisch und wenig attraktiv; als Frau gern Beziehungsprobleme. (h+d Waa-Ve H5)

Narzißtisch

Neigung, sich wichtig zu machen; dabei auf ständige Bewunderung durch andere angewiesen. Viel Eigenliebe: narzißtisch in sich selbst verliebt. Mit Schönheit wird geprahlt (Kleider machen Leute). In Partnerschaften wird nur Sex gesucht (Playboy, Playgirl, Callgirl). Als Mann: selbstbewußter, autoritärer oder egoistischer Partner. Liebe zu Männern (Homosexualität). Unter Saturn-Aspekten: Man kann sich selbst nicht lieben oder hält sich nicht für liebenswert. Unselbständig; kein Selbstbewußtsein in der Beziehung. Ohne Partner ist man nichts. Nur Sexualobjekt des Partners. Als Mann unmodisch und wenig attraktiv; als Frau gern Beziehungsprobleme. (d Waa-Ve H5)

Mars im 5. Haus

Engagierter Sportler

Aktiv im Bereich Spiel, Wettkampf, Vergnügen und Sex, aber auch im kreativen oder künstlerischen Bereich. Gern auch engagiert für Kinder, etwa als Sportlehrer. Suche nach Spannung in Spekulation, Spiel und Wettkampf (besonders Ballsport). Ausstrahlung von Lebensfreude und Lebenslust mit natürlicher Autorität; daher für die Jugend ein Leitbild oder Führer. Bestreben, die eigenen Interessen durchzusetzen. Stürmischer Eroberer und streitbarer Liebhaber. (h Ma H5)

Engagierter bis übermäßiger Sportler

Aktiv im Bereich Spiel, Wettkampf, Vergnügen und Sex, aber auch im kreativen oder künstlerischen Bereich. Gern auch engagiert für Kinder, etwa als Sportlehrer. Suche nach Spannung in Spekulation, Spiel und Wettkampf (besonders Ballsport). Ausstrahlung von Lebensfreude und Lebenslust mit natürlicher Autorität; daher für die Jugend ein Leitbild oder Führer. Bestreben, die eigenen Interessen durchzusetzen. Stürmischer Eroberer und streitbarer Liebhaber. – Andererseits gern übermäßiges

Engagement in Sport und Spiel mit Übertreibungen. Riskanter Wettkämpfer, Spieler oder Spekulant, aber schlechter Verlierer. Triebhafter Ehrgeiz, gern mit Herrschsucht. Drang, stets seinen Willen durchzusetzen (Ellenbogen-Egoismus). Ständig für neue Taten aktiv. Gern Streit mit dem Vater oder mit Männern. <k>Unter Saturn-Aspekten:<n> Nicht fähig, sich gegenüber dem Vater, Männern oder Autoritäten durchzusetzen. Kein Mut zur Selbständigkeit. (h+d Ma H5)

Übermäßiger Sportler

Aktiv im Bereich Spiel, Wettkampf, Vergnügen und Sex, aber auch im kreativen oder künstlerischen Bereich. Oft jedoch übermäßiges Engagement in Sport und Spiel mit Übertreibungen. Riskanter Wettkämpfer, Spieler oder Spekulant, aber schlechter Verlierer. Triebhafter Ehrgeiz, gern mit Herrschsucht. Drang, stets seinen Willen durchzusetzen (Ellenbogen-Egoismus). Ständig für neue Taten aktiv. Gern Streit mit dem Vater oder mit Männern. <k>Unter Saturn-Aspekten:<n> Nicht fähig, sich gegenüber dem Vater, Männern oder Autoritäten durchzusetzen. Kein Mut zur Selbständigkeit. (d Ma H5)

Jupiter im 5. Haus
Spielerglück

Urvertrauen in die eigenen Fähigkeiten mit dem Gefühl, daß im Leben alles erreichbar ist. Auf Grund des optimistischen und lebensbejahenden Wesens sehr anziehende Wirkung auf andere, vor allem auf das andere Geschlecht. Glück in der Liebe, beim Spiel oder bei Spekulationen. Kindern gegenüber hat man eine wohlwollende Einstellung, fördert sie und ist pädagogisch begabt. Möglicherweise viele oder gebildete Kinder; glückliche Hand bei deren Erziehung. (h Ju H5)

Spielerglück bis vergnügungssüchtig

0Urvertrauen in die eigenen Fähigkeiten mit dem Gefühl, daß im Leben alles erreichbar ist. Auf Grund des optimistischen und lebensbejahenden Wesens sehr anziehende Wirkung auf andere, vor allem auf das andere Geschlecht. Glück in der Liebe, beim Spiel oder bei Spekulationen. Kindern gegenüber hat man eine wohlwollende Einstellung, fördert sie und ist pädagogisch begabt. Möglicherweise viele oder gebildete Kinder; glückliche Hand bei deren Erziehung. – Andererseits gern überheblich und prahlerisch, gepaart mit Arroganz oder Hochmut. Neigung zu unklugen, leichtsinnigen Spekulationen. Vergnügungsliebender Glücksspieler, der bewundert werden will. Ein Don Juan mit zahllosen Liebesaffären. Gern auch selbstgefällig und bequem mit Neigung zu Verschwendung. Unter Saturn-Aspekten: Schwache Vitalität, wenig Selbstvertrauen und unselbständig. Mangelnder Unternehmungsgeist. (h+d Ju H5)

Vergnügungssüchtig

0Urvertrauen in die eigenen Fähigkeiten mit dem Gefühl, daß im Leben alles erreichbar ist. Gern aber überheblich und prahlerisch, gepaart mit Arroganz oder Hochmut. Neigung zu unklugen, leichtsinnigen Spekulationen. Vergnügungsliebender Glücksspieler, der bewundert werden will. Ein Don Juan mit zahllosen Liebesaffären. Gern auch selbstgefällig und bequem mit Neigung zu Verschwendung. Unter Saturn-Aspekten: Schwache Vitalität, wenig Selbstvertrauen und unselbständig. Mangelnder Unternehmungsgeist. (d Ju H5)

Saturn im 5. Haus

Gehemmte Lebenslust

Scheu, sich zu zeigen oder aufzutreten. Auch nimmt man immer alles etwas schwer, ernst und tragisch. Alles Spielerische wird sofort ernst und geht dann meist schief. Man hält sich nicht für liebenswert und hat Angst, nicht akzeptiert zu werden. Daher werden große Anstrengungen unternommen, um etwas zu erreichen. Gehemmte Lebenslust und Erotik oder konservativ in diesem Bereich. Liebesbeziehungen bevorzugt zu älteren, reiferen Personen; hier aber standhaft und treu. Besonders verantwortlich fühlt man sich für Kinder; in diese werden aber hohe Erwartungen gesetzt. (h Sa H5)

Gehemmte Lebenslust bis streng

Scheu, sich zu zeigen oder aufzutreten. Auch nimmt man immer alles etwas schwer, ernst und tragisch. Alles Spielerische wird sofort ernst und geht dann meist schief. Man hält sich nicht für liebenswert und hat Angst, nicht akzeptiert zu werden. Daher werden große Anstrengungen unternommen, um etwas zu erreichen. Gehemmte Lebenslust und Erotik oder konservativ in diesem Bereich. Liebesbeziehungen bevorzugt zu älteren, reiferen Personen; hier aber standhaft und treu. Besonders verantwortlich fühlt man sich für Kinder; in diese werden aber hohe Erwartungen gesetzt. – Andererseits kaum Sinn für Vergnügungen, gehemmte Leidenschaften und unfähig, aus sich herauszugehen. Meist auch Kontaktschwierigkeiten mit Kindern, Sorgen mit ihnen oder Belastungen durch sie. Ihnen gegenüber ist man besonders streng oder belehrend. Möglicherweise will man in der Ehe gar kein Kind haben. Durch Spiel und Spekulation gern Verluste. (h+d Sa H5)

Streng

Scheu, sich zu zeigen oder aufzutreten. Auch nimmt man immer alles etwas schwer, ernst und tragisch. Alles Spielerische wird sofort ernst und geht dann meist schief. Kaum Sinn für Vergnügungen, gehemmte Leidenschaften und unfähig, aus sich herauszugehen. Meist auch Kontaktschwierigkeiten mit Kindern, Sorgen mit ihnen oder Belastungen durch sie. Ihnen gegenüber ist man besonders streng oder belehrend. Möglicherweise will man in der Ehe gar kein Kind haben. Durch Spiel und Spekulation gern Verluste. (d Sa H5)

Uranus im 5. Haus

Originell in der Liebe

Freie und ungebundene Selbstverwirklichung ist einem wichtig! Man liebt das Verrückte, die Abwechslung und den Flirt mit einem Hang zu originellen, spontanen Auftritten. Überraschende und ungewöhnliche Liebesaffären; spontan in der Sexualität, immer auf der Suche nach neuen Abenteuern. Bei Spiel und Spekulation sucht man den Nervenkitzel (Hang zu Spielautomaten). Gern Arbeit mit Kindergruppen oder Beschreiten neuer Wege in der Kindererziehung. (h Ur H5)

Originell bis unstet in der Liebe

Freie und ungebundene Selbstverwirklichung ist einem wichtig! Man liebt das Verrückte, die Abwechslung und den Flirt mit einem Hang zu originellen, spontanen Auftritten. Überraschende und ungewöhnliche Liebesaffären; spontan in der Sexualität, immer auf der Suche nach neuen Abenteuern. Bei Spiel und Spekulation sucht man den Nervenkitzel (Hang zu Spielautomaten). Gern Arbeit mit

Kindergruppen oder Beschreiten neuer Wege in der Kindererziehung. – Andererseits aber auch extrem unstet in Liebe und Erotik. Gern außereheliche Liebesaffären bis Bedürfnis nach wahllosen erotischen Beziehungen. Distanziertes bis ablehnendes Verhältnis zu Kindern oder man ist von diesen häufig getrennt. Man hat Sorgen mit Kindern, weil diese rebellisch, leicht reizbar, extrem oder abnormal sind. (h+d Ur H5)

Unstet in der Liebe

Freie und ungebundene Selbstverwirklichung ist einem wichtig! Man liebt das Verrückte, die Abwechslung und den Flirt. Andererseits aber auch extrem unstet in Liebe und Erotik. Gern außereheliche Liebesaffären bis Bedürfnis nach wahllosen erotischen Beziehungen. Distanziertes bis ablehnendes Verhältnis zu Kindern oder man ist von diesen häufig getrennt. Man hat Sorgen mit Kindern, weil diese rebellisch, leicht reizbar, extrem oder abnormal sind. (d Ur H5)

Neptun im 5. Haus

In der Liebe schwärmerisch

In Liebe und Erotik ist man phantasiebegabt und romantisch, in Flirt und Verführung hinreißend. Es besteht ein Hang zu heimlichen Liebesabenteuern oder man neigt zu Ausschweifungen. Starkes (sexuelle) Traumleben mit lebhaften Phantasien. Künstlerische Note mit kreativem Potential. Talent für Schauspiel, Malerei und Tanz. Spielernatur mit guter "Witterung" für Spekulationsgeschäfte. Großes Bedürfnis, Kindern zu helfen oder diese sogar zu adoptieren. Es werden gern alternative pädagogische Methoden entwickelt. (h Ne H5)

In der Liebe schwärmerisch bis verführbar

In Liebe und Erotik ist man phantasiebegabt und romantisch, in Flirt und Verführung hinreißend. Es besteht ein Hang zu heimlichen Liebesabenteuern oder man neigt zu Ausschweifungen. Starkes (sexuelle) Traumleben mit lebhaften Phantasien. Künstlerische Note mit kreativem Potential. Talent für Schauspiel, Malerei und Tanz. Spielernatur mit guter "Witterung" für Spekulationsgeschäfte. Großes Bedürfnis, Kindern zu helfen oder diese sogar zu adoptieren. Es werden gern alternative pädagogische Methoden entwickelt. – Andererseits ist man aber geradezu spiel- und vergnügungssüchtig; in Liebe und Erotik eher passiv aber äußerst verführbar. Man lebt mit einer Maske, ist ein heimlicher Spieler oder gar Falschspieler. Durch Spiel oder Spekulation ergeben sich oft Verluste. Die Kinder sind gern schwach, krank oder unehelich oder aber es kommt zu Enttäuschungen oder Verlusten durch Kinder. (h+d Ne H5)

In der Liebe verführbar

In Liebe und Erotik ist man phantasiebegabt und romantisch, in Flirt und Verführung hinreißend. Es besteht ein Hang zu heimlichen Liebesabenteuern oder man neigt zu Ausschweifungen. Sehr spiel- und vergnügungssüchtig; in Liebe und Erotik ist man eher passiv aber äußerst verführbar. Man lebt mit einer Maske, ist ein heimlicher Spieler oder gar Falschspieler. Durch Spiel oder Spekulation ergeben sich oft Verluste. Die Kinder sind gern schwach, krank oder unehelich oder aber es kommt zu Enttäuschungen oder Verlusten durch Kinder. (d Ne H5)

Pluto im 5. Haus

Leidenschaftliches Triebleben

Starker Drang nach Extremen im Bereich Vergnügen, Lebensgenuß, Selbstverwirklichung, Spiel oder Sexualität. Oft leidenschaftliches Triebleben. Gern auch dem Glücksspiel verfallen. Viel Spekulation und Abenteuerlust in Vergnügen und Spiel. Erstaunliches Schow-Talent, dabei zwanghaft und konsequent bei der Selbstverwirklichung. Kindern gegenüber ist man eher streng oder man übt Macht auf sie aus. Im übrigen große schöpferische Kräfte und Energien mit starken Inspirationen zu künstlerischem Schaffen. (h PL H5)

Leidenschaftliches Triebleben bis Machtmißbrauch

Starker Drang nach Extremen im Bereich Vergnügen, Lebensgenuß, Selbstverwirklichung, Spiel oder Sexualität. Oft leidenschaftliches Triebleben. Gern auch dem Glücksspiel verfallen. Viel Spekulation und Abenteuerlust in Vergnügen und Spiel. Erstaunliches Schow-Talent, dabei zwanghaft und konsequent bei der Selbstverwirklichung. Kindern gegenüber ist man eher streng oder man übt Macht auf sie aus. Im übrigen große schöpferische Kräfte und Energien mit starken Inspirationen zu künstlerischem Schaffen. – Andererseits kommt es gern zu Selbsterniedrigung durch sexuelle Exzesse. Die Schwächen anderer werden geschickt ausgenutzt, etwa um andere zu unterwerfen. Dabei Zwang, den Liebespartner zu dominieren oder aber man ist ihm hörig. Beim Mann: Mitunter sexuell abartig wie etwa Kindesmißbrauch durch Sex. (h+d PL H5)

Machtmißbrauch

Starker Drang nach Extremen im Bereich Vergnügen, Lebensgenuß, Selbstverwirklichung, Spiel oder Sexualität. Oft leidenschaftliches Triebleben. Gern auch dem Glücksspiel verfallen. Andererseits kommt es gern zu Selbsterniedrigung durch sexuelle Exzesse. Die Schwächen anderer werden geschickt ausgenutzt, etwa um andere zu unterwerfen. Dabei Zwang, den Liebespartner zu dominieren oder aber man ist ihm hörig. Beim Mann: Mitunter sexuell abartig wie etwa Kindesmißbrauch durch Sex. (d PL H5)

Leeres 5. Haus in den Zeichen

Engagierte Lebenslust

Man strebt kraftvoll und engagiert nach Selbstausdruck und sieht sich gerne im Mittelpunkt. Impulsiv in Liebe und Spiel. Gern Liebe auf den ersten Blick. Dominant im erotischen Bereich und Kindern gegenüber. Körperliche Aspekte der Liebe ebenso wichtig wie Übereinstimmung im Sexuellen. Man möchte aus dem Leben soviel wie möglich herausholen. (H5 in Wid)

Genießerische Lebenslust

Man sucht Selbstausdruck mehr im Handeln als im Reden. Dabei Hang zu Malerei, Bildhauerei und Musik. Komfort und Sicherheit sind wichtige Mittel der Selbstverwirklichung. In der Liebe sinnlich, romantisch und besitzergreifend. Sehr praktisch im Umgang mit Kindern. Stolz auf die eigenen Kinder; sie sollen alle Annehmlichkeiten des Lebens genießen dürfen. (H5 in Sti)

Intellektuelle Lebenslust

Man sucht viel Abwechslung in seiner Selbstverwirklichung. In der Kunst liebt man das Delikate Komplizierte und Feinsinnige; daher auch viel Freude an intellektuellen Studien. Gern etwas kritisch gegenüber dem plumpen Vergnügen. Oft mehrere Liebesaffären. Die eigene Kreativität wird durch Worte und Gestikulieren ausgedrückt. Man hat gescheite Kinder. (H5 in Zwi)

Lebenslust in häuslicher Geborgenheit

Starke emotionale Beziehungen zu geliebten Menschen und zu Kindern. Neigung zur Bemutterung solcher Menschen, zu denen man eine emotionale Bindung hat. Man ißt gerne und üppig und hat daher gern Übergewicht. Hang zu intensiven Familienkontakten. Die Selbstverwirklichung läuft in der häusliche Umgebung ab, wo man sich in Geborgenheit mit andern austauscht. (H5 in Kre)

Selbstverwirklichung durch Zuneigung

Starke schöpferische Energien, die sich in künstlerischer Betätigung entfalten. Zuneigung und das Äußern von Zuneigung dienen einem zur Selbstverwirklichung. Man ist ein feuriger Liebhaber. Starke Identifikation zu seinen Kindern, auf die man stolz ist, oder man treibt sie auch an, um sich mit ihnen zu brüsten. Väterlich, im Sinne von: "Vater weiß es am besten". (H5 in Loe)

Lebenslust durch Perfektion

Man sucht seine Selbstverwirklichung in der Perfektion. Perfektionist in gesellschaftlichen Belangen, der alles (z.B. Feste) bestens organisiert. Eine bis ins kleinste Detail gehende Aufmerksamkeit andern gegenüber. Aber sehr kritisch in Herzensangelegenheiten. Manchmal kalt in der Liebe. Neigung, seinen Kindern das eigene Perfektionsideal aufzuzwingen. Kleidung und Kochen sind Mittel des Selbstausdrucks. (H5 in Jun)

Lebenslust durch harmonische Partnerschaften

Selbstverwirklichung durch das Eingehen von Partnerschaften. Man fühlt sich von kultivierten, anmutigen und harmonischen Menschen angezogen. Großer Musikliebhaber mit künstlerischem Geschick. Idealist in der Liebe mit Hang zu körperlicher Schönheit. Man flirtet gerne mit vielen potentiellen Liebespartnern. Den Kindern macht man lieber eine Freude, als sie selber zu erziehen. (H5 in Waa)

Lebenslust durch Sexualität

Leidenschaftlich, eifersüchtig und anspruchsvoll in der Liebe. Darin zwar zunächst abwartend, dann aber äußerst sinnlich. Die Selbstverwirklichung wird oft in der Sexualität gefunden. Manche heimliche Liebesaffären. Besorgter, aber direkter Umgang mit Kindern. Gern ungewöhnliche Hobbys und abenteuerliche Urlaubsreisen. (H5 in Sko)

Lebenslust durch Horizonterweiterung

Selbstverwirklichung durch Horizonterweiterung und aktive Beteiligung an anspruchsvollen (religiösen) Veranstaltungen. Im Kulturellen Hang zu tiefsinnigen, philosophischen Dramen. Man gibt gerne prächtige Empfänge, treibt gerne Sport, vor allem auch mit Kindern. Es ist einem wichtig, das Beste für diese zu beschaffen, auch wenn sie dabei verwöhnt werden. Man liebt geistige Herausforderungen aller Art, spekuliert gerne und eignet sich auch dazu. (H5 in Sch)

Lebenslust durch harte Arbeit

Etwas kühl und reserviert in Liebesdingen. Entbehrungen im Bereich der Liebe können gut hingenommen werden. Gern Zweifel an der eigenen Liebesfähigkeit und Kreativität. Ernste Einstellung gegenüber seinen Kindern, von denen viel Disziplin verlangt wird. Wahre Lebenslust findet man am besten in harter Arbeit (Urlaub wird der Arbeit geopfert). Äußerst vorsichtig beim Spekulieren; man läßt sich auf keinerlei Risiken ein. (H5 in Ste)

Selbstverwirklichung in der Gruppe

Man liebt nichtalltägliche Beschäftigungen, ist gern mit Freunden zusammen und sehr aktiv an Gruppen- oder Vereinsunternehmungen beteiligt. Nach außen hin etwas unpersönliche Wirkung auf andere. Man hat ungewöhnliche Vorstellungen von der Liebe und Schwierigkeiten, bei einem Liebespartner zu bleiben. Freundschaftliches Verhältnis zu Kindern, aber man scheut sich davor, eigene Kinder zu haben. (H5 in Was)

Selbstverwirklichung durch Mystik

Man ist in Herzensangelegenheiten sehr sentimental und besitzt ein starkes Einfühlungsvermögen. Die Selbstverwirklichung geschieht in Zurückgezogenheit und bei mystischen Themen. Überempfindlich in Liebesdingen, in die man sich gern träumend verliert. Gern Täuschungen in Freigebigkeit und altruistischem Verhalten. Sehr idealistische Einstellung gegenüber Kindern und Erziehung. (H5 in Fis)

Haus 6: Arbeitsleben, Arbeitsplatz, Gesundheit, Dienste, Existenzkampf

Sonne im 6. Haus

Fleißig

Die Arbeit bestimmt das Leben und die Selbstverwirklichung erfolgt durch Leistung. Guter Mitarbeiter, der auf seine Tätigkeit stolz ist, aber auch Anerkennung braucht. Man sucht einen Arbeitsbereich, worin man selbständig agieren kann. Wenn beruflich selbständig, dann oft im Bereich Gesundheits-, Lehr- oder Reinigungswesen. Man achtet auf Ordnung und Struktur am Arbeitsplatz. Streben nach leitender Position mit Autoritätsanspruch am Arbeitsplatz. Man will glänzen durch seine Leistung. (h So H6)

Fleißig bis leistungsgestreßt

Die Arbeit bestimmt das Leben und die Selbstverwirklichung erfolgt durch Leistung. Guter Mitarbeiter, der auf seine Tätigkeit stolz ist, aber auch Anerkennung braucht. Man sucht einen Arbeitsbereich, worin man selbständig agieren kann. Wenn beruflich selbständig, dann oft im Bereich Gesundheits-, Lehr- oder Reinigungswesen. Man achtet auf Ordnung und Struktur am Arbeitsplatz. Streben nach leitender Position mit Autoritätsanspruch am Arbeitsplatz. Man will glänzen durch seine Leistung. – Andererseits Neigung, sich oder andere unter Leistungsdruck zu setzen. Sehr pedantisch, überkritisch oder kleinlich. Übertrieben fleißig oder gar arbeitswütig. Totale Identifikation mit der Arbeit. Gern labile Gesundheit. Unter Saturn-Aspekten:

Das Selbstbewußtsein hängt ausschließlich von der geleisteten Arbeit ab. Oft Versagensängste und Minderwertigkeitskomplexe. Anpassung und Unterordnung hemmen die Selbstverwirklichung. (h+d So H6)

Leistungsgestreßt

Die Arbeit bestimmt das Leben und die Selbstverwirklichung erfolgt durch Leistung. Neigung, sich oder andere unter Leistungsdruck zu setzen. Sehr pedantisch, überkritisch oder kleinlich. Übertrieben fleißig oder gar arbeitswütig. Totale Identifikation mit der Arbeit. Gern labile Gesundheit. Unter Saturn-Aspekten: Das Selbstbewußtsein hängt ausschließlich von der geleisteten Arbeit ab. Oft Versagensängste und Minderwertigkeitskomplexe. Anpassung und Unterordnung hemmen die Selbstverwirklichung. (d So H6)

Mond im 6. Haus

Angepaßter Arbeiter

Fähigkeit, sich beruflich anzupassen. Gesundheitszustand und Arbeitseinsatz schwanken mit dem Gefühlsleben und der Harmonie am Arbeitsplatz. Im Beruf eher unselbständig aber Kontakte mit vielen Menschen, vor allem mit weiblichen Mitarbeitern. Gern auch Arbeit mit Kindern oder der Natur. Gesunde Ernährung ist einem wichtig. Gern häuslich-familiäre Atmosphäre bei der Arbeit, wobei andere bei der Arbeit bemuttert werden. Viel Geschick bei der Zubereitung des Essens (guter Koch). (h Mo H6)

Angepaßter bis labiler Arbeiter

Fähigkeit, sich beruflich anzupassen. Gesundheitszustand und Arbeitseinsatz schwanken mit dem Gefühlsleben und der Harmonie am Arbeitsplatz. Im Beruf eher unselbständig aber Kontakte mit vielen Menschen, vor allem mit weiblichen Mitarbeitern. Gern auch Arbeit mit Kindern oder der Natur. Gesunde Ernährung ist einem wichtig. Gern häuslich-familiäre Atmosphäre bei der Arbeit, wobei andere bei der Arbeit bemuttert werden. Viel Geschick bei der Zubereitung des Essens (guter Koch). – Andererseits oft unstete Arbeitsverhältnisse und viele Wechsel bei den Mitarbeitern. Labile Gesundheit: Gern Hypochondrie oder psychosomatische Erkrankungen oder schon krank als Kind (seelische Probleme). Nüchternes Elternhaus. Als Vorgesetzter hat man Mühe, Angestellte längere Zeit bei sich zu behalten. Unter Saturn-Aspekten: Schwierigkeit, sein Wesen in der Familie zum Ausdruck zu bringen. Als Kind war man sehr zur Sauberkeit angehalten. Nur vernünftige Gefühle sind erlaubt. (h+d Mo H6)

Labiler Arbeiter

Fähigkeit, sich beruflich anzupassen. Gesundheitszustand und Arbeitseinsatz schwanken mit dem Gefühlsleben. Unstete Arbeitsverhältnisse und viele Wechsel bei den Mitarbeitern. Labile Gesundheit: Gern Hypochondrie oder psychosomatische Erkrankungen oder schon krank als Kind (seelische Probleme). Nüchternes Elternhaus. Als Vorgesetzter hat man Mühe, Angestellte längere Zeit bei sich zu behalten. Unter Saturn-Aspekten: Schwierigkeit, sein Wesen in der Familie zum Ausdruck zu bringen. Als Kind war man sehr zur Sauberkeit angehalten. Nur vernünftige Gefühle sind erlaubt. (d Mo H6)

Zwillings-Merkur im 6. Haus

Clever am Arbeitsplatz

Flink, fleißig und sehr ordentlich bei der Arbeit. Es fällt einem leicht, sich in verschiedene Arbeitsgebiete einzuarbeiten und sich dort rasch nützlich zu machen. Fähigkeit zu gründlichem, methodischen Arbeiten, das einen zum Spezialisten mit besonderen Fertigkeiten macht. Guter Analytiker und ausgezeichneter Berater. Eignung für Kontroll- und Detailarbeiten. (h Zwi-Me H6)

Clever bis angepaßt am Arbeitsplatz

Flink, fleißig und sehr ordentlich bei der Arbeit. Es fällt einem leicht, sich in verschiedene Arbeitsgebiete einzuarbeiten und sich dort rasch nützlich zu machen. Fähigkeit zu gründlichem, methodischen Arbeiten, das einen zum Spezialisten mit besonderen Fertigkeiten macht. Guter Analytiker und ausgezeichneter Berater. Eignung für Kontroll- und Detailarbeiten. − Andererseits aber auch Neigung, unwichtige Details überzubetonen. Nicht fähig, über den Tellerrand hinauszuschauen. Gern perfektionistisch mit der Tendenz zu gesundheitschädigender, geistiger Überarbeitung und Ruhelosigkeit. Man paßt sich an nach dem Motto "Wes Brot ich eß, des Lied ich sing". Unter Saturn-Aspekten: Langsame Auffassung. Überangepaßt mit geistiger Unterordnung am Arbeitsplatz. Die Arbeit erfordert wenig Intelligenz und man denkt oder redet wenig. (h+d Zwi-Me H6)

Angepaßt am Arbeitsplatz

Flink, fleißig und sehr ordentlich bei der Arbeit. Andererseits aber auch Neigung, unwichtige Details überzubetonen. Nicht fähig, über den Tellerrand hinauszuschauen. Gern perfektionistisch mit der Tendenz zu gesundheitschädigender, geistiger Überarbeitung und Ruhelosigkeit. Man paßt sich an nach dem Motto "Wes Brot ich eß, des Lied ich sing". Unter Saturn-Aspekten: Langsame Auffassung. Überangepaßt mit geistiger Unterordnung am Arbeitsplatz. Die Arbeit erfordert wenig Intelligenz und man denkt oder redet wenig. (d Zwi-Me H6)

Jungfrau-Merkur im 6. Haus (Regent)

Fleißig am Arbeitsplatz

Man arbeitet bevorzugt im Dienste anderer, etwa im Gesundheitswesen (Laborant), im Reinigungswesen (Putzfrau) oder im Bereich gesunder Ernährung. Eignung für untergeordnete Tätigkeiten, etwa als Arbeiter oder Angestellter (nicht selbständig). Angepaßter, fleißiger und ordentlicher Mensch, der sich im forschend-analytischen Bereich gut für Detailarbeiten oder Kontrolltätigkeit eignet. (h Jun-Me H6)

Fleißig bis übergenau am Arbeitsplatz

Man arbeitet bevorzugt im Dienste anderer, etwa im Gesundheitswesen (Laborant), im Reinigungswesen (Putzfrau) oder im Bereich gesunder Ernährung. Eignung für untergeordnete Tätigkeiten, etwa als Arbeiter oder Angestellter (nicht selbständig). Angepaßter, fleißiger und ordentlicher Mensch, der sich im forschend-analytischen Bereich gut für Detailarbeiten oder Kontrolltätigkeit eignet. − Andererseits übergenau und perfektionistisch am Arbeitsplatz. Neigung, unwichtige Details überzubetonen. Kaum fähig, über den Tellerrand hinauszublicken und das übergeordnete Ganze zu sehen. Sehr berechnendes und überkritisches Verhalten. Unter Saturn-Aspekten: Die

Arbeit belastet und bringt Probleme, Kummer und wenig Anerkennung. Mißerfolge oder schlechte Arbeitsbedingungen. (h+d Jun-Me H6)

Übergenau am Arbeitsplatz

Man arbeitet bevorzugt im Dienste anderer, etwa im Gesundheitswesen (Laborant), im Reinigungswesen (Putzfrau) oder im Bereich gesunder Ernährung. Gern übergenau und perfektionistisch am Arbeitsplatz. Neigung, unwichtige Details überzubetonen. Kaum fähig, über den Tellerrand hinauszublicken und das übergeordnete Ganze zu sehen. Sehr berechnendes und überkritisches Verhalten. Unter Saturn-Aspekten: Die Arbeit belastet und bringt Probleme, Kummer und wenig Anerkennung. Mißerfolge oder schlechte Arbeitsbedingungen. (d Jun-Me H6)

Stier-Venus im 6. Haus

Gesundheitsbewußt

In die Gesundheit, gesunde Ernährung oder in Medikamente wird viel Geld investiert. Oft verdient man sein Geld im Gesundheitswesen oder aber mit Reinigen und Putzen. Bedürfnis nach sicherem, behaglichen Arbeitsplatz. Geld wird nur für Vernünftiges, Nützliches oder Praktisches ausgeben. (h Sti-Ve H6)

Gesundheitsbewußt bis knauserig

In die Gesundheit, gesunde Ernährung oder in Medikamente wird viel Geld investiert. Oft verdient man sein Geld im Gesundheitswesen oder aber mit Reinigen und Putzen. Bedürfnis nach sicherem, behaglichen Arbeitsplatz. Geld wird nur für Vernünftiges, Nützliches oder Praktisches ausgeben. – Andererseits aber ist man sehr berechnend in finanziellen Dingen. Die Arbeit wird nur nach materiellen Erwägungen ausgesucht. Häufig ist man überbezahlt oder verlangt zuviel Geld für seine Arbeit. Gern auch geizig; man kauft nur billige Sonderangebote. Unter Saturn-Aspekten: Man hat den Eindruck, seine Arbeit sei nichts wert. Man ist unterbezahlt, verlangt zu wenig Lohn oder arbeitet gar umsonst. Oft unsicherer Arbeitsplatz und keine materielle Sicherheit dadurch. (h+d Sti-Ve H6)

Knauserig

Oft verdient man sein Geld im Gesundheitswesen oder aber mit Reinigen und Putzen. Sehr berechnend in finanziellen Dingen. Die Arbeit wird nur nach materiellen Erwägungen ausgesucht. Häufig ist man überbezahlt oder verlangt zuviel Geld für seine Arbeit. Gern auch geizig; man kauft nur billige Sonderangebote. Unter Saturn-Aspekten: Man hat den Eindruck, seine Arbeit sei nichts wert. Man ist unterbezahlt, verlangt zu wenig Lohn oder arbeitet gar umsonst. Oft unsicherer Arbeitsplatz und keine materielle Sicherheit dadurch. (d Sti-Ve H6)

Waage-Venus im 6. Haus

Harmonie am Arbeitsplatz

Auf schönen Arbeitsplatz und ein angenehme Arbeit wird viel Wert gelegt. Man hat beruflich mit vielen Menschen zu tun und ist freundlich und liebenswürdig gegenüber Mitarbeitern. Man sorgt für Harmonie zwischen den Kollegen und für ein gutes Betriebsklima. Gern Tätigkeit gern im Bereich Mode, Schönheit, Kosmetik oder Kunst. Charmant und lustig beim Arbeiten oder gar verführerisch, oft mit Liebe am Arbeitsplatz. (h Waa-Ve H6)

Harmonie bis Erotik am Arbeitsplatz

Auf schönen Arbeitsplatz und ein angenehme Arbeit wird viel Wert gelegt. Man hat beruflich mit vielen Menschen zu tun und ist freundlich und liebenswürdig gegenüber Mitarbeitern. Man sorgt für Harmonie zwischen den Kollegen und für ein gutes Betriebsklima. Gern Tätigkeit gern im Bereich Mode, Schönheit, Kosmetik oder Kunst. Charmant und lustig beim Arbeiten oder gar verführerisch, oft mit Liebe am Arbeitsplatz. – Andererseits ist einem Geselligkeit und Kurzweil wichtiger als das Arbeitsergebnis. Neigung, seine erotische Ausstrahlung berechnend für die eigenen Vorteile einzusetzen. Gern ungute Liebesaffären mit Arbeitskollegen. Oft auch belehrend, pedantisch, nörgelnd oder besserwisserisch. Überempfindlich gegenüber Gerüchen oder Unsauberkeit. Unter Saturn-Aspekten: Kontaktschwierigkeiten am Arbeitsplatz oder man kann mit anderen schlecht zusammenarbeiten. Man fühlt sich als unbeliebt oder hat unfreundliche Mitarbeiter. (h+d Waa-Ve H6)

Erotik am Arbeitsplatz

Auf schönen Arbeitsplatz und ein angenehme Arbeit wird viel Wert gelegt. Geselligkeit und Kurzweil sind einem oft wichtiger als das Arbeitsergebnis. Neigung, seine erotische Ausstrahlung berechnend für die eigenen Vorteile einzusetzen. Gern ungute Liebesaffären mit Arbeitskollegen. Oft auch belehrend, pedantisch, nörgelnd oder besserwisserisch. Überempfindlich gegenüber Gerüchen oder Unsauberkeit. Unter Saturn-Aspekten: Kontaktschwierigkeiten am Arbeitsplatz oder man kann mit anderen schlecht zusammenarbeiten. Man fühlt sich als unbeliebt oder hat unfreundliche Mitarbeiter. (d Waa-Ve H6)

Mars im 6. Haus

Engagiert beim Arbeiten

Man ist engagiert, fleißig und tüchtig bei der Arbeit, oft mit totalem körperlichen Einsatz. Dabei meist rasch und impulsiv mit dem Bestreben, schnelle Erfolge zu erzielen. Meist Tätigkeit im technisch-handwerklichen Bereich. Führungsanspruch: Man liebt es beruflich gegen andere anzutreten und der Beste zu sein. Dabei beachtliche Ausdauer und klare Durchsetzungskraft. Gern etwas streng in der Behandlung Untergebener. (h Ma H6)

Engagiert bis ungeduldig beim Arbeiten

Man ist engagiert, fleißig und tüchtig bei der Arbeit, oft mit totalem körperlichen Einsatz. Dabei meist rasch und impulsiv mit dem Bestreben, schnelle Erfolge zu erzielen. Meist Tätigkeit im technisch-handwerklichen Bereich. Führungsanspruch: Man liebt es beruflich gegen andere anzutreten und der Beste zu sein. Dabei beachtliche Ausdauer und klare Durchsetzungskraft. Gern etwas streng in der Behandlung Untergebener. – Andererseits aber auch geradezu arbeitswütig. Meist ungeduldig, mitunter auch aggressiv und streitbar. Bei immer neuen Unternehmungen wird viel Energie verschwendet. Gern Streit mit Mitarbeitern, weil man überkritisch und pedantisch ist. Schwierigkeiten, sich beruflich in ein Team einzufügen. Konflikte können auch handgreiflich ausgetragen werden. <k>Unter Saturn-Aspekten:<n> Man will kein Risiko bei der Arbeit eingehen und ist häufig energielos. Kein Durchsetzungsvermögen. Man leidet unter aggressiven Mitarbeitern. (h+d Ma H6)

Ungeduldig beim Arbeiten

Man ist engagiert, fleißig und tüchtig bei der Arbeit, oft mit totalem körperlichen Einsatz. Dabei meist ungeduldig, mitunter auch aggressiv und streitbar. Bei immer neuen Unternehmungen wird viel Energie verschwendet. Gern Streit mit Mitarbeitern, weil man überkritisch und pedantisch ist. Schwierigkeiten, sich beruflich in ein Team einzufügen. Konflikte können auch handgreiflich ausgetragen werden. <k>Unter Saturn-Aspekten:<n> Man will kein Risiko bei der Arbeit eingehen und ist häufig energielos. Kein Durchsetzungsvermögen. Man leidet unter aggressiven Mitarbeitern. (d Ma H6)

Jupiter im 6. Haus
Großmütig am Arbeitsplatz

Am Arbeitsplatz großmütig und motivierend gegenüber Mitarbeitern. Moralisch integer und tolerant, dadurch sehr geschätzt und angesehen. Angenehme Arbeitsbedingungen mit Neigung, Arbeit zu delegieren. Führungsqualitäten, die oft in leitende Positionen führen. Fähig, aus dieser Position heraus guten Kontakt zu Untergebenen zu pflegen. Möglicherweise viele Mitarbeiter und beruflich viel (im Ausland) auf Reisen. (h Ju H6)

Großmütig bis dünkelhaft am Arbeitsplatz

Am Arbeitsplatz großmütig und motivierend gegenüber Mitarbeitern. Moralisch integer und tolerant, dadurch sehr geschätzt und angesehen. Angenehme Arbeitsbedingungen mit Neigung, Arbeit zu delegieren. Führungsqualitäten, die oft in leitende Positionen führen. Fähig, aus dieser Position heraus guten Kontakt zu Untergebenen zu pflegen. Möglicherweise viele Mitarbeiter und beruflich viel (im Ausland) auf Reisen. – Andererseits allzu tolerant und gutgläubig bei der Arbeit oder aber Neigung, sich bei der Arbeit wichtig zu machen. Man fühlt gern als etwas besseres. Oft auch übertriebener Sauberkeitsfimmel. Eifrig im Sammeln von Prestigeobjekten wie Titel, Medaillen und Urkunden. Gern auch "brave Angepaßtheit" oder dünkelhafte "Behördenmentalität". Unter Saturn-Aspekten: Bequem oder gar faul bei der Arbeit. Skeptisch, unzufrieden oder unglücklich am Arbeitsplatz. (h+d Ju H6)

Dünkelhaft am Arbeitsplatz

Am Arbeitsplatz großmütig und motivierend gegenüber Mitarbeitern. Andererseits allzu tolerant und gutgläubig bei der Arbeit oder aber Neigung, sich bei der Arbeit wichtig zu machen. Man fühlt gern als etwas besseres. Oft auch übertriebener Sauberkeitsfimmel. Eifrig im Sammeln von Prestigeobjekten wie Titel, Medaillen und Urkunden. Gern auch "brave Angepaßtheit" oder dünkelhafte "Behördenmentalität". Unter Saturn-Aspekten: Bequem oder gar faul bei der Arbeit. Skeptisch, unzufrieden oder unglücklich am Arbeitsplatz. (d Ju H6)

Saturn im 6. Haus
Pflichtbewußter Mitarbeiter

Am Arbeitsplatz sehr pflichtbewußt und gewissenhaft mit Befähigung zur Spezialisierung. Geschickt und genau beim Arbeiten mit vielen praktisch verwertbaren Fähigkeiten. Sinn für Arbeitsrituale und Akzeptanz "langweiliger" Routineaufgaben. Man nimmt seine Arbeit ernst, läßt sich jedoch gern zuviel aufbürden. Da man alles so gut wie möglich machen will, Gefahr von Überarbeitung und Erkrankung. Ernster und korrekter Vorgesetzter. (h Sa H6)

Pflichtbewußter bis strenger Mitarbeiter

Am Arbeitsplatz sehr pflichtbewußt und gewissenhaft mit Befähigung zur Spezialisierung. Geschickt und genau beim Arbeiten mit vielen praktisch verwertbaren Fähigkeiten. Sinn für Arbeitsrituale und Akzeptanz "langweiliger" Routineaufgaben. Man nimmt seine Arbeit ernst, läßt sich jedoch gern zuviel aufbürden. Da man alles so gut wie möglich machen will, Gefahr von Überarbeitung und Erkrankung. Ernster und korrekter Vorgesetzter. – Andererseits sehr kritisch, mißtrauisch oder streng Mitarbeitern gegenüber. Daher ständige Probleme am Arbeitsplatz. Möglich ist auch unbefriedigender Beruf mit schlechten Arbeitsbedingungen (Packesel-Funktion, fehlende Anerkennung), oder aber eine sichere Arbeit läßt sich nur schwer finden. Dann oft resignierend und unterwürfig. Gern chronische oder Berufskrankheiten, möglicherweise generell schlechter Gesundheitszustand. (h+d Sa H6)

Strenger Mitarbeiter

Am Arbeitsplatz sehr pflichtbewußt und gewissenhaft mit Befähigung zur Spezialisierung, aber mit der Neigung, sich zuviel aufbürden zu lassen. Oft auch sehr kritisch, mißtrauisch oder streng Mitarbeitern gegenüber. Daher ständige Probleme am Arbeitsplatz. Möglich ist auch unbefriedigender Beruf mit schlechten Arbeitsbedingungen (Packesel-Funktion, fehlende Anerkennung), oder aber eine sichere Arbeit läßt sich nur schwer finden. Dann oft resignierend und unterwürfig. Gern chronische oder Berufskrankheiten, möglicherweise generell schlechter Gesundheitszustand. (d Sa H6)

Uranus im 6. Haus

Erfinderisch am Arbeitsplatz

Drang nach Freiheit und Abwechslung am Arbeitsplatz; Abneigung gegen Routinen; Befürworter unregelmäßiger Arbeitszeit (z. B. Gleitzeit). Beim Arbeiten ist man erfinderisch und originell mit der Bedürfnis, moderne Arbeitsmethoden zu entwickeln oder die neuste Technik einzuführen. Fähig, ungewöhnliche Heilpraktiken anzuwenden. Gute Eignung für Teamarbeit. (h Ur H6)

Erfinderisch bis rebellisch am Arbeitsplatz

Drang nach Freiheit und Abwechslung am Arbeitsplatz; Abneigung gegen Routinen; Befürworter unregelmäßiger Arbeitszeit (z. B. Gleitzeit). Beim Arbeiten ist man erfinderisch und originell mit der Bedürfnis, moderne Arbeitsmethoden zu entwickeln oder die neuste Technik einzuführen. Fähig, ungewöhnliche Heilpraktiken anzuwenden. Gute Eignung für Teamarbeit. – Andererseits aber auch unzuverlässig oder Verbreiter von Streß und Hektik am Arbeitsplatz. Ignorant von Arbeitsregeln. Gern Spannungen mit Mitarbeitern oder mindestens Distanz zu diesen. Rebell, Störenfried am Arbeitsplatz. Tendenz zu plötzlichem Arbeitsplatzwechsel oder zu überraschenden beruflichen Veränderungen. Gefahr von Arbeitsunfällen. (h+d Ur H6)

Rebellisch am Arbeitsplatz

Drang nach Freiheit und Abwechslung am Arbeitsplatz; Abneigung gegen Routinen. Häufig aber unzuverlässig oder Verbreiter von Streß und Hektik am Arbeitsplatz. Ignorant von Arbeitsregeln. Gern Spannungen mit Mitarbeitern oder mindestens

Distanz zu diesen. Rebell, Störenfried am Arbeitsplatz. Tendenz zu plötzlichem Arbeitsplatzwechsel oder zu überraschenden beruflichen Veränderungen. Gefahr von Arbeitsunfällen. (d Ur H6)

Neptun im 6. Haus
Mitfühlend am Arbeitsplatz
Am Arbeitsplatz ist man sensibel, einfühlsam und hilfsbereit und hat einen guter Riecher für künftige Entwicklungen; dieses Wissen läßt man in seine Arbeit einfließen. Im übrigen sehr dünnhäutig mit einer gewissen Abgrenzungsschwäche. Ein besonderes Mitgefühl bringt man Kranken oder Schwachen entgegen (Samariter am Arbeitsplatz). Daher gute Eignung für Sozialarbeit oder Arbeit mit Kranken. Besonderes Interesse gilt den geistigen Heilmethoden. Auch Einfühlungsgeschick im Umgang mit Tieren. (h Ne H6)

Mitfühlend bis ausgenutzt am Arbeitsplatz
Am Arbeitsplatz ist man sensibel, einfühlsam und hilfsbereit und hat einen guter Riecher für künftige Entwicklungen; dieses Wissen läßt man in seine Arbeit einfließen. Im übrigen sehr dünnhäutig mit einer gewissen Abgrenzungsschwäche. Ein besonderes Mitgefühl bringt man Kranken oder Schwachen entgegen (Samariter am Arbeitsplatz). Daher gute Eignung für Sozialarbeit oder Arbeit mit Kranken. Besonderes Interesse gilt den geistigen Heilmethoden. Auch Einfühlungsgeschick im Umgang mit Tieren. – Andererseits aber auch überempfindlich bei der Arbeit oder gegenüber Kritik. Oft läßt man sich gehen oder ist bequem. Gern auch Intrigen am Arbeitsplatz mit der Gefahr, ausgenutzt zu werden. Häufig unsichere Arbeitsbedingungen (z. B. Arbeitslosigkeit). Ständige Angst vor Krankheiten (Hypochonder). Neigung zu psychosomatischen Erkrankungen. Gefahr durch Alkohol, Drogen oder Medikamente. (h+d Ne H6)

Ausgenutzt am Arbeitsplatz
Am Arbeitsplatz ist man sensibel, einfühlsam und hilfsbereit und hat einen guter Riecher für künftige Entwicklungen; dieses Wissen läßt man in seine Arbeit einfließen. Andererseits aber auch überempfindlich bei der Arbeit oder gegenüber Kritik. Oft läßt man sich gehen oder ist bequem. Gern auch Intrigen am Arbeitsplatz mit der Gefahr, ausgenutzt zu werden. Häufig unsichere Arbeitsbedingungen (z. B. Arbeitslosigkeit). Ständige Angst vor Krankheiten (Hypochonder). Neigung zu psychosomatischen Erkrankungen. Gefahr durch Alkohol, Drogen oder Medikamente. (d Ne H6)

Pluto im 6. Haus
Kontrollierender Arbeitsstil
Man besitzt ein großes Überzeugungs- und Einflußvermögen am Arbeitsplatz, hat aber oft die Neigung, andere Mitarbeiter zu dominieren oder zu beherrschen. Schonungsloser und leidenschaftlicher Einsatz für eine einmal begonnene Aufgabe. Neigung, alles zu kontrollieren; oft auch ausgesprochener Wasch- und Reinigungszwang. (h Pl H6)

Kontrollierender bis fanatischer Arbeitsstil
Man besitzt ein großes Überzeugungs- und Einflußvermögen am Arbeitsplatz, hat aber oft die Neigung, andere Mitarbeiter zu dominieren oder zu beherrschen.

Schonungsloser und leidenschaftlicher Einsatz für eine einmal begonnene Aufgabe. Neigung, alles zu kontrollieren; oft auch ausgesprochener Wasch- und Reinigungszwang. – Andererseits verbeißt man sich zu sehr in seine Arbeit wie in eine fixe Idee mit der Gefahr, seine Gesundheit zu schädigen (Typ des "besessenen Wissenschaftlers"). Meist steht man bei der Arbeit unter Druck oder leidet unter dominanten Vorgesetzten. Oft auch Schikanen am Arbeitsplatz mit gesundheitlichen Risiken. (h+d PL H6)

Fanatischer Arbeitsstil

Man besitzt ein großes Überzeugungs- und Einflußvermögen am Arbeitsplatz, hat aber oft die Neigung, andere Mitarbeiter zu dominieren oder zu beherrschen. Man verbeißt sich zu sehr in seine Arbeit wie in eine fixe Idee mit der Gefahr, seine Gesundheit zu schädigen (Typ des "besessenen Wissenschaftlers"). Meist steht man bei der Arbeit unter Druck oder leidet unter dominanten Vorgesetzten. Oft auch Schikanen am Arbeitsplatz mit gesundheitlichen Risiken. (d PL H6)

Leeres 6. Haus in den Zeichen

Ungeduldig beim Arbeiten

Man übernimmt bei der Arbeit gerne die Führung. Viel Ungeduld bei der Arbeit mit der Neigung, sich selbst und andere anzutreiben. Schwierige Aufgaben geht man mit viel Energie und Einfallsreichtum an; daher Eignung für Arbeiten mit Pioniercharakter mit stets neuer Orientierung. Untergebene werden gern etwas herrisch behandelt. Anderen hilft man zwar gerne aus der Patsche, erwartet aber von ihnen, nachher allein weiterzumachen. Gern fiebrige Erkrankungen. Gesundheitlicher Schwachpunkt des Körpers ist der Kopf. (H6 in Wid)

Arbeit für den Komfort

Man sucht körperlichen Komfort und Sicherheit durch Arbeit. Neigt zur Bequemlichkeit beim Organisieren des Lebens. Zwar guter und zuverlässiger Arbeiter, doch erträgt man es nicht, nur eine untergeordnete Position zu bekleiden. Abneigung gegenüber beruflichen Veränderung, selbst wenn diese eine Beförderung nach sich ziehen würde. Man sollte auf das Körpergewicht und auf die Ernährung achten. (H6 in Sti)

Wendig beim Arbeiten

Sehr wenig und erfinderisch bei der Arbeitsorganisation. Man kann mehrere Arbeiten gleichzeitig tun. Geschick und Fähigkeit für das Management. Zahllose Ideen zur Steigerung der Leistungsfähigkeit. Man sucht einen abwechslungsreichen Job. Begabt für Tätigkeiten, bei denen Kommunikation eine wichtige Rolle spielt. An die Organisation des eigenen Lebens geht man mit intellektuellen Mitteln heran und lernt schnell aus Erfahrungen. (H6 in Zwi)

Familiäres Arbeitsklima

Starkes Bedürfnis nach Erfolg. Daher sucht man in der Arbeit in erster Linie nach Bestätigung. Ausgeprägter Gruppeninstinkt und man sieht seine Mitarbeiter als Familienmitglieder an. Die Tätigkeit steht oft im Zusammenhang Heimat und Gemeinde. Man lernt vor allem aus Gefühlserfahrungen. Bei Mangel an Selbstvertrauen gibt die Arbeit viel Sicherheit. Empfindlich gegenüber Kritik an der eigenen Arbeit. Konservative Einstellung zum Leben. (H6 in Kre)

Mittelpunktsperson am Arbeitsplatz
Obwohl sehr feinfühlig, kann man gegenüber Mitarbeitern und Untergebenen doch sehr herrschsüchtig sein; in jeder Beziehung aber ehrlich. Man sonnt sich gerne in aufopfernder Tätigkeit am Arbeitsplatz und bekommt so ein Gefühl von Autorität. Krankheiten sind oft psychosomatischer Natur und dienen dazu, Aufmerksamkeit auf sich zu lenken. Tendenz, sich zu überarbeiten, was zu Problemen mit dem Herzen führen kann. Das Leben wird gern als ein Spiel angesehen, das zur eigenen Selbstvervollkommnung führt. (H6 in Loe)

Perfekter Mitarbeiter
Man ist sehr sorgfältig und genau beim Arbeiten mit Hang zum Perfektionismus. Geeignet für Tätigkeiten hinter den Kulissen und im Angestelltenverhältnis. Man bringt anderen gerne kleine Details und Methoden der Lebensbewältigung bei. Oft wird das Angefangene jedoch nicht zu Ende geführt, weil ganz plötzlich die Begeisterung fehlt oder weil man den Überblick verloren hat. Die Tendenz zum Überarbeiten führt gern zu Verdauungs- und Darmproblemen. Abneigung gegen Überraschungen. (H6 in Jun)

Harmonie am Arbeitsplatz
Man liebt harmonische Arbeitsbedingungen und Zusammenarbeit in der Gruppe. Als Unternehmer ist man gerecht und behandelt seine Mitarbeiter als Gleichberechtigte. Jedoch Abneigung gegen harte und schmutzige Tätigkeiten. Dagegen Vorliebe für Arbeit im Bereich des Ästhetischen oder der Rechtsprechung. Man meidet Entscheidungen anhand von Lebenserfahrungen. Gesundheitlicher Schwachpunkt sind die Nieren. (H6 in Waa)

Geistige Arbeit im Verborgenen
Forschergeist, der besser geistige als körperliche Arbeit verrichtet. Man arbeitet am liebsten allein oder im Verborgenen, hat dabei aber große Abneigung gegen jegliche Routine. Fähig, sich durch Vertiefung in seine Arbeit zu regenerieren. Bedürfnis, seine Ideen auf praktische Art und Weise umzusetzen. Man haßt Änderungen im Verlauf des eigenen Lebens. Gesundheitliche Schwachpunkte sind die Genitalien und der untere Teil des Rückens. (H6 in Sko)

Arbeit als Lebenssinn
Neigung, sich aus Stolz auf die eigene Arbeit bis zur Erschöpfung zu verausgaben. Man braucht die Arbeit, um seelisch im Gleichgewicht zu bleiben. Optimistische und zuversichtliche Einstellung gegenüber jeder Art von Tätigkeit. Viel Idealismus für dienenden Berufssektor. Guter Lehrer, dem seine Arbeit Sport ist. Etwaige Normen, die in der Arbeitswelt herrschen, kümmern einen wenig. Man glaubt an Heilung durch den Geist und an die Macht positiver Gedanken. (H6 in Sch)

Pflichtbewußter Arbeiter
Sehr verantwortungsbewußter und beharrlicher Arbeiter, der sich selbst und andere zu hohen Leistungen antreibt. Man verschafft sich durch Ruhe, Besonnenheit und Pflichtbewußtsein Respekt. Oft aber Zweifel am eigenen Können; daher ständiges Bedürfnis nach Anerkennung. Nach anfänglicher Reserviertheit totaler Arbeitseinsatz. Begabt für akkurate Verwaltungstätigkeit. Gesundheitliche Schwachpunkte sind Herz, Rücken und Knie. (H6 in Ste)

Arbeiten in der Gruppe

Humane Einstellung gegenüber der Arbeitswelt. Man schätzt das Arbeiten in der Gruppe und behandelt Mitarbeiter wie Freunde. Im Beruf ist man methodisch und technisch sehr versiert bis erfinderisch. Gern bereit, seinen Mitmenschen zu Diensten zu sein. Große Aversion gegenüber schlechtem Betriebsklima. Gern etwas Probleme durch Sprunghaftigkeit bei der Arbeit. Gesundheitliche Schwachpunkte sind das Nervensystem und die Fußgelenke. (H6 in Was)

Aufopferndes Arbeiten

Fähigkeit zu selbstloser Hingabe in der Arbeitswelt. Sehr verständnisvoll, hilfsbereit und verzeihend gegenüber Mitarbeitern. Tendenz, mehr Aufgaben zu übernehmen, als bewältigbar. Man unterliegt starken Stimmungsschwankungen und neigt dazu, sich aus lauter Hingabe in der Arbeit zu verlieren und sich dabei zu erschöpfen. Über Unwichtiges macht man sie zuviel Sorgen oder zieht sich gerne in eine Scheinwelt zurück. (H6 in Fis)

Haus 7: Ehe, Partnerschaften, Bindungs- und Vertragsfähigkeit, Öffentlichkeit

Sonne im 7. Haus

Beziehungshungrig

Sehr kontaktfreudig mit Machtbestrebungen, die weit in die Öffentlichkeit hineinreichen. Große Anstrengungen für eine gute Beziehung zu Partnern, mit dem Ziel, starke und loyale Freunde zu gewinnen. Sein Selbstbewußtsein schöpft man aus einer guten Beziehung. Ohne das "Du" wäre man nichts. In der Lage, Vereinbarungen mit Vorgesetzten einzuhalten. Besonderes Geschick auf allen Gebieten der Öffentlichkeitsarbeit, meist mit Popularität. Die Ehe ist vor allem für die Frau von großer Bedeutung. (h So H7).

Beziehungshungrig bis autoritär

Sehr kontaktfreudig mit Machtbestrebungen, die weit in die Öffentlichkeit hineinreichen. Große Anstrengungen für eine gute Beziehung zu Partnern, mit dem Ziel, starke und loyale Freunde zu gewinnen. Sein Selbstbewußtsein schöpft man aus einer guten Beziehung. Ohne das "Du" wäre man nichts. In der Lage, Vereinbarungen mit Vorgesetzten einzuhalten. Besonderes Geschick auf allen Gebieten der Öffentlichkeitsarbeit, meist mit Popularität. Die Ehe ist vor allem für die Frau von großer Bedeutung. – Andererseits besteht die Gefahr, daß einer der Partner den anderen beherrscht, indem einem der Wille aufgezwungen wird. Autoritär in der Beziehung anderen gegenüber. Gern Kämpfe in der Öffentlichkeit oder disharmonische Ehe, worin der Partner oft der Stärkere ist. Unbeständig in Verbindungen oder auf einseitige Vorteile bedacht. Unter Saturn-Aspekten: Man hält sich nicht für liebenswert oder kann Liebe nicht ausdrücken. Unselbständiger Partner. (h+d So H7).

Autoritär

Sehr kontaktfreudig mit Machtbestrebungen, die weit in die Öffentlichkeit hineinreichen. Es besteht die Gefahr, daß einer der Partner den anderen beherrscht, indem einem der Wille aufgezwungen wird. Autoritär in der Beziehung anderen gegenüber. Gern Kämpfe in der Öffentlichkeit oder disharmonische Ehe, worin der Partner oft der Stärkere ist. Unbeständig in Verbindungen oder auf einseitige Vorteile bedacht. Unter Saturn-Aspekten: Man hält sich nicht für liebenswert oder kann Liebe nicht ausdrücken. Unselbständiger Partner. (d So H7).

Mond im 7. Haus
Umsorgung des Partners

Ausgeprägter Sinn für alles Gemeinsame. Stets bereit, auf den anderen einzugehen, ihn zu umsorgen und zu bemuttern. Man braucht den Gegenüber, um sich wohl zu fühlen, sucht im Partner Wärme und Geborgenheit und kann sie auch ihm geben. Wahl eines häuslichen Partners; er oder die Kinder werden gerne "bekocht". Tendenz, um der gefühlsmäßigen und häuslichen Geborgenheit willen zu heiraten. In der Öffentlichkeit beliebt bis populär. (h Mo H7)

Umsorgung des Partners bis überangepaßt

Ausgeprägter Sinn für alles Gemeinsame. Stets bereit, auf den anderen einzugehen, ihn zu umsorgen und zu bemuttern. Man braucht den Gegenüber, um sich wohl zu fühlen, sucht im Partner Wärme und Geborgenheit und kann sie auch ihm geben. Wahl eines häuslichen Partners; er oder die Kinder werden gerne "bekocht". Tendenz, um der gefühlsmäßigen und häuslichen Geborgenheit willen zu heiraten. In der Öffentlichkeit beliebt bis populär. – Andererseits in den Beziehungen launisch und wechselhaft mit der Folge labiler, ständig wechselnder oder oberflächlicher Bindungen. Leicht beeinflußbar durch andere. Übergroßes Liebes-, Anlehnungs- und Harmoniebedürfnis mit Hunger nach Wärme und Zuwendung. Überangepaßt aus Furcht vor Zurückweisung. Unter Saturn-Aspekten: Man fühlt sich ungeliebt oder das Bedürfnis nach Zuwendung wird (vom Partner) nicht erfüllt. Gern depressiv. (h+d Mo H7)

Überangepaßt

Ausgeprägter Sinn für alles Gemeinsame. Andererseits in den Beziehungen gern launisch und wechselhaft mit der Folge labiler, ständig wechselnder oder oberflächlicher Bindungen. Leicht beeinflußbar durch andere. Übergroßes Liebes-, Anlehnungs- und Harmoniebedürfnis mit Hunger nach Wärme und Zuwendung. Überangepaßt aus Furcht vor Zurückweisung. Unter Saturn-Aspekten: Man fühlt sich ungeliebt oder das Bedürfnis nach Zuwendung wird (vom Partner) nicht erfüllt. Gern depressiv. (d Mo H7)

Zwillings-Merkur im 7. Haus
Intellektueller Partner

Man sucht stets den Gedankenaustausch mit den Mitmenschen oder dem Partner. Große Kontaktfreude, gesellig und sehr geschickt im Umgang mit der Öffentlichkeit. Geborener Schiedsrichter, Vermittler oder Berater. Neigung, einen intellektuellen Partner zu heiraten, mit dem man viel diskutieren kann. Man arbeitet lieber mit anderen zusammen als allein und ist stets auf geistigen Austausch angewiesen. Interesse an Kunst und Mode. (h Zwi-Me H7)

Intellektueller bis unverbindlicher Partner

Man sucht stets den Gedankenaustausch mit den Mitmenschen oder dem Partner. Große Kontaktfreude, gesellig und sehr geschickt im Umgang mit der Öffentlichkeit. Geborener Schiedsrichter, Vermittler oder Berater. Neigung, einen intellektuellen Partner zu heiraten, mit dem man viel diskutieren kann. Man arbeitet lieber mit anderen zusammen als allein und ist stets auf geistigen Austausch angewiesen. Interesse an Kunst und Mode. – Andererseits aber flirtet man ständig und braucht viel Abwechslung in der Liebe oder in Partnerschaften. Aufreißertyp, der überall anbandelt und jeden anquatscht. Unsicherer Vertragspartner der lieber ständig diskutiert als auf Verbindlichkeiten eingeht. Als "ewig Verlobter" wird die Heirat immer wieder hinausgeschoben. Unter Saturn-Aspekten: Gegenüber der Mitwelt verschlossen und zugeknöpft. Kommunikationsprobleme mit dem Partner oder man läßt andere für sich reden. (h+d Zwi-Me H7)

Unverbindlicher Partner

Man sucht stets den Gedankenaustausch mit den Mitmenschen oder dem Partner. Man flirtet ständig und braucht viel Abwechslung in der Liebe oder in Partnerschaften. Aufreißertyp, der überall anbandelt und jeden anquatscht. Unsicherer Vertragspartner der lieber ständig diskutiert als auf Verbindlichkeiten eingeht. Als "ewig Verlobter" wird die Heirat immer wieder hinausgeschoben. Unter Saturn-Aspekten: Gegenüber der Mitwelt verschlossen und zugeknöpft. Kommunikationsprobleme mit dem Partner oder man läßt andere für sich reden. (d Zwi-Me H7)

Jungfrau-Merkur im 7. Haus

Vernunftbetonter Partner

Partnerschaften haben den Charakter von Vernunft- oder Zweckverbindungen, bei denen man zusammenarbeitet (etwa als Teilhaber). Der Partner muß ordentlich, sauber und verläßlich sein. Man hat vielerlei Beziehungen. Es bestehen Kontakte mit der Öffentlichkeit oder mit vielen Menschen. Tätigkeit beispielsweise in der Mode- oder Kosmetikbranche oder aber im Bereich Kunst, Ästhetik oder etwa in einer Partnervermittlung. Neigung den Partner zu analysieren und zu kritisieren. (h Jun-Me H7)

Vernunftbetonter bis berechnender Partner

Partnerschaften haben den Charakter von Vernunft- oder Zweckverbindungen, bei denen man zusammenarbeitet (etwa als Teilhaber). Der Partner muß ordentlich, sauber und verläßlich sein. Man hat vielerlei Beziehungen. Es bestehen Kontakte mit der Öffentlichkeit oder mit vielen Menschen. Tätigkeit beispielsweise in der Mode- oder Kosmetikbranche oder aber im Bereich Kunst, Ästhetik oder etwa in einer Partnervermittlung. Neigung den Partner zu analysieren und zu kritisieren. – Andererseits aber auch überkritisch, pedantisch oder nörgelnd in der Beziehung. Man weiß alles besser und belehrt den anderen ständig. Hang zu Perfektionismus in Partnerschaft oder Liebe. Überempfindlich beispielsweise gegenüber Gerüchen oder Unsauberkeit in der Beziehung. Unter Saturn-Aspekten: Man hat Kontaktschwierigkeiten am Arbeitsplatz oder Probleme, mit anderen zusammenzuarbeiten. Gern unschöner Arbeitsplatz oder unfreundliche Mitarbeiter. Prüde oder schüchtern im erotischen Bereich. (h+d Jun-Me H7)

Berechnender Partner

Partnerschaften haben den Charakter von Vernunft- oder Zweckverbindungen, bei denen man zusammenarbeitet (etwa als Teilhaber). Überkritisch, pedantisch oder nörgelnd in der Beziehung. Man weiß alles besser und belehrt den anderen ständig. Hang zu Perfektionismus in Partnerschaft oder Liebe. Überempfindlich beispielsweise gegenüber Gerüchen oder Unsauberkeit in der Beziehung. Unter Saturn-Aspekten: Man hat Kontaktschwierigkeiten am Arbeitsplatz oder Probleme, mit anderen zusammenzuarbeiten. Gern unschöner Arbeitsplatz oder unfreundliche Mitarbeiter. Prüde oder schüchtern im erotischen Bereich. (d Jun-Me H7)

Stier-Venus im 7. Haus

Profitable Partnerschaft

Es wird viel Geld für Mode, Schönheit und Kunst, aber auch für den Partner, die Liebe oder die Erotik ausgegeben. Gern tritt man als Kunstmäzen auf oder unterstützt finanziell Dinge im Zusammenhang mit Vergnügen und Verschönerung. Man finanziert den Partner oder wird von ihm materiell unterstützt. Die Ehe bringt in der Regel Vermögenszuwachs. (h Sti-Ve H7)

Profitable bis materiell orientierte Partnerschaft

Es wird viel Geld für Mode, Schönheit und Kunst, aber auch für den Partner, die Liebe oder die Erotik ausgegeben. Gern tritt man als Kunstmäzen auf oder unterstützt finanziell Dinge im Zusammenhang mit Vergnügen und Verschönerung. Man finanziert den Partner oder wird von ihm materiell unterstützt. Die Ehe bringt in der Regel Vermögenszuwachs. – Andererseits aber auch Tendenz, nur wegen Geld oder Besitz zu heiraten oder geheiratet zu werden. Hang zu kostbaren Dingen wie teuren Kleidern oder schönem Schmuck mit Neigung zum Prassen, Schlemmen und Vergeuden. Viel Geld wird für Schönheit, Mode oder Erotik ausgegeben. Unter Saturn-Aspekten: Ohne Partner hat man keinen Eigenwert: Oft kann man sich von ihm nicht abgrenzen oder ist finanziell von ihm abhängig. Gern auch monetäre Verluste durch den Partner. (h+d Sti-Ve H7)

Materiell orientierte Partnerschaft

Es wird viel Geld für Mode, Schönheit und Kunst, aber auch für den Partner, die Liebe oder die Erotik ausgegeben. Tendenz, nur wegen Geld oder Besitz zu heiraten oder geheiratet zu werden. Hang zu kostbaren Dingen wie teuren Kleidern oder schönem Schmuck mit Neigung zum Prassen, Schlemmen und Vergeuden. Viel Geld wird für Schönheit, Mode oder Erotik ausgegeben. Unter Saturn-Aspekten: Ohne Partner hat man keinen Eigenwert: Oft kann man sich von ihm nicht abgrenzen oder ist finanziell von ihm abhängig. Gern auch monetäre Verluste durch den Partner. (d Sti-Ve H7)

Waage-Venus im 7. Haus (Regent)

Glückliche Partnerschaften

Gesellig, kontaktfreudig und sehr charmant mit dem Bestreben, der Mitwelt zu gefallen. Geschickt im Umgang mit Publikum und fähig, in der Öffentlichkeit zu repräsentieren und beliebt zu werden. Liebenswürdig und diplomatisch. Man sucht nach einem "schönen" Partner oder sieht nur das Schöne und Gute an ihm. Meist frühe und glückliche Heirat. (h Waa-Ve H7)

Glückliche bis unüberlegte Partnerschaften

Gesellig, kontaktfreudig und sehr charmant mit dem Bestreben, der Mitwelt zu gefallen. Geschickt im Umgang mit Publikum und fähig, in der Öffentlichkeit zu repräsentieren und beliebt zu werden. Liebenswürdig und diplomatisch. Man sucht nach einem "schönen" Partner oder sieht nur das Schöne und Gute an ihm. Meist frühe und glückliche Heirat. – Andererseits sehr unbekümmert in Beziehungsangelegenheiten oder man geht allzu leichtfertig eine Verbindung ein. Die Anforderungen an eine Partnerschaft werden gern unterschätzt. Nach anfänglicher Hochphase wird die Beziehung bald nüchtern, unbeständig der oberflächlich. Unter Saturn-Aspekten: Nicht fähig, sich gegenüber dem Partner abzugrenzen oder auch mal nein sagen zu können. Man hat keinen eigenen Lebensstil sondern übernimmt den des Partners. (h+d Waa-Ve H7)

Unüberlegte Partnerschaften

Gesellig, kontaktfreudig und sehr charmant mit dem Bestreben, der Mitwelt zu gefallen. In Beziehungsangelegenheiten ist man sehr unbekümmert oder geht allzu leichtfertig eine Verbindung ein. Die Anforderungen an eine Partnerschaft werden gern unterschätzt. Nach anfänglicher Hochphase wird die Beziehung bald nüchtern, unbeständig der oberflächlich. Unter Saturn-Aspekten: Nicht fähig, sich gegenüber dem Partner abzugrenzen oder auch mal nein sagen zu können. Man hat keinen eigenen Lebensstil sondern übernimmt den des Partners. (d Waa-Ve H7)

Mars im 7. Haus

Die turbulente Beziehung

Forsches Herangehen an eine Partnerschaft, was oft zu einer frühen, gern voreiligen Eheschließung führt. Viel Schwung in der Beziehung: Man ist unternehmungslustig, geht direkt auf den anderen zu, trägt Differenzen unmittelbar aus und sorgt für klärende Gewitter. Man kämpft um den Partner. Rasch entflammt und leidenschaftlich in der Liebe. Viel Streit aber auch viel Versöhnung; somit lebendige, spannende, aber auch anstrengende Partnerbeziehung. (h Ma H7)

Die turbulente bis egoistische Beziehung

Forsches Herangehen an eine Partnerschaft, was oft zu einer frühen, gern voreiligen Eheschließung führt. Viel Schwung in der Beziehung: Man ist unternehmungslustig, geht direkt auf den anderen zu, trägt Differenzen unmittelbar aus und sorgt für klärende Gewitter. Man kämpft um den Partner. Rasch entflammt und leidenschaftlich in der Liebe. Viel Streit aber auch viel Versöhnung; somit lebendige, spannende, aber auch anstrengende Partnerbeziehung. – Andererseits wenig Anpassungsbereitschaft in Partnerbeziehungen. Neigung, sich in den Vordergrund zu spielen. Der Partner wird als Rivale gesehen, der unterworfen werden muß. Gern egoistisch mit Führungsanspruch. In der Beziehung oft beleidigend oder verletzend. Als Mann gern Schürzenjäger oder Playboy, ständig neue Liebesabenteuer suchend. Daher oft unglückliche Ehe. Unter Saturn-Aspekten: Nicht in der Lage, sich gegenüber dem Partner durchzusetzen. Aus Angst vor Konfrontation weicht man Streit aus und die eigenen Bedürfnisse werden unterdrückt. (h+d Ma H7)

Die egoistische Beziehung

Forsches Herangehen an eine Partnerschaft, was oft zu einer frühen, gern voreiligen Eheschließung führt. Wenig Anpassungsbereitschaft in Partnerbeziehungen. Neigung, sich in den Vordergrund zu spielen. Der Partner wird als Rivale gesehen, der unterworfen werden muß. Gern egoistisch mit Führungsanspruch. In der Beziehung oft beleidigend oder verletzend. Als Mann gern Schürzenjäger oder Playboy, ständig neue Liebesabenteuer suchend. Daher oft unglückliche Ehe. Unter Saturn-Aspekten: Nicht in der Lage, sich gegenüber dem Partner durchzusetzen. Aus Angst vor Konfrontation weicht man Streit aus und die eigenen Bedürfnisse werden unterdrückt. (d Ma H7)

Jupiter im 7. Haus

Glückliche Partnerschaft

Man hat hohe Beziehungsideale und ist ernsthaft bereit, eine verbindliche, lebendige, ebenbürtige Partnerschaft einzugehen. Glück in der Liebe: glückliche und harmonische Ehe mit Wahl eines wohlhabenden oder gebildeten Partners. In der Öffentlichkeit angesehen. Ausgeprägter Gerechtigkeitssinn mit Glück mit Teilhaberschaften oder bei Vertragsabschlüssen. Drang zu öffentlichem Wirken mit der Maxime hoher moralischer und sozialer Integrität. (h Ju H7)

Glückliche bis bequeme Partnerschaft

Man hat hohe Beziehungsideale und ist ernsthaft bereit, eine verbindliche, lebendige, ebenbürtige Partnerschaft einzugehen. Glück in der Liebe: glückliche und harmonische Ehe mit Wahl eines wohlhabenden oder gebildeten Partners. In der Öffentlichkeit angesehen. Ausgeprägter Gerechtigkeitssinn mit Glück mit Teilhaberschaften oder bei Vertragsabschlüssen. Drang zu öffentlichem Wirken mit der Maxime hoher moralischer und sozialer Integrität. – Andererseits jedoch übertrieben freundlich tolerant oder idealistisch gegenüber anderen mit der Gefahr, ausgenutzt zu werden. Oder aber man setzt zuviel als selbstverständlich voraus und erwartet zuviel. Neigung zum Prahlen und Hochstapeln oder man geht leichtgläubig einem Scharlatan (z. B. Heiratsschwindler) auf den Leim. Unter Saturn-Aspekten: Unzufrieden oder unglücklich mit dem Partner. Öffentlich-rechtliche Konflikte mit anderen oder dem Partner. (h+d Ju H7)

Bequeme Partnerschaft

Man hat hohe Beziehungsideale und ist ernsthaft bereit, eine verbindliche, lebendige, ebenbürtige Partnerschaft einzugehen. Andererseits jedoch übertrieben freundlich tolerant oder idealistisch gegenüber anderen mit der Gefahr, ausgenutzt zu werden. Oder aber man setzt zuviel als selbstverständlich voraus und erwartet zuviel. Neigung zum Prahlen und Hochstapeln oder man geht leichtgläubig einem Scharlatan (z. B. Heiratsschwindler) auf den Leim. Unter Saturn-Aspekten: Unzufrieden oder unglücklich mit dem Partner. Öffentlich-rechtliche Konflikte mit anderen oder dem Partner. (d Ju H7)

Saturn im 7. Haus

Die pflichtbewußte Beziehung

Man geht sehr vorsichtig und zurückhaltend in ein partnerschaftliches Verhältnis, ist aber dann ein verläßlicher, sparsamer Partner mit ausgesprochenem Pflichtgefühl. Man arbeitet hart und gewissenhaft mit andern zusammen. Starker Sinn für Verantwortung und Gerechtigkeit in öffentlichen Angelegenheiten. Die Ehe verzögert sich oder erfolgt spät. Der Partner ist meist ernst, angesehen, älter und dient gern als Halt und Krückstock. Dauerhafte Beziehung (goldene Hochzeit). (h Sa H7)

Die pflichtbewußte bis kalte Beziehung

Man geht sehr vorsichtig und zurückhaltend in ein partnerschaftliches Verhältnis, ist aber dann ein verläßlicher, sparsamer Partner mit ausgesprochenem Pflichtgefühl. Man arbeitet hart und gewissenhaft mit andern zusammen. Starker Sinn für Verantwortung und Gerechtigkeit in öffentlichen Angelegenheiten. Die Ehe verzögert sich oder erfolgt spät. Der Partner ist meist ernst, angesehen, älter und dient gern als Halt und Krückstock. Dauerhafte Beziehung (goldene Hochzeit). – Andererseits werden an die Partnerschaft zu hohe Erwartungen gestellt. Sehr kritisch, kühl und streng dem anderen gegenüber mit der Tendenz, alles in der Beziehung kontrollieren, regeln oder organisieren zu müssen. Oft kalter, selbstsüchtiger Ehepartner, der nicht glauben kann, aus freien Stücken geliebt zu werden. Beziehung daher oft leidvoll, belastend und enttäuschend. Rechtliche Probleme mit dem Partner oder Teilhaber. (h+d Sa H7)

Die kalte Beziehung

Man geht sehr vorsichtig und zurückhaltend in ein partnerschaftliches Verhältnis. An dieses werden aber gern zu hohe Erwartungen gestellt. Sehr kritisch, kühl und streng dem anderen gegenüber mit der Tendenz, alles in der Beziehung kontrollieren, regeln oder organisieren zu müssen. Oft kalter, selbstsüchtiger Ehepartner, der nicht glauben kann, aus freien Stücken geliebt zu werden. Beziehung daher oft leidvoll, belastend und enttäuschend. Rechtliche Probleme mit dem Partner oder Teilhaber. (d Sa H7)

Uranus in 7. Haus

Lockere Partnerschaften

Man braucht viel Freiheit, Abwechslung in der Partnerschaft. Suche nach Spannung und Abenteuer durch die Beziehung (alles Neue reizt). Kameradschaftliche Partnerschaft: nur aus freien Stücken ohne einschränkende Verpflichtungen (Liebe auf Distanz). Kontakt zu Gruppen mit sozialem oder humanitärem Engagement. Gerne lustig, fröhlich, freundlich im Umgang mit anderen. Hang zu moderner, ungewöhnlicher oder provokanter Mode und Kunst. (h Ur H7)

Lockere bis instabile Partnerschaften

Man braucht viel Freiheit, Abwechslung in der Partnerschaft. Suche nach Spannung und Abenteuer durch die Beziehung (alles Neue reizt). Kameradschaftliche Partnerschaft: nur aus freien Stücken ohne einschränkende Verpflichtungen (Liebe auf Distanz). Kontakt zu Gruppen mit sozialem oder humanitärem Engagement. Gerne lustig, fröhlich, freundlich im Umgang mit anderen. Hang zu moderner, ungewöhnlicher oder provokanter Mode und Kunst. – Andererseits oft exzentrisch oder provokant im Umgang mit dem anderen. Da unberechenbar meist bindungsunfähig mit Tendenz zu Scheidung oder Trennung, was sehr plötzlich geschehen kann. Gern auch Hang zu extremen, ungewöhnlichen Partnern oder Beziehungen. (h+d Ur H7)

Instabile Partnerschaften

Man braucht viel Freiheit, Abwechslung in der Partnerschaft. Suche nach Spannung und Abenteuer durch die Beziehung (alles Neue reizt). Andererseits oft exzentrisch oder provokant im Umgang mit dem anderen. Da unberechenbar meist bindungsunfähig mit Tendenz zu Scheidung oder Trennung, was sehr plötzlich geschehen kann. Gern auch Hang zu extremen, ungewöhnlichen Partnern oder Beziehungen. (d Ur H7)

Neptun im 7. Haus

Aufopfernde Partnerschaften

Höchste Beziehungsideale und ein tiefes Einfühlungsvermögen in den Partner. Sehr anpassungs- und opferbereit mit Neigung zu platonischen Verbindungen. Der Partner wird häufig idealisiert. Man will dem anderen immer helfen und zeigt viel Selbstlosigkeit in der Liebe (Helfersyndrom). Man läßt sich von den Stimmungen anderer gern anstecken. Im übrigen viel künstlerische Phantasie mit Talent für Malerei, Tanz und Gesang. (h Ne H7)

Aufopfernde bis enttäuschende Partnerschaften

Höchste Beziehungsideale und ein tiefes Einfühlungsvermögen in den Partner. Sehr anpassungs- und opferbereit mit Neigung zu platonischen Verbindungen. Der Partner wird häufig idealisiert. Man will dem anderen immer helfen und zeigt viel Selbstlosigkeit in der Liebe (Helfersyndrom). Man läßt sich von den Stimmungen anderer gern anstecken. Im übrigen viel künstlerische Phantasie mit Talent für Malerei, Tanz und Gesang. – Andererseits gibt es aber auch Ängste, Heimlichkeiten oder Enttäuschungen in der Partnerschaft. Hang zu heimlichen Liebschaften, wodurch sich Beziehungen immer wieder auflösen. Es kommt oft zu Intrigen und öffentlichen Skandalen. Gern frönt der Partner Lastern oder ist krank oder behindert (h+d Ne H7)

Enttäuschende Partnerschaften

Höchste Beziehungsideale und ein tiefes Einfühlungsvermögen in den Partner. Sehr anpassungs- und opferbereit mit Neigung zu platonischen Verbindungen. Andererseits gibt es aber auch Ängste, Heimlichkeiten oder Enttäuschungen in der Partnerschaft. Hang zu heimlichen Liebschaften, wodurch sich Beziehungen immer wieder auflösen. Es kommt oft zu Intrigen und öffentlichen Skandalen. Gern frönt der Partner Lastern oder ist krank oder behindert (d Ne H7)

Pluto im 7. Haus

Dominant in Partnerschaften

Man ist selbst ein willensstarker oder dominanter Partner oder aber man zieht solche an. Ausgeprägter Gerechtigkeitssinn, was gern zu Auseinandersetzungen beim Fehlverhalten anderer führt. Typ des Führers oder Chefs mit der Tendenz, den Schwächeren zu beherrschen. Man geht zwanghafte, unwiderrufliche Beziehungen ein, will darin andere dominieren oder verändern, oder aber man ist selber dem Partner ohnmächtig ausgeliefert. Besitzergreifende, schicksalhafte Partnerschaften. (h PL H7)

Dominant bis herrschsüchtig in Partnerschaften

Man ist selbst ein willensstarker oder dominanter Partner oder aber man zieht solche an. Ausgeprägter Gerechtigkeitssinn, was gern zu Auseinandersetzungen beim Fehlverhalten anderer führt. Typ des Führers oder Chefs mit der Tendenz, den Schwächeren zu beherrschen. Man geht zwanghafte, unwiderrufliche Beziehungen ein, will darin andere dominieren oder verändern, oder aber man ist selber dem Partner ohnmächtig ausgeliefert. Besitzergreifende, schicksalhafte Partnerschaften. –

Andererseits kommt es aber auch zu ausgesprochenen Machtkämpfen in Ehe oder Partnerschaft, wobei am Ende oft die Trennung steht. An der Tagesordnung ist häufig Herrschsucht mit einseitigen Macht- und Abhängigkeitsverhältnissen mit in der Folge schweren Schicksalsschlägen. (h+d PL H7)

Herrschsüchtig in Partnerschaften

Man ist selbst ein willensstarker oder dominanter Partner oder aber man zieht solche an. Ausgeprägter Gerechtigkeitssinn, was gern zu Auseinandersetzungen beim Fehlverhalten anderer führt. Typ des Führers oder Chefs mit der Tendenz, den Schwächeren zu beherrschen. Andererseits kommt es aber auch zu ausgesprochenen Machtkämpfen in Ehe oder Partnerschaft, wobei am Ende oft die Trennung steht. An der Tagesordnung ist häufig Herrschsucht mit einseitigen Macht- und Abhängigkeitsverhältnissen mit in der Folge schweren Schicksalsschlägen. (d PL H7)

Leeres 7. Haus in den Zeichen

Führung in Partnerschaften

In partnerschaftlicher Zusammenarbeit ist man gern etwas ungeduldig und übernimmt daher bald die Führung oder ergreift die Initiative. Neigung zu konkurrierendem Verhalten, auch in Partnerbeziehungen. Man ist in der Lage, andere zu Leistungen anzuregen, ohne daß diese sich dessen bewußt werden. Mit einem Partner kann man nur dann auskommen, wenn dieser ständig aktiv ist, und hart arbeitet. (H7 in Wid)

Nützliche Partnerschaften

In Partnerschaften schätzt man Taten mehr als Reden und sucht Sicherheit und materiellen Komfort. Auch ein Ehebündnis sollte einen praktischen Nutzen erbringen. Geld gibt man für qualitativ hochwertige Dinge aus. Man ist zwar ein loyaler, aber etwas starrsinniger Partner, der traditionelle Werte und Komfort über alles stellt. Geld spielt eine wichtige Rolle in Partnerschaften. Hang zu reichen Ehepartnern. (H7 in Sti)

Intellektuelle Partnerschaften

Man sucht Abwechslung in Partnerschaft und Zusammenarbeit und kann in diesem Bereich sehr erfinderisch sein. Die Kommunikation ist dabei einer der wichtigsten Punkte. Sehr neugierig und redselig. Der Schwerpunkt eine partnerschaftlichen Beziehungen liegt im geistigen Austausch. Man hat meist mehr als eine (Ehe-) Beziehung. Dabei Hang zu klugen und wendigen Partnern. Mit Scharfsinn und Intelligenz bewegt man sich in der Öffentlichkeit. (H7 in Zwi)

Gefühlsbetont in Partnerschaften

In einer Partnerschaft sucht man Sicherheit und hat das Bedürfnis zu teilen. Man sucht Anschluß an Gleichgesinnte und Vereine, reagiert aber gern überempfindlich auf Kritik aus der Öffentlichkeit. In Partnerschaften sehr zuverlässig, jedoch wenig liberal; vielmehr besitzergreifend und meist sentimental. Im Ehepartner wird gern ein "mütterliches Wesen" gesucht. In der Beziehung zur Außenwelt und zu guten Freunden, die man als Familienmitglieder betrachtet, läßt man sich von Gefühl und Intuition leiten. (H7 in Kre)

Noble Partnerschaften

In der Partnerschaft anspruchsvoll, stolz und loyal. Hang zu noblen und gut gestellten Ehe- und Geschäftspartnern. Man gibt sich in der Zusammenarbeit gerne liebenswürdig, ehrlich und vertrauensvoll, hat aber selbst ein ständiges Bedürfnis nach Schmeicheleien und Bewunderung. In Partnerschaften, die häufig einen etwas kindlichen und spielerischen Charakter haben, sucht man gern die Vaterfigur. (H7 in Loe)

Kritischer Partner

In Partnerschaften sehr anspruchsvoll. Zwar beständige und sensible, jedoch oft übermäßig kritische Einstellung zu Partnerschaft und Zusammenarbeit. Man sucht für alles eine gute Erklärung, sonst ist man nicht zufrieden und handelt nicht. Man wirkt anziehend auf hart und genau arbeitende (Ehe-) Partner, die einem die praktischen Angelegenheiten im Leben regeln helfen. Die Zusammenarbeit spielt sich gern in Bereichen des Dienstes am Mitmenschen ab. (H7 in Jun)

Harmonische Partnerschaften

Bedürfnis nach harmonischer Partnerschaft mit dem Instinkt, einen sanften und diplomatischen Ehegatten zu wählen. Dieser ist meist sehr geschickt im Umgang mit anderen Menschen. Oft aber geht man ein Bündnis ohne gründliche Überlegung ein, was später dann gern zu Streitigkeiten führt. Man braucht möglicherweise die Schule mehrerer Ehen, bevor sich eine wirklich harmonische Beziehung findet. Partnerschaften werden gern idealisiert und entwickeln sich zu einer Art von künstlerischem Selbstausdruck. (H7 in Waa)

Besitzergreifend in Partnerschaften

In Partnerschaften nimmt man gern eine emotionale, besitzergreifende und eifersüchtige Haltung ein, hält dies jedoch gekonnt verborgen. Man tritt in Fragen der Zusammenarbeit nicht sofort in Aktion, sondern prüft zunächst, ob die eigenen leidenschaftlichen Gefühle genügend zum Ausdruck kommen können. Man will Macht über Partner ausüben oder aber man läßt sich von Partner beherrschen. Neigung zu Rachsucht, wenn die Zusammenarbeit fehlschlägt. (H7 in Sko)

Anspruchsvoll in Partnerschaften

In partnerschaftlichen Dingen mißt man ethischen, religiösen und philosophischen Wertvorstellungen große Bedeutung bei. Glückliche Hand bei der Wahl des Ehepartners und gute Beziehungen zur Öffentlichkeit. Man ignoriert gesellschaftliche Verhaltensnormen, hat auch eine Abneigung gegen Gefühlsduseleien aber legt viel Optimismus an den Tag. In der Ehe sieht man die Möglichkeit, aufzusteigen oder spirituell zu wachsen. Eventuell Ehe mit einem Ausländer. (H7 in Sch)

Verantwortungsvoll in Partnerschaften

Man geht nur sehr allmählich und erst in fortgeschrittenem Alter echte Bindungen ein, nimmt dafür aber die Verantwortung in einer Partnerschaft sehr ernst. Gern Zweifel an den eigenen Qualitäten, daher auf stete Bestätigung durch andere angewiesen. Man tritt in der Öffentlichkeit eher scheu auf und meidet große Menschenansammlungen. Eine Ehe wird oft sehr spät geschlossen, dann gibt man sich zwar beständig, aber kühl mit Neigung zur Herrschsucht. (H7 in Ste)

Unabhängig in Partnerschaften

Im Umgang mit dem Ehe- oder Geschäftspartner ausgeprägtes Streben nach Unabhängigkeit. Man zeigt in Partnerschaften zwei Gesichter: einerseits persönlich engagiert, mit dem Bedürfnis Mittelpunkt zu sein, andererseits distanziert und beobachtend. Hang zum Experimentieren im Zusammenleben. Der Partner sollte gleichzeitig Freund sein. Man geht eine Ehe ein, um die eigenen Ziele zu erreichen. (H7 in Was)

Aufopfernd in Partnerschaften

Man besitzt in partnerschaftlichen Dingen ein großes Einfühlungsvermögen, verliert sich aber leicht in illusionären Vorstellungen. Neigung, sich aus zuviel Altruismus und Opferbereitschaft ausnutzen zu lassen. Eigene Probleme werden vor dem anderen meist verborgen gehalten. Es bestehen starke emotionale Bindungen, doch führt eine gewisse Überempfindlichkeit gern zu Streß. Man zieht möglicherweise einen Partner an, der behindert ist. (H7 in Fis)

Haus 8: Immaterielle Werte, Hintergründiges, Tabus, Krisen, Tod, Erbschaften

Sonne im 8. Haus

Hintergründig

Geld oder Besitz anderer spielen eine wichtige Rolle im Leben (z. B. Erbschaftsangelegenheiten). Neigung, seinen Willen durchzusetzen. Interesse am Hintergründigen, Jenseitigen, dem Leben nach dem Tod. Im späteren Leben Suche nach einer höheren geistigen Wahrheit. Es wird viel Willenskraft investiert, um sich zu vervollkommnen. Dies ist vor allem beim höher entwickelten Seelentypus der Fall. Ansonsten viel befaßt mit Steuern, Versicherungen, dem Vermögen Verstorbener und den Finanzen von Körperschaften. Gute Aussichten auf Erbschaften! (h So H8)

Hintergründig bis manipulierend

Geld oder Besitz anderer spielen eine wichtige Rolle im Leben (z. B. Erbschaftsangelegenheiten). Neigung, seinen Willen durchzusetzen. Interesse am Hintergründigen, Jenseitigen, dem Leben nach dem Tod. Im späteren Leben Suche nach einer höheren geistigen Wahrheit. Es wird viel Willenskraft investiert, um sich zu vervollkommnen. Dies ist vor allem beim höher entwickelten Seelentypus der Fall. Ansonsten viel befaßt mit Steuern, Versicherungen, dem Vermögen Verstorbener und den Finanzen von Körperschaften. Gute Aussichten auf Erbschaften! – Andererseits gern Heimlichtuer mit der Tendenz, andere zu manipulieren; oft mit stark sexueller Betonung. Zwielichtiger Mensch, der am Schaden anderer verdient. Oft Schwierigkeiten oder Rechtsstreitigkeiten in Nachlaßsachen. Im Falle einer Scheidung fallen die Aliments-Vereinbarungen ungünstig aus. Bei der Frau: Ehemann verschleudert das Familienvermögen. Unter Saturn-Aspekten: Gern unterdrücktes Selbstwertgefühl. Reduzierte Vitalität und Lebensfreude oder Beschränkungen im eigenständigen Handeln. (h+d So H8)

Manipulierend

Geld oder Besitz anderer spielen eine wichtige Rolle im Leben (z. B. Erbschaftsangelegenheiten). Gern Heimlichtuer mit der Tendenz, andere zu manipulieren; oft mit stark sexueller Betonung. Zwielichtiger Mensch, der am Schaden anderer verdient. Oft Schwierigkeiten oder Rechtsstreitigkeiten in Nachlaßsachen. Im Falle einer Scheidung fallen die Aliments-Vereinbarungen ungünstig aus. Bei der Frau: Ehemann verschleudert das Familienvermögen. Unter Saturn-Aspekten: Gern unterdrücktes

Selbstwertgefühl. Reduzierte Vitalität und Lebensfreude oder Beschränkungen im eigenständigen Handeln. (d So H8)

Mond im 8. Haus

Ahnendes Vorausschauen

Neigung, Verbotenes, Verborgenes oder Hintergründiges zu erforschen. Ahnendes Vorausschauen mit intensiven Träumen. Liebe, Haß und Tod sind wesentliche Themen im Leben. Schon in der Kindheit steht man unter Zwängen. Evtl. dominante Mutter oder Gattin. Starke emotionale Begierden und Leidenschaften. Interesse am Spiritismus oder an okkulten Themen. Vermögenszuwachs durch Erbschaften oder Ehe. (h Mo H8)

Ahnendes Vorausschauen bis Gefühlsmanipulation

Neigung, Verbotenes, Verborgenes oder Hintergründiges zu erforschen. Ahnendes Vorausschauen mit intensiven Träumen. Liebe, Haß und Tod sind wesentliche Themen im Leben. Schon in der Kindheit steht man unter Zwängen. Evtl. dominante Mutter oder Gattin. Starke emotionale Begierden und Leidenschaften. Interesse am Spiritismus oder an okkulten Themen. Vermögenszuwachs durch Erbschaften oder Ehe. – Andererseits gern seelisch besitzergreifend mit Eifersucht. Neigung, mit Gefühlen zu manipulieren, oder Druck auszuüben. Gefühle werden als Mittel zum Zweck eingesetzt. Psychische Krisen (evtl. mit Suizidgefahr) wegen verborgener oder unterdrückter Gefühle. Unter Saturn-Aspekten: Mittelloser Ehepartner oder Krankheitsfälle in der Familie. Man steht psychisch unter Druck oder erfährt Unterdrückung oder gar Gewalt in der Familie. Gefühle werden abgewürgt. (h+d Mo H8)

Gefühlsmanipulation

Neigung, Verbotenes, Verborgenes oder Hintergründiges zu erforschen. Gern seelisch besitzergreifend mit Eifersucht. Neigung, mit Gefühlen zu manipulieren, oder Druck auszuüben. Gefühle werden als Mittel zum Zweck eingesetzt. Psychische Krisen (evtl. mit Suizidgefahr) wegen verborgener oder unterdrückter Gefühle. Unter Saturn-Aspekten: Mittelloser Ehepartner oder Krankheitsfälle in der Familie. Man steht psychisch unter Druck oder erfährt Unterdrückung oder gar Gewalt in der Familie. Gefühle werden abgewürgt. (d Mo H8)

Zwillings-Merkur im 8. Haus

Tiefgründiges Denken

Forschergeist mit besonderem Interesse an Tabuthemen wie Tod, Jenseits oder Esoterik. Man will stets den Dingen auf den Grund gehen. Fähigkeit, Geheimnisse auszukundschaften und die Motivation der Mitmenschen zu entschlüsseln. Tendenz zu geistiger Fixierung. Oft Selbstgespräche oder Kommunikation mit Verstorbenen oder der jenseitigen Geisterwelt. (h Zwi-Me H8)

Tiefgründiges bis verbohrtes Denken

Forschergeist mit besonderem Interesse an Tabuthemen wie Tod, Jenseits oder Esoterik. Man will stets den Dingen auf den Grund gehen. Fähigkeit, Geheimnisse auszukundschaften und die Motivation der Mitmenschen zu entschlüsseln. Tendenz zu geistiger Fixierung. Oft Selbstgespräche oder Kommunikation mit Verstorbenen oder der jenseitigen Geisterwelt. – Andererseits aber auch Tendenz zu verbohrtem, zwanghaftem oder engstirnigem Denken. Neigung, sich selbst beim Lernen unter

Druck zu setzen. Zwanghaftes Rede- oder Lernbedürfnis. Fixe Vorstellung von der Wirklichkeit mit der Tendenz, seine Mitwelt davon zu überzeugen. Nach Zurücksetzung oft sehr nachtragend und rachsüchtig. Unter Saturn-Aspekten: Durch Wort und Schrift läßt man sich geistig manipulieren oder übernimmt die Vorstellungen und Gedanken anderer unkritisch. Tendenz, sich etwas aufschwatzen zu lassen. (h+d Zwi-Me H8)

Verbohrtes Denken
Forschergeist mit besonderem Interesse an Tabuthemen wie Tod, Jenseits oder Esoterik. Tendenz zu verbohrtem, zwanghaftem oder engstirnigem Denken. Neigung, sich selbst beim Lernen unter Druck zu setzen. Zwanghaftes Rede- oder Lernbedürfnis. Fixe Vorstellung von der Wirklichkeit mit der Tendenz, seine Mitwelt davon zu überzeugen. Nach Zurücksetzung oft sehr nachtragend und rachsüchtig. Unter Saturn-Aspekten: Durch Wort und Schrift läßt man sich geistig manipulieren oder übernimmt die Vorstellungen und Gedanken anderer unkritisch. Tendenz, sich etwas aufschwatzen zu lassen. (d Zwi-Me H8)

Jungfrau-Merkur im 8. Haus

Tüchtiger Mitarbeiter
Arbeit im Bereich der Forschung, alternativer Therapien oder der Metaphysik. Oft hat man mit Erbschaftsangelegenheiten oder mit dem Geld anderer zu tun (etwa Vermögensverwalter, Treuhänder). Möglicherweise auch Tätigkeit in Zusammenhang mit dem Tod (z. B. Beerdigungsinstitut). Sehr fleißiger, ordentlicher und verläßlicher Mitarbeiter, der totalen Einsatz bringt. Tätigkeit aber eher im Hintergrund; von dort aus wird gern manipulierend auf andere Macht ausgeübt. (h Jun-Me H8)

Tüchtiger bis perfektionistischer Mitarbeiter
Arbeit im Bereich der Forschung, alternativer Therapien oder der Metaphysik. Oft hat man mit Erbschaftsangelegenheiten oder mit dem Geld anderer zu tun (etwa Vermögensverwalter, Treuhänder). Möglicherweise auch Tätigkeit in Zusammenhang mit dem Tod (z. B. Beerdigungsinstitut). Sehr fleißiger, ordentlicher und verläßlicher Mitarbeiter, der totalen Einsatz bringt. Tätigkeit aber eher im Hintergrund; von dort aus wird gern manipulierend auf andere Macht ausgeübt. – Andererseits aber will man in einem Perfektions- und Kontrollzwang bei der Arbeit ständig alles im Griff haben. Gern auch Machtkämpfe am Arbeitsplatz wobei gegen Mitarbeiter intrigiert wird. Neigung, Abhängigkeiten zu erzeugen und andere zu dominieren. Auch Tendenz, fanatisch oder besessen zu arbeiten. Unter Saturn-Aspekten: Schwierigkeiten, sich bei der Arbeit zu behaupten. Durch dominante Mitarbeiter oder Vorgesetzte wird man unterdrückt oder zu etwas gezwungen. (h+d Jun-Me H8)

Perfektionistischer Mitarbeiter
Arbeit im Bereich der Forschung, alternativer Therapien oder der Metaphysik. Oft hat man mit Erbschaftsangelegenheiten zu tun. Perfektions- und Kontrollzwang wobei man bei der Arbeit ständig alles im Griff haben will. Gern auch Machtkämpfe am Arbeitsplatz wobei gegen Mitarbeiter intrigiert wird. Neigung, Abhängigkeiten zu erzeugen und andere zu dominieren. Auch Tendenz, fanatisch oder besessen zu arbeiten. Unter Saturn-Aspekten: Schwierigkeiten, sich bei der Arbeit zu behaupten. Durch dominante Mitarbeiter oder Vorgesetzte wird man unterdrückt oder zu etwas gezwungen.(d Jun-Me H8)

Stier-Venus im 8. Haus

Geld für Okkultes

Geld wird gern für Erotik und Sex, aber auch für Esoterik oder Okkultes ausgegeben. Finanzielle Besserstellung durch Heirat oder materielle Sicherheit durch das Vermögen des Partners. Geld wird zusammengelegt und gemeinsam investiert. Gute Aussichten für Erbschaften. (h Sti-Ve H8)

Geld für Okkultes bis zwanghafter Besitzdrang

Geld wird gern für Erotik und Sex, aber auch für Esoterik oder Okkultes ausgegeben. Finanzielle Besserstellung durch Heirat oder materielle Sicherheit durch das Vermögen des Partners. Geld wird zusammengelegt und gemeinsam investiert. Gute Aussichten für Erbschaften. – Andererseits steht man unter dem Zwang, etwas unbedingt haben zu wollen oder zu müssen. Zwanghaftes Sicherheitsbedürfnis mit dem Drang, zu Besitz zu kommen. Mit Geld wird manipuliert oder aus Hörigkeit Kapital geschlagen. Zwanghaft sparen, horten oder Geld ausgeben. Streit um Erbschaften oder Wahl eines verschwenderischen Ehepartners. Unter Saturn-Aspekten: Man hat kein eigenes Wertbewußtsein und keine Vorstellungen, wie Geld verdient werden kann. Finanziell kommt man unter Druck. (h+d Sti-Ve H8)

Zwanghafter Besitzdrang

Geld wird gern für Erotik und Sex, aber auch für Esoterik oder Okkultes ausgegeben. Oft steht man unter dem Zwang, etwas unbedingt haben zu wollen oder zu müssen. Zwanghaftes Sicherheitsbedürfnis mit dem Drang, zu Besitz zu kommen. Mit Geld wird manipuliert oder aus Hörigkeit Kapital geschlagen. Zwanghaft sparen, horten oder Geld ausgeben. Streit um Erbschaften oder Wahl eines verschwenderischen Ehepartners. Unter Saturn-Aspekten: Man hat kein eigenes Wertbewußtsein und keine Vorstellungen, wie Geld verdient werden kann. Finanziell kommt man unter Druck. (d Sti-Ve H8)

Waage-Venus im 8. Haus

Tabulose Liebschaften

Liebe zu allem, was gesellschaftlich tabuisiert oder verboten ist. Verführerische, erotische Ausstrahlung; in der Liebe oft besitzergreifend, eifersüchtig und rachsüchtig. Man wird durch den anderen unterdrückt oder hat die Tendenz, selber zu dominieren. Gern auf den Partner (erotisch) fixiert oder man ist ihm hörig. Beziehung als Mittel zum Zweck. (h Waa-Ve H8)

Tabulose bis gefährliche Liebschaften

Liebe zu allem, was gesellschaftlich tabuisiert oder verboten ist. Verführerische, erotische Ausstrahlung; in der Liebe oft besitzergreifend, eifersüchtig und rachsüchtig. Man wird durch den anderen unterdrückt oder hat die Tendenz, selber zu dominieren. Gern auf den Partner (erotisch) fixiert oder man ist ihm hörig. Beziehung als Mittel zum Zweck. – Andererseits übertriebene Sinnlichkeit und Überbetonung von Erotik und Sex. Erotische Reize werden berechnend und manipulierend eingesetzt. Ausgesprochene Lust am Brechen sexueller Tabus mit Neigung zu Perversionen. Geschäfte mit der Liebe. Unter Saturn-Aspekten: Man steht unter Erwartungsdruck seitens des anderer. Liebe gibt es nur, wenn man sich erwartungsgemäß verhält. Fremdbestimmt. Zur einer Beziehung gezwungen werden. (h+d Waa-Ve H8)

Gefährliche Liebschaften

Liebe zu allem, was gesellschaftlich tabuisiert oder verboten ist. Gern übertriebene Sinnlichkeit und Überbetonung von Erotik und Sex. Erotische Reize werden berechnend und manipulierend eingesetzt. Ausgesprochene Lust am Brechen sexueller Tabus mit Neigung zu Perversionen. Geschäfte mit der Liebe. Unter Saturn-Aspekten: Man steht unter Erwartungsdruck seitens des anderer. Liebe gibt es nur, wenn man sich erwartungsgemäß verhält. Fremdbestimmt. Zur einer Beziehung gezwungen werden. (d Waa-Ve H8)

Mars im 8. Haus (Mitregent)

Risikobereit

Man besitzt einen eisernen Willen und legt einen totaler Energieeinsatz an den Tag. Risikobereitschaft, die gern aufs Ganze geht: Man begibt sich gern in gefährliche Situationen, kämpft verwegen gegen Risiken und allerlei Gefahren, zum Teil unter lebensgefährlichen Bedingungen. Arbeit mit okkulten Kräften (Therapeut). Man strebt nach dem Besitz des (der) anderen. Streit um Erbschaften oder wegen gemeinsamer Finanzen. Gern Gewinne durch Erbschaften. (h Ma H8)

Risikobereit bis aggressiv

Man besitzt einen eisernen Willen und legt einen totaler Energieeinsatz an den Tag. Risikobereitschaft, die gern aufs Ganze geht: Man begibt sich gern in gefährliche Situationen, kämpft verwegen gegen Risiken und allerlei Gefahren, zum Teil unter lebensgefährlichen Bedingungen. Arbeit mit okkulten Kräften (Therapeut). Man strebt nach dem Besitz des (der) anderen. Streit um Erbschaften oder wegen gemeinsamer Finanzen. Gern Gewinne durch Erbschaften. – Andererseits Neigung, rücksichtslos gegen sich und gnadenlos mit anderen zu sein. Sportfanatiker, z. B. für Boxen, Ringen, Karate u. ä. Zwanghaftes Bestreben sich durchzusetzen. Mächtiger Sexualtrieb. Extrem aggressiv mit Tendenz zur Gewaltanwendung (Lust an sexueller Gewalt). Evtl. gewaltsamer Tod. Unter Saturn-Aspekten: Unterdrückte Durchsetzungsfähigkeit, Initiative oder Risikobereitschaft. Geschwächte Triebenergie (Impotenz beim Mann). Aggression erleiden müssen. (h+d Ma H8)

Aggressiv

Man besitzt einen eisernen Willen und legt einen totaler Energieeinsatz an den Tag. Neigung, rücksichtslos gegen sich und gnadenlos mit anderen zu sein. Sportfanatiker, z. B. für Boxen, Ringen, Karate u. ä. Zwanghaftes Bestreben sich durchzusetzen. Mächtiger Sexualtrieb. Extrem aggressiv mit Tendenz zur Gewaltanwendung (Lust an sexueller Gewalt). Evtl. gewaltsamer Tod. Unter Saturn-Aspekten: Unterdrückte Durchsetzungsfähigkeit, Initiative oder Risikobereitschaft. Geschwächte Triebenergie (Impotenz beim Mann). Aggression erleiden müssen. (d Ma H8)

Jupiter im 8. Haus

Religiöser Forscher

Es ergeben sich Vorteile durch Tod oder den Besitz anderer. Beste Aussichten auf eine Erbschaft. Interesse an Esoterik mit Neigung zu religiös-philosophischen Forschungen (Okkultismus, Karma, Metaphysik). Religion ist Mittel zum Zweck. Hang zu religiösen Ritualen oder Tendenz, andere weltanschaulich zu beeinflussen. Evtl. Guru oder Meister. Der Lebenssinn liegt im Erforschen von Hintergründigem. (h Ju H8)

Religiöser Forscher bis selbstgerechter Guru

Es ergeben sich Vorteile durch Tod oder den Besitz anderer. Beste Aussichten auf eine Erbschaft. Interesse an Esoterik mit Neigung zu religiös-philosophischen Forschungen (Okkultismus, Karma, Metaphysik). Religion ist Mittel zum Zweck. Hang zu religiösen Ritualen oder Tendenz, andere weltanschaulich zu beeinflussen. Evtl. Guru oder Meister. Der Lebenssinn liegt im Erforschen von Hintergründigem. – Andererseits ist man gern extrem gläubig oder fanatisch mit der Tendenz, der Mitwelt seine Weltanschauung oder Religion aufzuzwingen. Dogmatiker, der Religion als Druck- oder Machtmittel einsetzt. Gern selbsternannter "Heiliger", der auf Kosten seiner Verehrer lebt. Im Namen Gottes darf sogar gemordet werden. Unter Saturn-Aspekten: Man ist von einer Kirche oder Sekte abhängig oder wird von ihr unter Druck gesetzt. Religiöse Zwänge oder Gezwungenwerden zum Glauben. (h+d Ju H8)

Selbstgerechter Guru

Interesse an Esoterik mit Neigung zu religiös-philosophischen Forschungen (Okkultismus, Karma, Metaphysik). Gern aber extrem gläubig oder fanatisch mit der Tendenz, der Mitwelt seine Weltanschauung oder Religion aufzuzwingen. Dogmatiker, der Religion als Druck- oder Machtmittel einsetzt. Gern selbsternannter "Heiliger", der auf Kosten seiner Verehrer lebt. Im Namen Gottes darf sogar gemordet werden. Unter Saturn-Aspekten: Man ist von einer Kirche oder Sekte abhängig oder wird von ihr unter Druck gesetzt. Religiöse Zwänge oder Gezwungenwerden zum Glauben. (d Ju H8)

Saturn im 8. Haus

Innerlich gefestigt

Man trägt Verantwortung für fremdes Geld: im Zusammenhang mit Partnergeldern, Vereinsfinanzen, Steuern oder Erbschaften. Mit den anvertrauten Mitteln (z. B. als Treuhänder) läßt sich durch geschickte Transaktionen viel Geld verdienen. Erbschaften oder Heirat bringen einem finanzielle Sicherheit. Gern Arbeit mit Tabu-Gebieten (etwa Sterbeforscher). Seelisch hingabefähig und innerlich gefestigt. (h Sa H8)

Innerlich gefestigt bis steif

Man trägt Verantwortung für fremdes Geld: im Zusammenhang mit Partnergeldern, Vereinsfinanzen, Steuern oder Erbschaften. Mit den anvertrauten Mitteln (z. B. als Treuhänder) läßt sich durch geschickte Transaktionen viel Geld verdienen. Erbschaften oder Heirat bringen einem finanzielle Sicherheit. Gern Arbeit mit Tabu-Gebieten (etwa Sterbeforscher). Seelisch hingabefähig und innerlich gefestigt. – Andererseits aber auch Angst vor tiefen Gefühlen. Aus unbewußter Todesangst unfähig, sich wirklich fallen zu lassen. Innerlich steif, gefühlskalt, sexuell verklemmt, impotent oder frigide. Gern Rechtsstreit wegen Erbschaft oder gemeinsamer Finanzen. Verluste durch Steuern oder Scheidung. Probleme, mit anderen zu teilen bzw. mit dem Geben und Nehmen (Angst, loszulassen). (h+d Sa H8)

Innerlich steif

Man trägt Verantwortung für fremdes Geld: im Zusammenhang mit Partnergeldern, Vereinsfinanzen, Steuern oder Erbschaften. Gern aber Rechtsstreit wegen Erbschaft oder gemeinsamer Finanzen. Verluste durch Steuern oder Scheidung. Probleme, mit anderen zu teilen bzw. mit dem Geben und Nehmen (Angst, loszulassen). Angst vor tiefen Gefühlen. Aus unbewußter Todesangst unfähig, sich wirklich fallen zu lassen. Innerlich steif, gefühlskalt, sexuell verklemmt, impotent oder frigide. (d Sa H8)

Uranus im Haus 8

Tabubrecher

Starke Auseinandersetzung mit dem Tod oder Tabuthemen mit eigenwilliger Philosophie darüber. Versuch, die Geheimnisse des Lebens und des Jenseits zu lüften mit großem Interesse für okkulte Wissenschaften (Metaphysik, Astrologie). Entwicklung neuer, ungewöhnlicher Therapieformen evtl. als Gruppentherapeut. Bedürfnis, sich von finanziellen Bindungen oder sexuellen Zwängen zu befreien. Plötzliche, unerwartete Erbschaften. (h Ur H8)

Tabubrecher bis Freibrief-Allüren

Starke Auseinandersetzung mit dem Tod oder Tabuthemen mit eigenwilliger Philosophie darüber. Versuch, die Geheimnisse des Lebens und des Jenseits zu lüften mit großem Interesse für okkulte Wissenschaften (Metaphysik, Astrologie). Entwicklung neuer, ungewöhnlicher Therapieformen evtl. als Gruppentherapeut. Bedürfnis, sich von finanziellen Bindungen oder sexuellen Zwängen zu befreien. Plötzliche, unerwartete Erbschaften. – Andererseits sieht man sich völlig ungebunden und glaubt, einen Freibrief für alles zu haben. Man setzt sich eigenwillig über Tabugrenzen oder Gesetze hinweg. Man will sogar dem schicksalhaften Tod entrinnen und nur aus freien Willen sterben. Neigung zu extremer, ungewöhnliche Sexualität, gern mit Perversionen. Verluste durch Erbschaften. (h+d Ur H8)

Freibrief-Allüren

Starke Auseinandersetzung mit dem Tod oder Tabuthemen mit eigenwilliger Philosophie darüber. Man sieht sich völlig ungebunden und glaubt, einen Freibrief für alles zu haben. Eigenwilliges Hinwegsetzen über Tabugrenzen oder Gesetze. Man will sogar dem schicksalhaften Tod entrinnen und nur aus freien Willen sterben. Neigung zu extremer, ungewöhnliche Sexualität, gern mit Perversionen. Verluste durch Erbschaften. (d Ur H8)

Neptun im Haus 8

Hellsichtig

Mediale bis hellsichtige Fähigkeiten mit Hang zum Spiritismus. Gutes Gespür für Verborgenes und Unausgesprochenes. Man setzt sich mit Verdrängungen, Ängsten und Süchten auseinander. Daher geeignet zum Aternativ-Therapeut oder Geistheiler. Große sexuelle Phantasie mit Verschmelzungs- und Erlösungswünschen. Wandlung in der Stille, durch Bewußtseinserweiterung, Meditation oder Gebet. Vermögenszuwachs durch Ehe oder Erbschaften. (h Ne H8)

Hellsichtig bis heimlich manipulierend

Mediale bis hellsichtige Fähigkeiten mit Hang zum Spiritismus. Gutes Gespür für Verborgenes und Unausgesprochenes. Man setzt sich mit Verdrängungen, Ängsten und Süchten auseinander. Daher geeignet zum Aternativ-Therapeut oder Geistheiler. Große sexuelle Phantasie mit Verschmelzungs- und Erlösungswünschen. Wandlung in der Stille, durch Bewußtseinserweiterung, Meditation oder Gebet. Vermögenszuwachs durch Ehe oder Erbschaften. – Andererseits Neigung, leichtfertig und sorglos mit fremdem Geld umzugehen. In Bezug auf gemeinsame finanzielle

Angelegenheiten ergeben sich gern Unklarheiten, Täuschungen und Verluste (z. B. um Erbschaft betrogen werden). Drang, andere subtil oder heimlich zu beeinflussen, zu manipulieren oder Macht auf sie auszuüben. Zwanghaft stehlen, lügen, rauchen, trinken oder Drogen nehmen. Gern auch unbegründete Ängste und Phobien. (h+d Ne H8)

Heimliche Manipulation

Mediale bis hellsichtige Fähigkeiten mit Hang zum Spiritismus. Gutes Gespür für Verborgenes und Unausgesprochenes. Andererseits Neigung, leichtfertig und sorglos mit fremdem Geld umzugehen. In Bezug auf gemeinsame finanzielle Angelegenheiten ergeben sich gern Unklarheiten, Täuschungen und Verluste (z. B. um Erbschaft betrogen werden). Drang, andere subtil oder heimlich zu beeinflussen, zu manipulieren oder Macht auf sie auszuüben. Zwanghaft stehlen, lügen, rauchen, trinken oder Drogen nehmen. Gern auch unbegründete Ängste und Phobien. (d Ne H8)

Pluto im 8. Haus (Regent)

Alles-oder-Nichts-Haltung

Man ist zwanghaft fasziniert von allem, was für andere Tabu ist. Beschäftigung mit Okkultismus, Magie oder Tod. Sehr willensstark, ausdauernd, ehrgeizig und unnachgiebig im Verfolgen einmal gesteckter Ziele; dabei Alles-oder-Nichts-Einstellung. Drang, sich mit den wesentlichen Dingen im Leben zu beschäftigen. Gute therapeutische Fähigkeiten. (h PL H8)

Alles-oder-Nichts-Haltung bis triebhafte Zwänge

Man ist zwanghaft fasziniert von allem, was für andere Tabu ist. Beschäftigung mit Okkultismus, Magie oder Tod. Sehr willensstark, ausdauernd, ehrgeizig und unnachgiebig im Verfolgen einmal gesteckter Ziele; dabei Alles-oder-Nichts-Einstellung. Drang, sich mit den wesentlichen Dingen im Leben zu beschäftigen. Gute therapeutische Fähigkeiten. – Andererseits leidet man geradezu unter (sexuellen) Zwangsvorstellungen; dabei triebhafte Gier mit sadistischen Tendenzen. Man schafft seelische und körperliche Abhängigkeiten und lebt diese am Opfer aus. Gern auch Tendenz zur Selbstzerstörung oder Möglichkeit eines gewaltsamen Todes. (h+d PL H8)

Triebhafte Zwänge

Man ist zwanghaft fasziniert von allem, was für andere Tabu ist. Beschäftigung mit Okkultismus, Magie oder Tod. Sehr willensstark, ausdauernd, ehrgeizig und unnachgiebig im Verfolgen einmal gesteckter Ziele. Gern leidet man unter (sexuellen) Zwangsvorstellungen; dabei triebhafte Gier mit sadistischen Tendenzen. Man schafft seelische und körperliche Abhängigkeiten und lebt diese am Opfer aus. Gern auch Tendenz zur Selbstzerstörung oder Möglichkeit eines gewaltsamen Todes. (d PL H8)

Leeres 8. Haus in den Zeichen

Stürmische geistige Wandlung

Kritisches Pioniertalent im Bereich des Okkulten. Dort wird viel Energie eingesetzt, um die Geheimnisse von Leben und Tod zu ergründen. Geistige Umwandlungsprozesse (bei sich) werden mutig verarbeitet. Ungeduldig und direkt im Ausloten alles

Hintergründigen. Durch Probleme mit der Arbeit oder der Gesundheit können Krisen entstehen. In Erbschaftsangelegenheiten kommt es gerne zum Streit. (H8 in Wid)

Bedächtige geistige Wandlung

Zu Themen des Lebens, des Todes und alles Hintergründigen hat man sehr starre Vorstellungen. Geistige Umwandlungsprozesse (bei sich) werden eher passiv wahrgenommen. Man hängt sehr am Leben und strebt stark nach Besitz. Der Partner besitzt häufig Immobilien. Schwierigkeiten, mit anderen zu teilen, doch hilft man gerne seinem Partner beim Geldverdienen. Fähigkeit, anderen unbekannte Quellen des Wohlstandes zu erschließen. (H8 in Sti)

Intellektuelle geistige Wandlung

Ruheloser Geist, der nach Antworten auf die tieferen Fragen des Lebens sucht, jedoch nicht genügend Durchhaltevermögen besitzt, um diese auch zu bekommen. An allem Geheimnisvollen geistig interessiert. Man befaßt sich häufig intellektuell mit Fragen des Todes oder den Angelegenheiten Verstorbener. Etwas gespalten gegenüber metaphysischen oder okkulten Themen. Man redet gerne über Sexualität. (H8 in Zwi)

Instinktive geistige Wandlung

Instinktive Lust, Geheimnisse zu lüften, Verborgenes, Hintergründiges oder Jenseitiges zu erforschen. Geistige Wandlungsprozesse (bei sich) werden sehr gefühlsmäßig angegangen. Bei Fragen nach dem Tod bekommt man Angst, deshalb großes Bedürfnis nach Sicherheit. Man braucht die Gewißheit, daß nach dem Tod die Geschäfte geregelt und die Lieben wohlversorgt sind. Man soll sich in Liebe an einen erinnern. Intensive Träume und ahnendes Vorausschauen. (H8 in Kre)

Selbstbewußte geistige Wandlung

Interessiert, offen und aufrichtig bei Themen zum Jenseits und zu allem Hintergründigen. Geistige Umwandlungsprozesse (bei sich) werden sehr selbstsicher angegangen und man zieht dabei gern die Aufmerksamkeit anderer auf sich. Neigung aber zu falschem Stolz. Oft eine etwas kindliche Einstellung zur zu metaphysischen Fragen und zum Tod, aber keine Angst vor diesem. (H8 in Loe)

Nüchterne geistige Wandlung

Zu okkulten oder hintergründigen Themen hat man eine sehr kritisch, analytisch und nüchterne Einstellung. Man glaubt nur an Tatsachen und ist deshalb von metaphysischen nicht so leicht zu überzeugen. Geistige Umwandlungsprozesse (bei sich) werden sehr skeptisch und wissenschaftlich angegangen. Bedürfnis, sich gegen alle Unwägbarkeiten und den Tod zu versichern. Dabei Hang zum Fetischismus. (H8 in Jun)

Künstlerische geistige Wandlung

Der Bereich des Hintergründigen, des Okkulten und des Todes wird stark idealisiert und ins Schöngeistige gezogen. Geistige Umwandlungsprozesse (bei sich) werden eher künstlerisch verarbeitet oder aber aus Konfliktscheue verdrängt. Man profitiert von Versicherungen und Vermächtnissen. Es können sich aber auch Rechtsstreitigkeiten im Zusammenhang mit Erbschaften ergeben; dabei gern Probleme durch zu große Nachgiebigkeit. (H8 in Waa)

Entschlossene geistige Wandlung

Starkes Interesse am Okkulten und Metaphysischen mit sehr leidenschaftlicher Einstellung zu diesen Dingen. Seine Gedanken darüber aber hält man verborgen. Geistige Umwandlungsprozesse (bei sich) werden mit Entschlossenheit und Zähigkeit verarbeitet. Man läßt sich vom Okkulten, von der Sexualität und vom Besitz anderer beherrschen oder aber man will selbst Macht dadurch erlangen. Gern kommt es zu Schwierigkeiten mit Vermächtnissen und Erbschaften. (H8 in Sko)

Weltoffene geistige Wandlung

Zu metaphysischen und hintergründigen Fragen nimmt man eine optimistische und weltoffene Haltung ein. Ja, man betrachtet sogar die Auseinandersetzung mit jenseitigen Themen als Sport. Geistige Umwandlungsprozesse (bei sich) werden religiös oder philosophisch verarbeitet. Überhaupt ist die Religion eine wichtige Stütze in Lebenskrisen. Im Zusammenhang mit Vermächtnissen und Erbschaften ergeben sich gern juristische Aktivitäten, meist aber zieht man Vorteile daraus. (H8 in Sch)

Beharrliche geistige Wandlung

Verantwortungsvolle Haltung gegenüber allen kardinalen Fragen zum Jenseits und zum Tod. Geistige Umwandlungsprozesse (bei sich) werden selbständig und sehr verschwiegen verarbeitet. Beharrlich und intensiv beim Angehen von okkulten oder metaphysischen Themen. Gegen die Unwägbarkeiten des Lebens werden Versicherungen abgeschlossen. Anderer Leute Geld und Vermögen verwaltet man sehr pflichtbewußt. Fällt einem selbst eine Erbschaft zu, muß man meist mit Verzögerungen und Rechtsstreitigkeiten rechnen. (H8 in Ste)

Individuelle geistige Wandlung

Zu Fragen des Hintergründigen und Okkulten nimmt man gern eine etwas gespaltene Haltung ein. Trotzdem oft große Experimentierfreude bei metaphysischen Themen. Geistige Umwandlungsprozesse (bei sich) werden oft etwas sprunghaft und außergewöhnlich verarbeitet. Dabei meist originelle Ideen. Interesse an Hellsicht und Telepathie. Oft Treuhänder für Hinterlassenschaften. Ein Todesfall im Freundeskreis berührt einen tiefer, als man es nach außen hin zeigt. (H8 in Was)

Geiste Wandlung durch Mystik

Starkes Einfühlungsvermögen im Bereich des Okkulten; man kann sich darin ganz verlieren. Verführbar für alles Verbotene und Tabuisierte im Leben. Spirituelle Natur mit tiefem Verständnis für alles Hintergründige. Geistige Umwandlungsprozesse (bei sich) werden mystisch-religiös verarbeitet. Man hat selbst übersinnliche Fähigkeiten, ist aber ebenso stark beeinflußbar, so daß es zu Lebenskrisen kommen kann. Gern ergeben sich Heimlichkeiten in Erbschaftsangelegenheiten. (H8 in Fis)

Haus 9: Horizonterweiterung, Weltanschauung, Philosophie, Religion, Reisen

Sonne im 9. Haus

Philosophisch

Philosophische oder religiöse Ambitionen. Geistiger Expansionsdrang mit Selbstdarstellung im Bereich Bildungswesen, Religion, Philosophie oder Recht.

Großes Geltungsbedürfnis, mit dem Streben, mehr aus sich zu machen, etwa um sich in Religion, Philosophie oder Rechtsprechung als Fachmann zu qualifizieren. Suche nach dem Sinn des Lebens. Gutes Ahnungsvermögen und Klugheit im Umgang mit anderen. Interesse an fernen Ländern und Kulturen. Längerer Aufenthalt fern der Heimat. Strenge moralische Grundsätze, wenn auch mitunter engstirnig oder bigott. (h So H9)

Philosophisch bis heuchlerisch

Philosophische oder religiöse Ambitionen. Geistiger Expansionsdrang mit Selbstdarstellung im Bereich Bildungswesen, Religion, Philosophie oder Recht. Großes Geltungsbedürfnis, mit dem Streben, mehr aus sich zu machen, etwa um sich in Religion, Philosophie oder Rechtsprechung als Fachmann zu qualifizieren. Suche nach dem Sinn des Lebens. Gutes Ahnungsvermögen und Klugheit im Umgang mit anderen. Interesse an fernen Ländern und Kulturen. Längerer Aufenthalt fern der Heimat. Strenge moralische Grundsätze, wenn auch mitunter engstirnig oder bigott. – Andererseits Tendenz, seine religiösen oder moralischen Ansichten anderen aufzudrängen. Gern exzentrisch in Glaubensangelegenheiten oder Probleme mit anderen Kulturen oder mit Ausländern. Anderen gegenüber moralisch herablassend, oft heuchlerisch. Unter Saturn-Aspekten: Es ist wenig Selbstvertrauen vorhanden. Oft auch schwache Vitalität und gehemmter Unternehmungsgeist. (h+d So H9)

Heuchlerisch

Philosophische oder religiöse Ambitionen. Geistiger Expansionsdrang mit Selbstdarstellung im Bereich Bildungswesen, Religion, Philosophie oder Recht. Andererseits Tendenz, seine religiösen oder moralischen Ansichten anderen aufzudrängen. Gern exzentrisch in Glaubensangelegenheiten oder Probleme mit anderen Kulturen oder mit Ausländern. Anderen gegenüber moralisch herablassend, oft heuchlerisch. Unter Saturn-Aspekten: Es ist wenig Selbstvertrauen vorhanden. Oft auch schwache Vitalität und gehemmter Unternehmungsgeist. (d So H9)

Mond im 9. Haus

Gefühlsmäßige Religiosität

Gefühlsmäßige Verbundenheit mit religiösen, sozialen und ethischen Werten. Die religiöse Haltung wird gern jener der Eltern (vor allem der Mutter) angepaßt. Vielfach intuitive Eingebungen. Die Lebensphilosophie bestimmt das Wohlbefinden und man sucht Geborgenheit in der Kirche. Neigung zu Glaubenswechsel. Viel Fernweh und sehr reisefreudig. Wohnung evtl. im Ausland (oder in der Fremde) oder Mutter oder Kindheit im Ausland. Starkes Geltungsbedürfnis. Beim Mann: Oft Wahl einer ausländischen Partnerin. (h Mo H9)

Gefühlsmäßige Religiosität bis Frömmelei

Gefühlsmäßige Verbundenheit mit religiösen, sozialen und ethischen Werten. Die religiöse Haltung wird gern jener der Eltern (vor allem der Mutter) angepaßt. Vielfach intuitive Eingebungen. Die Lebensphilosophie bestimmt das Wohlbefinden und man sucht Geborgenheit in der Kirche. Neigung zu Glaubenswechsel. Viel Fernweh und sehr reisefreudig. Wohnung evtl. im Ausland (oder in der Fremde) oder Mutter oder Kindheit im Ausland. Starkes Geltungsbedürfnis. Beim Mann: Oft Wahl einer ausländischen Partnerin. – Andererseits gern engstirnige und dogmatische soziale und religiöse Einstellung. Gern überschwengliche Gefühle, scheinheilig oder überheblich. Frömmelei mit Nachahmen frommer Sprüche. Übertriebene Tierliebe;

pompöse Wohnung. Bedürfnis, mehr zu sein. Unter Saturn-Aspekten: Mangel an Wärme, Zärtlichkeit oder Geborgenheit. Die Familie ist arm, kann einen nicht fördern oder die Wohnung ist klein. (h+d Mo H9)

Frömmelei

Gefühlsmäßige Verbundenheit mit religiösen, sozialen und ethischen Werten. Gern engstirnige und dogmatische soziale und religiöse Einstellung. Gern überschwengliche Gefühle, scheinheilig oder überheblich. Frömmelei mit Nachahmen frommer Sprüche. Übertriebene Tierliebe; pompöse Wohnung. Bedürfnis, mehr zu sein. Unter Saturn-Aspekten: Mangel an Wärme, Zärtlichkeit oder Geborgenheit. Die Familie ist arm, kann einen nicht fördern oder die Wohnung ist klein. (d Mo H9)

Zwillings-Merkur im 9. Haus

Intellektuelles Philosophieren

Interesse an Auslandsreisen und Fremdsprachen, aber auch an Philosophie und Religionen. Die eigene geistige Weiterentwicklung ist einem wichtig. Bedürfnis, weite Reisen zu unternehmen, Wissen zu erwerben, zu verbreiten und (im Ausland oder in der Fremde) zu lehren. Nach "innen" erfolgen die "Reisen" über philosophische, kulturelle und religiöse Literatur. Guter Reiseleiter und -organisator. (h Zwi-Me H9)

Intellektuelles Philosophieren bis Sektierertum

Interesse an Auslandsreisen und Fremdsprachen, aber auch an Philosophie und Religionen. Die eigene geistige Weiterentwicklung ist einem wichtig. Bedürfnis, weite Reisen zu unternehmen, Wissen zu erwerben, zu verbreiten und (im Ausland oder in der Fremde) zu lehren. Nach "innen" erfolgen die "Reisen" über philosophische, kulturelle und religiöse Literatur. Guter Reiseleiter und -organisator. – Andererseits aber auch Neigung zu intellektueller Überheblichkeit und dazu, sektiererische Meinungen zu vertreten. Man redet viel, macht große Worte und sich dadurch wichtig. Gern Geistig überheblich. Fremdworte dienen der Anhebung der eigenen Bildung. Die Überzeugungen wechseln schnell. Oft nur leere Worte statt echter Sinn-Erfahrung oder Missionieren mit hohlen Sprüchen. Unter Saturn-Aspekten: Kein Bedürfnis, sich geistig weiterzuentwickeln. Man liest, lernt und weiß wenig. Kein Interesse an Religion. (h+d Zwi-Me H9)

Sektierertum

Interesse an Auslandsreisen und Fremdsprachen, aber auch an Philosophie und Religionen. Neigung zu intellektueller Überheblichkeit und dazu, sektiererische Meinungen zu vertreten. Man redet viel, macht große Worte und sich dadurch wichtig. Gern Geistig überheblich. Fremdworte dienen der Anhebung der eigenen Bildung. Die Überzeugungen wechseln schnell. Oft nur leere Worte statt echter Sinn-Erfahrung oder Missionieren mit hohlen Sprüchen. Unter Saturn-Aspekten: Kein Bedürfnis, sich geistig weiterzuentwickeln. Man liest, lernt und weiß wenig. Kein Interesse an Religion. (d Zwi-Me H9)

Jungfrau-Merkur im 9. Haus

Optimistischer Mitarbeiter

Man arbeitet meist im Bildungsbereich, im Sozial- und Rechtswesen oder bei der Kirche. Auch ist man möglicherweise viel auf Reisen oder geschäftlich im Ausland oder in der Fremde tätig. Ausgeprägter Expansionsdrang bei der Arbeit mit dem Bestreben, maximale Effizienz mit minimalem Einsatz zu erreichen. Optimistischer und moralisch integerer Mitarbeiter, der schnell entflammt und begeistert bei der Sache ist. (h Jun-Me H9)

Optimistischer bis gutgläubiger Mitarbeiter

Man arbeitet meist im Bildungsbereich, im Sozial- und Rechtswesen oder bei der Kirche. Auch ist man möglicherweise viel auf Reisen oder geschäftlich im Ausland oder in der Fremde tätig. Ausgeprägter Expansionsdrang bei der Arbeit mit dem Bestreben, maximale Effizienz mit minimalem Einsatz zu erreichen. Optimistischer und moralisch integerer Mitarbeiter, der schnell entflammt und begeistert bei der Sache ist. – Andererseits aber zu optimistisch und dadurch leichtsinnig bei der Arbeit. Oft allzu tolerant, gutgläubig oder großzügig gegenüber Mitarbeitern, weswegen man gern ausgenutzt wird. Der Lebenssinn wird nur in der Arbeit gefunden. Übertriebenes Gesundheitsbewußtsein. Aufsteigertyp der sich ständig verbessern will. Unter Saturn-Aspekten: Man will wenig arbeiten, ist bequem und faul oder pessimistisch. Die Arbeit wird für sinnlos gehalten. Unzufriedener Arbeiter. (h+d Jun-Me H9)

Gutgläubiger Mitarbeiter

Man arbeitet meist im Bildungsbereich, im Sozial- und Rechtswesen oder bei der Kirche. Auch ist man möglicherweise viel auf Reisen oder geschäftlich im Ausland oder in der Fremde tätig. Sehr optimistisch und dadurch leichtsinnig bei der Arbeit. Oft allzu tolerant, gutgläubig oder großzügig gegenüber Mitarbeitern, weswegen man gern ausgenutzt wird. Der Lebenssinn wird nur in der Arbeit gefunden. Übertriebenes Gesundheitsbewußtsein. Aufsteigertyp der sich ständig verbessern will. Unter Saturn-Aspekten: Man will wenig arbeiten, ist bequem und faul oder pessimistisch. Die Arbeit wird für sinnlos gehalten. Unzufriedener Arbeiter. (d Jun-Me H9)

Stier-Venus im 9. Haus

Materiell expansiv

Glückliche Hand, den Besitz zu vermehren und zu Reichtum zu gelangen. Tendenz, sein Geld im Ausland anzulegen oder Geld im oder mit dem Ausland machen. Man gibt sein Geld für Reisen, (Weiter-) Bildung und Horizonterweiterung aus. Es werden meist teure Reisen unternommen. Kirche und Religionsgemeinschaften werden finanziell unterstützt. Im Urlaub wird genießerisch geschlemmt. (h Sti-Ve H9)

Materiell expansiv bis verschwenderisch

Glückliche Hand, den Besitz zu vermehren und zu Reichtum zu gelangen. Tendenz, sein Geld im Ausland anzulegen oder Geld im oder mit dem Ausland machen. Man gibt sein Geld für Reisen, (Weiter-) Bildung und Horizonterweiterung aus. Es werden meist teure Reisen unternommen. Kirche und Religionsgemeinschaften werden finanziell unterstützt. Im Urlaub wird genießerisch geschlemmt. – Andererseits aber auch einseitig materielle Lebensphilosophie: Reichtum ist Lebenszweck. Neigung zu großzügigem, verschwenderischem Umgang mit Geld und Besitz. Man prahlt damit gerne und gibt viel Trinkgeld. Gern auch arrogant wegen seines Vermögens. Tendenz zu größenwahnartigen Investitionen. Übergroßes Sicherheitsbedürfnis. Unter Saturn-Aspekten: Man hat wenig Vermögen oder Besitz oder keine Mittel, um zu expandieren. Gern Verluste im Ausland. (h+d Sti-Ve H9)

Verschwenderisch

Glückliche Hand, den Besitz zu vermehren und zu Reichtum zu gelangen. Oft einseitig materielle Lebensphilosophie: Reichtum ist Lebenszweck. Neigung zu großzügigem, verschwenderischem Umgang mit Geld und Besitz. Man prahlt damit gerne und gibt viel Trinkgeld. Gern auch arrogant wegen seines Vermögens. Tendenz zu größenwahnartigen Investitionen. Übergroßes Sicherheitsbedürfnis. Unter Saturn-Aspekten: Man hat wenig Vermögen oder Besitz oder keine Mittel, um zu expandieren. Gern Verluste im Ausland. (d Sti-Ve H9)

Waage-Venus im 9. Haus

Heilige Liebe

Man hat hohe Liebesideale und die Liebe ist einem "heilig". Schöngeistiger Hang zu Philosophie und Religion. Auch der Partner ist meist religiös, gebildet oder wohlhabend. Liebe zum Ausland oder zu Ausländern (evtl. Auslandsehe). Amouröse Beziehungen ergeben sich gern bei Studien oder religiösen Aktivitäten. Hang zu religiöser Musik, zu Kunst und Kulturgeschichte. (h Waa-Ve H9)

Heilige bis abgöttische Liebe

Man hat hohe Liebesideale und die Liebe ist einem "heilig". Schöngeistiger Hang zu Philosophie und Religion. Auch der Partner ist meist religiös, gebildet oder wohlhabend. Liebe zum Ausland oder zu Ausländern (evtl. Auslandsehe). Amouröse Beziehungen ergeben sich gern bei Studien oder religiösen Aktivitäten. Hang zu religiöser Musik, zu Kunst und Kulturgeschichte. – Andererseits oft übertrieben freundlich oder idealistisch gegenüber anderen. Gern auch Probleme mit der Erotik, weil die "heilige Liebe" nicht beschmutzt werden darf. Oft Hang zu abgöttischer Heiligenverehrung oder Ausgenutztwerden von einem religiösen Guru. Konflikte werden oft verdrängt, weil alles in einem positiven Licht zu stehen hat. Unter Saturn-Aspekten: Man hat wenig Kontakte, ist mit Partnern unzufrieden oder die Beziehung stagniert. Öffentlich-rechtliche Konflikte mit anderen oder dem Partner. (h+d Waa-Ve H9)

Abgöttische Liebe

Man hat hohe Liebesideale und die Liebe ist einem "heilig". Schöngeistiger Hang zu Philosophie und Religion. Oft übertrieben freundlich oder idealistisch gegenüber anderen. Konflikte werden oft verdrängt, weil alles in einem positiven Licht zu stehen hat. Gern auch Probleme mit der Erotik, weil die "heilige Liebe" nicht beschmutzt werden darf. Oft Hang zu abgöttischer Heiligenverehrung oder Ausgenutztwerden von einem religiösen Guru. Unter Saturn-Aspekten: Man hat wenig Kontakte, ist mit Partnern unzufrieden oder die Beziehung stagniert. Öffentlich-rechtliche Konflikte mit anderen oder dem Partner. (d Waa-Ve H9)

Mars im 9. Haus

Engagierter Idealismus

Viel Engagement für (Bildungs-) Reisen, Religion und Weltverbesserung. Zu religiös-sozialen Themen vertritt man eine missionarische Einstellung. Mit klarem, logischem Denken werden hohe Ideale verfochten und Mißstände energisch angeprangert. Großer Bildungswille auf sozialem, philosophischem oder religiösem Gebiet. Streitbar etwa als Student, Theologe oder Priester. Auslandsaktivitäten in jeder Form (etwa für Sport). Bildungsdrang mit Engagement z. B. als Reiseleiter. (h Ma H9)

Engagierter bis militanter Idealismus

Viel Engagement für (Bildungs-) Reisen, Religion und Weltverbesserung. Zu religiös-sozialen Themen vertritt man eine missionarische Einstellung. Mit klarem, logischem Denken werden hohe Ideale verfochten und Mißstände energisch angeprangert. Großer Bildungswille auf sozialem, philosophischem oder religiösem Gebiet. Streitbar etwa als Student, Theologe oder Priester. Auslandsaktivitäten in jeder Form (etwa für Sport). Bildungsdrang mit Engagement z. B. als Reiseleiter. – Andererseits aber auch tollkühn, übermütig und überaktiv bei allen Unternehmungen. Gern wird über das Ziel hinausgeschossen. Sehr erregbar und ausgeprägtes Triebleben (beim Mann). Sport wird übermäßig betrieben. Neigung seinen missionarischem Eifer fanatisch und militant durchzusetzen; Verherrlichung von Gewalt; Aggression gegenüber Ausländern. Unter Saturn-Aspekten: Religion, Moral oder Weltanschauung verhindern das freie Ausleben von Aggressionen. Mut zur Konfrontation oder Triebleben beim Mann sind unterdrückt. (h+d Ma H9)

Militanter Idealismus

Viel Engagement für (Bildungs-) Reisen, Religion und Weltverbesserung. Gern aber tollkühn, übermütig und überaktiv bei allen Unternehmungen. Oft wird über das Ziel hinausgeschossen. Sehr erregbar und ausgeprägtes Triebleben (beim Mann). Sport wird übermäßig betrieben. Neigung seinen missionarischem Eifer fanatisch und militant durchzusetzen; Verherrlichung von Gewalt; Aggression gegenüber Ausländern. Unter Saturn-Aspekten: Religion, Moral oder Weltanschauung verhindern das freie Ausleben von Aggressionen. Mut zur Konfrontation oder Triebleben beim Mann sind unterdrückt. (d Ma H9)

Jupiter im 9. Haus (Regent)

Gebildet

Man ist ein Mensch mit weitem Horizont, hoher Bildung, getragen von starkem Gottesglauben und einem Streben nach ethischer Höherentwicklung. Bewandert in schöngeistiger Literatur. Großen Bildungsdrang und starkes Interesse an religiös-philosophischen Fragen. Neigung zu Theologie-, Philosophie-, Sprachen- oder Sportstudium. Häufig wird das Glück im Ausland gesucht: Auslandsstudium oder Sinnfindung im Ausland bzw. über (Welt-) Reisen. Guter und aufrichtiger Ratgeber. (h Ju H9)

Gebildet bis moralisch überheblich

Man ist ein Mensch mit weitem Horizont, hoher Bildung, getragen von starkem Gottesglauben und einem Streben nach ethischer Höherentwicklung. Bewandert in schöngeistiger Literatur. Großen Bildungsdrang und starkes Interesse an religiös-philosophischen Fragen. Neigung zu Theologie-, Philosophie-, Sprachen- oder Sportstudium. Häufig wird das Glück im Ausland gesucht: Auslandsstudium oder Sinnfindung im Ausland bzw. über (Welt-) Reisen. Guter und aufrichtiger Ratgeber. – Andererseits fühlt man sich in anmaßender Weise anderen überlegen oder gibt sich moralisch überheblich. Oft selbstgefällige Sicht der Welt mit dem Bestreben, die eigenen Erkenntnisse als die einzig Wahren zu verkaufen. Tendenz zum Übertreiben, Angeben, Prahlen, Verschwenden und Prassen (Hochstapler). Unter Saturn-Aspekten: Die Weiterbildung ist gehemmt, man kann oder darf nicht studieren, das Studium belastet einen oder verzögert sich (ewiger Student). Unglück oder Nachteile im Ausland oder auf Reisen. Schwierigkeiten mit Ausländern. (h+d Ju H9)

Moralisch überheblich

Man ist ein Mensch mit weitem Horizont, hoher Bildung. Gern aber fühlt man sich in anmaßender Weise anderen überlegen oder gibt sich moralisch überheblich. Oft selbstgefällige Sicht der Welt mit dem Bestreben, die eigenen Erkenntnisse als die einzig Wahren zu verkaufen. Tendenz zum Übertreiben, Angeben, Prahlen, Verschwenden und Prassen (Hochstapler). Unter Saturn-Aspekten: Die Weiterbildung ist gehemmt, man kann oder darf nicht studieren, das Studium belastet einen oder verzögert sich (ewiger Student). Unglück oder Nachteile im Ausland oder auf Reisen. Schwierigkeiten mit Ausländern. (d Ju H9)

Saturn im 9. Haus

Konservative Weltanschauung

Ernsthaftes Interesse an Philosophie, Religion oder Rechtswissenschaften. Man vertritt traditionelle, konservative religiöse Ansichten. Drang zu höherer Bildung, die sich beruflich verwerten läßt (praktische Lebensphilosophie). Bestreben, innerhalb von Hochschule oder Kirche, eine Autoritätsposition zu bekleiden (Rektor, Professor, Theologe, Priester, Abt, Bischof). Ein guter moralischer Leumund ist einem wichtig. Gern beruflich im Ausland oder in der Fremde tätig, bzw. Möglichkeit, sich dort zu profilieren. (h Sa H9)

Konservative bis engstirnige Weltanschauung

Ernsthaftes Interesse an Philosophie, Religion oder Rechtswissenschaften. Man vertritt traditionelle, konservative religiöse Ansichten. Drang zu höherer Bildung, die sich beruflich verwerten läßt (praktische Lebensphilosophie). Bestreben, innerhalb von Hochschule oder Kirche, eine Autoritätsposition zu bekleiden (Rektor, Professor, Theologe, Priester, Abt, Bischof). Ein guter moralischer Leumund ist einem wichtig. Gern beruflich im Ausland oder in der Fremde tätig, bzw. Möglichkeit, sich dort zu profilieren. – Andererseits aber auch allzu engstirnige und autoritäre Einstellung gegenüber Religion und Ethik mit beschränktem Weltbild. Verfechter unmenschlich strenger moralischer Werte. Langes oder schweres Studium. Mißtrauen gegenüber allem, was nicht begründbar ist. Fremdes wird abgelehnt. Gern Mißgeschicke oder Krankheit auf Reisen oder im Ausland oder in der Fremde. (h+d Sa H9)

Engstirnige Weltanschauung

Ernsthaftes Interesse an Philosophie, Religion oder Rechtswissenschaften. Man vertritt traditionelle, konservative religiöse Ansichten. Gern aber allzu engstirnige und autoritäre Einstellung gegenüber Religion und Ethik mit beschränktem Weltbild. Verfechter unmenschlich strenger moralischer Werte. Langes oder schweres Studium. Mißtrauen gegenüber allem, was nicht begründbar ist. Fremdes wird abgelehnt. Gern Mißgeschicke oder Krankheit auf Reisen oder im Ausland oder in der Fremde. (d Sa H9)

Uranus im 9. Haus

Freigeist

Man betreibt unorthodoxe Studien und vertritt ungewöhnliche, moderne Sichtweisen auf philosophischen oder religiösen Gebieten. Freidenker ohne Anschluß an bestimmte Glaubensgemeinschaften. Vertreter von Religionsfreiheit und Toleranz gegenüber Andersdenkenden. Im Ausland oder in der Fremde sucht man nach

Freiheit, Abenteuern und Anregungen mit der Neigung, plötzlich zu verreisen. Sehr fortschrittliche Ansichten über Erziehung. (h Ur H9)

Freigeist bis philosophischer Rebell

Man betreibt unorthodoxe Studien und vertritt ungewöhnliche, moderne Sichtweisen auf philosophischen oder religiösen Gebieten. Freidenker ohne Anschluß an bestimmte Glaubensgemeinschaften. Vertreter von Religionsfreiheit und Toleranz gegenüber Andersdenkenden. Im Ausland oder in der Fremde sucht man nach Freiheit, Abenteuern und Anregungen mit der Neigung, plötzlich zu verreisen. Sehr fortschrittliche Ansichten über Erziehung. – Andererseits aber auch Verherrlichung von Rebellion gegen überkommene Weltbilder und Wertvorstellungen. Revolutionärer Student mit Studienabbruch oder -wechsel. Fanatischer Anhänger esoterischer Kulte oder Gruppen. Religiöser Reformator mit naheliegendem Kirchenaustritt. Gern Phantasien über eigenes Auserwähltsein. (h+d Ur H9)

Philosophischer Rebell

Man betreibt unorthodoxe Studien und vertritt ungewöhnliche, moderne Sichtweisen auf philosophischen oder religiösen Gebieten. Gern Verherrlichung von Rebellion gegen überkommene Weltbilder und Wertvorstellungen. Revolutionärer Student mit Studienabbruch oder -wechsel. Fanatischer Anhänger esoterischer Kulte oder Gruppen. Religiöser Reformator mit naheliegendem Kirchenaustritt. Gern Phantasien über eigenes Auserwähltsein. (d Ur H9)

Neptun im 9. Haus

Mystisches Weltbild

Bedürfnis, sich mit spirituellen Übungen dem Mystizismus hinzugeben und so zu einem anderen Bewußtseinszustand zu gelangen (z. B. durch Studium von Yoga oder fremdländischen Meditationsformen). Neigung, sich für religiöse oder kirchliche Belange aufzuopfern oder aus religiösen Motiven bedürftigen Menschen zu helfen (Entwicklungshelfer). Fähigkeit zu prophetischen Visionen. Im übrigen ist man geradezu süchtig nach Reisen und begibt sich mit Vorliebe ans Meer oder ans Wasser. (h Ne H9)

Mystisches bis utopisches Weltbild

Bedürfnis, sich mit spirituellen Übungen dem Mystizismus hinzugeben und so zu einem anderen Bewußtseinszustand zu gelangen (z. B. durch Studium von Yoga oder fremdländischen Meditationsformen). Neigung, sich für religiöse oder kirchliche Belange aufzuopfern oder aus religiösen Motiven bedürftigen Menschen zu helfen (Entwicklungshelfer). Fähigkeit zu prophetischen Visionen. Im übrigen ist man geradezu süchtig nach Reisen und begibt sich mit Vorliebe ans Meer oder ans Wasser. – Andererseits anfällig für dumme, aber schönklingende Pseudoweisheiten. Dadurch Neigung, einem utopischen Weltbild aufzusitzen oder sich in religiöser Verirrung oder Täuschung zu verlieren. Durch unkritisches Verhalten wird man gern zum Opfer falscher Propheten oder Scharlatane. Ferner viel Unschlüssigkeit im Bildungsweg (z. B. fauler, endlos studierender Student). (h+d Ne H9)

Utopisches Weltbild

Bedürfnis, sich mit spirituellen Übungen dem Mystizismus hinzugeben und so zu einem anderen Bewußtseinszustand zu gelangen (z. B. durch Studium von Yoga oder fremdländischen Meditationsformen). Andererseits anfällig für dumme, aber schönklingende Pseudoweisheiten. Dadurch Neigung, einem utopischen Weltbild aufzusitzen oder sich in religiöser Verirrung oder Täuschung zu verlieren. Durch unkritisches Verhalten wird man gern zum Opfer falscher Propheten oder Scharlatane. Ferner viel Unschlüssigkeit im Bildungsweg (z. B. fauler, endlos studierender Student). (d Ne H9)

Pluto im 9. Haus
Geistiger Forscher

Zwanghafter, unersättlicher Erkenntnisdrang mit Vorliebe für unerforschte Gebiete und Sehnsucht nach dem Unerreichbaren. Abenteurer, Freimaurer oder geistiger Pionier. Drang, mit Fernblick und Scharfsinn Religionen und Philosophien zu erforschen. Evtl. sogar Begründer neuer Philosophien. Ständiges Ringen um unvergängliche Wahrheiten; Kampf gegen Heuchelei und soziale Ungerechtigkeit. (h PL H9)

Geistiger Forscher bis religiöser Fanatiker

Zwanghafter, unersättlicher Erkenntnisdrang mit Vorliebe für unerforschte Gebiete und Sehnsucht nach dem Unerreichbaren. Abenteurer, Freimaurer oder geistiger Pionier. Drang, mit Fernblick und Scharfsinn Religionen und Philosophien zu erforschen. Evtl. sogar Begründer neuer Philosophien. Ständiges Ringen um unvergängliche Wahrheiten; Kampf gegen Heuchelei und soziale Ungerechtigkeit. – Andererseits aber auch geistiger Hochmut mit Ehrsucht. Dabei religiöser Fanatiker mit der Neigung, seine Weltanschauung anderen aufzuzwingen. Tendenz, Gewalt zu verherrlichen. Im Ausland oder in der Fremde gerät man gerne unter Druck oder intuitive Abneigung gegenüber Ausländern. (h+d PL H9)

Religiöser Fanatiker

Zwanghafter, unersättlicher Erkenntnisdrang mit Vorliebe für unerforschte Gebiete und Sehnsucht nach dem Unerreichbaren. Abenteurer, Freimaurer oder geistiger Pionier. Andererseits aber auch geistiger Hochmut mit Ehrsucht. Dabei religiöser Fanatiker mit der Neigung, seine Weltanschauung anderen aufzuzwingen. Tendenz, Gewalt zu verherrlichen. Im Ausland oder in der Fremde gerät man gerne unter Druck oder intuitive Abneigung gegenüber Ausländern. (d PL H9)

Leeres 9. Haus in den Zeichen
Engagement in der Weltanschauung

Engagiert vertritt man seine eigenen (philosophischen) Überzeugungen und hohen Ideale. Abneigung gegenüber überkommene religiöse Formen und Zwängen, wobei alte Zöpfe vehement angeprangert werden. Viel Einsatz, um sich philosophisch und religiös zu bilden. Spontan greift man alles auf, was neu ist und eine Horizonterweiterung verspricht. Oft verschafft man sich Beachtung durch Veröffentlichungen, wobei man sehr ungeduldig sein kann. (H9 in Wid)

Pragmatisches Weltbild

Die Lebensphilosophie stürzt sich auf alles Schöne und Praktische. In den sozialen und religiösen Vorstellungen ist man wirklichkeitsbezogen. Religion und Philosophie sind eine geistige Stütze und man hat Angst, von Traditionen abzuweichen. Wenig reisefreudig, vor allem nicht, wenn es auf Kosten des Komforts geht. Man orientiert das Leben stärker am Tun als am Reden. (H9 in Sti)

Wechselhaft in der Weltanschauung

In weltanschaulicher Hinsicht braucht man eine pragmatisch und logisch verständliche Religion und Philosophie. Man stellt viele Fragen, aber ist zu ungeduldig, um die Antworten abzuwarten. Diskutiert oder schreibt gern über diese Dinge, ist aber im höheren Denken etwas unbeständig und wechselhaft. Sehr reisefreudig und sprachbegabt. Man kommuniziert gerne mit Ausländern und sucht Abwechslung seiner Horizonterweiterung. (H9 in Zwi)

Gefühlsbetont in der Weltanschauung

An der Familienreligion hält man unerschütterlich fest. Starke Gefühlsbindungen an das Mutterland, sein Volk und an die Familie. Man läßt sich nur schwer von neuen Ideen überzeugen, die das eigene Weltbild verändern könnten. Gern überempfindliche Reaktion auf Kritik an den eigenen philosophischen oder religiösen Ansichten. Bei solchen Themen geht man sehr gefühlsbetont und unnachgiebig vor. Man reist am liebsten per Schiff. (H9 in Kre)

Selbstsicher in der Weltanschauung

In weltanschaulichen Fragen hat man sehr selbstsicher und hat feste philosophische Überzeugungen. In souveräner Weise wird versucht, anderen seine Überzeugungen aufzuzwingen. Oft besteht ein Hang zu religiösen Festen und prunkvollen Zeremonien. Der Ehrgeiz drängt danach, eine wichtige Stellung im Leben zu erreichen. Man liebt Reisen im großen Stil, auch wenn sie nur auf der Karte stattfinden. Der Blick ist stets auf ferne Ziele gerichtet. (H9 in Loe)

Leistung als Lebensphilosophie

Die Lebensphilosophie heißt: Leistung und hartes Arbeiten. Die Weltanschauung hat eine praktische Note und läßt sich im Leben konkret umsetzen. Man ist stets auf der Suche nach Schwachstellen in Argumentationen, vor allem, wenn es um philosophische oder religiöse Fragen geht. Neigung, sich selbst geistig anzutreiben. Man haßt Überraschungen und sieht in Lebenskrisen in erster Linie die negative Seite. (H9 in Jun)

Harmonisches Weltbild

Bedürfnis nach Harmonie und Ausgewogenheit bei philosophischen und religiösen Themen. Neigung zur Entschlußlosigkeit in weltanschaulichen Lebensfragen. Die eigene Meinung wird schnell geändert. Hang zu Vergnügungsreisen mit dem Partner oder lieben Freunden. Jedoch etwas unpraktisch auf Reisen, oder man verliert leicht die Orientierung. Häufig heiratet man ins Ausland oder einen Ausländer. (H9 in Waa)

Extreme Weltanschauung

Oft extreme Überzeugungen in der Weltanschauung, die manchmal diktatorisch wirken. Religiös und philosophisch stark engagiert, verstrickt man sich gern in Streitgespräche über Glaubensfragen. Fasziniert von geheimnisvollen Dingen im philosophischen religiösen Bereich. Bei der Kommunikation erweckt man bei anderen den Eindruck von Heimlichtuerei und starker Emotionalität. (H9 in Sko)

Begabt für Philosophie

Stets um geistige Horizonterweiterung bemüht, mit großem Interesse für philosophische und religiöse Fragen. Im religiösen Glauben hingebungsvoll aber konventionell. Natürliche Begabung für Philosophie und höherer Bildung, so daß man gut Spezialist für etwas werden könnte. Es besteht ein Hang zum Reisen und/oder Publizieren. Um Verhaltensnormen bei der Kommunikation kümmert man sich wenig. (H9 in Sch)

Konservative Weltanschauung

In weltanschaulichen Fragen gibt man sich eher traditionsgebunden und konservativ, im philosophischen Denken sehr verantwortungs- und pflichtbewußt. Ist erst einmal eine anfängliche Reserve überwunden, arbeitet man beharrlich bis verbohrt an der eigenen Horizonterweiterung. Beim Begehen neuer Wege übt man auf andere einen beruhigenden Einfluß, aber auch Macht aus. (H9 in Ste)

Außergewöhnliches Weltbild

Im Bereich der höheren Bildung, bei religiösen und philosophischen Fragen vertritt man eine progressive und ungewöhnliche Linie. Großes Interesse an fremden Kulturen; beim Reisen reizt das Originelle. Oft blitzartige Eingebungen und ein Hang zum Experimentieren, wenn es um die eigene Horizonterweiterung geht. Identifikation mit der Menschheit als Ganzem, nicht so sehr mit einzelnen Individuen. Sehr unabhängig und seiner Zeit meist zukunftsorientiert voraus. (H9 in Was)

Spirituelle Weltanschauung

Alles Religiöse spielt eine große Rolle. Dabei hat der Glaube einen mystischen Einschlag. Gern literarisch tätig mit spirituellen Themen, die den Leser emotional ansprechen. Meist hat man ein lebendiges Traumleben und besitzt mitunter sogar parapsychische Fähigkeiten. Philosophische Themen werden sehr idealistisch angegangen. Aufgrund großer Opferbereitschaft wird man aber gern ausgenutzt. Sehr sensibel Ausländern gegenüber. Hang zu Schiffsreisen. (H9 in Fis)

Haus 10: Lebensziel, Berufung, Verantwortung, Ehre, Ansehen, Karriere

Sonne im 10. Haus

Beruflich ehrgeizig

Starker Macht- und Geltungsdrang. Selbstdarstellung durch Streben nach beruflich oder gesellschaftlich hervorgehobener Position. Gute Aussichten auf sozialen Aufstieg mit Ehre, Popularität und Erfolg im Leben. Vornehmes und sicheres Auftreten; daher geeignet zum Politiker. Gute organisatorische Fähigkeiten. Für Ehre und Anerkennung wird hart gearbeitet. Mitunter Glied einer Familie von hohem sozialem Rang; daher starkes Moralbewußtsein und Abneigung gegen alles, was der eigenen Würde abträglich ist. Man ist verpflichtet, anderen ein gutes Vorbild zu sein. (h So H10)

Beruflich ehrgeizig bis skrupellos

Starker Macht- und Geltungsdrang. Selbstdarstellung durch Streben nach beruflich oder gesellschaftlich hervorgehobener Position. Gute Aussichten auf sozialen Aufstieg mit Ehre, Popularität und Erfolg im Leben. Vornehmes und sicheres Auftreten; daher geeignet zum Politiker. Gute organisatorische Fähigkeiten. Für Ehre und Anerkennung wird hart gearbeitet. Mitunter Glied einer Familie von hohem sozialem Rang; daher starkes Moralbewußtsein und Abneigung gegen alles, was der eigenen Würde abträglich ist. Man ist verpflichtet, anderen ein gutes Vorbild zu sein. – Andererseits diktatorische Tendenzen, übermäßiger Machthunger und die Neigung, skrupellos jedes Mittel anzuwenden, um an die Macht zu kommen. Dabei gern anmaßend, stolz und selbstüberschätzend. Dann Gefahr von Rückschlägen, die den Verlust einer hohen Stellung oder auch öffentliche Demütigung mit sich bringen. Unter Saturn-Aspekten: Mangelndes Selbstvertrauen. Unsicher mit vielen Selbstzweifeln oder unzufrieden mit sich selber. Man sieht sich als Versager. (h+d So H10)

Beruflich skrupellos

Starker Macht- und Geltungsdrang. Selbstdarstellung durch Streben nach beruflich oder gesellschaftlich hervorgehobener Position. Oft aber diktatorische Tendenzen, übermäßiger Machthunger und die Neigung, skrupellos jedes Mittel anzuwenden, um an die Macht zu kommen. Dabei gern anmaßend, stolz und selbstüberschätzend. Dann Gefahr von Rückschlägen, die den Verlust einer hohen Stellung oder auch öffentliche Demütigung mit sich bringen. Unter Saturn-Aspekten: Mangelndes Selbstvertrauen. Unsicher mit vielen Selbstzweifeln oder unzufrieden mit sich selber. Man sieht sich als Versager. (d So H10)

Mond im 10. Haus

Öffentlich beliebt

Großes Bedürfnis nach Ansehen und Anerkennung. Die Eltern hegen für einen ehrgeizige Karrierepläne; vor allem die Mutter dürfte einen beherrschenden Einfluß ausüben. Die Karriere wird überhaupt oft durch den Einfluß von Frauen gefördert. Instinktsicher spürt man, was das Publikum will. Erfolgreiches Auftreten in der Öffentlichkeit mit Popularität. Beruf oder öffentliche Anerkennung beeinflussen stark die Gefühlslage. Veränderungen im Beruf sind wahrscheinlich, doch hat man meist mit vielen Menschen zu tun. (h Mo H10)

Öffentlich beliebt bis eitel

Großes Bedürfnis nach Ansehen und Anerkennung. Die Eltern hegen für einen ehrgeizige Karrierepläne; vor allem die Mutter dürfte einen beherrschenden Einfluß ausüben. Die Karriere wird überhaupt oft durch den Einfluß von Frauen gefördert. Instinktsicher spürt man, was das Publikum will. Erfolgreiches Auftreten in der Öffentlichkeit mit Popularität. Beruf oder öffentliche Anerkennung beeinflussen stark die Gefühlslage. Veränderungen im Beruf sind wahrscheinlich, doch hat man meist mit vielen Menschen zu tun. – Andererseits Neigung zu Geltungssucht oder Eitelkeit. Hang zu perfekter Kleidung oder Wohnung. Süchtig nach Anerkennung. Man schmückt sich gerne mit fremden Federn. Mit Verantwortung wird allzu leichtfertig umgegangen. Gern auch ständiger Berufswechsel mit wenig Glück. Gefahr von Ehrverlust. Unter Saturn-Aspekten: Schwierigkeiten, sich seelisch zu öffnen. Gehemmtes Gefühlsleben, Schuldgefühle, Depressionen oder Schwermut. Abkapselung von der Umwelt. (h+d Mo H10)

Eitel

Großes Bedürfnis nach Ansehen und Anerkennung. Neigung zu Geltungssucht oder Eitelkeit. Hang zu perfekter Kleidung oder Wohnung. Süchtig nach Anerkennung. Man schmückt sich gerne mit fremden Federn. Mit Verantwortung wird allzu leichtfertig umgegangen. Gern auch ständiger Berufswechsel mit wenig Glück. Gefahr von Ehrverlust. Unter Saturn-Aspekten: Schwierigkeiten, sich seelisch zu öffnen.

Gehemmtes Gefühlsleben, Schuldgefühle, Depressionen oder Schwermut. Abkapselung von der Umwelt. (d Mo H10)

Zwillings-Merkur im 10. Haus

Im Beruf wendig

Fähigkeit, sich rasch in jeden Beruf einzuarbeiten, ja, verschiedene Berufe gleichzeitig auszuüben. "Allround-Talent" und "Hansdampf in allen Gassen", der über alles Bescheid weiß. Man lernt, was nützlich ist und wendet sein Wissen beruflich an. Geschickt im Umgang mit Menschen in führenden Positionen. Selber redet man beruflich viel (etwa als Politiker) oder man braucht viel Kommunikation. (h Zwi-Me H10)

Im Beruf wendig bis besserwisserisch

Fähigkeit, sich rasch in jeden Beruf einzuarbeiten, ja, verschiedene Berufe gleichzeitig auszuüben. "Allround-Talent" und "Hansdampf in allen Gassen", der über alles Bescheid weiß. Man lernt, was nützlich ist und wendet sein Wissen beruflich an. Geschickt im Umgang mit Menschen in führenden Positionen. Selber redet man beruflich viel (etwa als Politiker) oder man braucht viel Kommunikation. – Andererseits aber auch Schwierigkeiten, sich für einen Beruf zu entscheiden. Gern auch Streber, der sich mit Wissen profilieren will und Wissen zum alleinigen Maßstab im Leben erhebt. Zwang, unbedingt gebildet erscheinen zu müssen. Rechthaber, der andere ständig belehrt oder verbessert; dabei selber eher oberflächlich. Unter Saturn-Aspekten: Man hat Angst, etwas Falsches zu sagen, ist langsam im Denken, Reden und Lernen. Daher gern Lernprobleme, mitunter auch Sprachhemmungen. (h+d Zwi-Me H10)

Im Beruf besserwisserisch

Fähigkeit, sich rasch in jeden Beruf einzuarbeiten, ja, verschiedene Berufe gleichzeitig auszuüben. Andererseits aber auch Schwierigkeiten, sich für einen Beruf zu entscheiden. Gern auch Streber, der sich mit Wissen profilieren will und Wissen zum alleinigen Maßstab im Leben erhebt. Zwang, unbedingt gebildet erscheinen zu müssen. Rechthaber, der andere ständig belehrt oder verbessert; dabei selber eher oberflächlich. Unter Saturn-Aspekten: Man hat Angst, etwas Falsches zu sagen, ist langsam im Denken, Reden und Lernen. Daher gern Lernprobleme, mitunter auch Sprachhemmungen. (d Zwi-Me H10)

Jungfrau-Merkur im 10. Haus

Sorgfältig am Arbeitsplatz

Man hat großen beruflicher Ehrgeiz und strebt nach Profilierung. Die ganze Arbeitskraft wird in den Beruf eingebracht. Organisationstalent! Möglicherweise hat man eine Tätigkeit in der Öffentlichkeit (Staatsdienst) oder einen Beruf im Gesundheitswesen (z. B. Gesundheitsamt). Bei der Arbeit untadelig, exakt und sorgfältig, jedoch auch berechnend in der Karriere. Der Beruf wird oft nur nach Nützlichkeitskriterien ausgesucht. (h Jun-Me H10)

Sorgfältig bis kontrollierend am Arbeitsplatz

Man hat großen beruflicher Ehrgeiz und strebt nach Profilierung. Die ganze Arbeitskraft wird in den Beruf eingebracht. Organisationstalent! Möglicherweise hat man eine Tätigkeit in der Öffentlichkeit (Staatsdienst) oder einen Beruf im Gesundheitswesen (z. B. Gesundheitsamt). Bei der Arbeit untadelig, exakt und sorgfältig, jedoch auch berechnend in der Karriere. Der Beruf wird oft nur nach Nützlichkeitskriterien ausgesucht. – Andererseits aber auch Drang, sich ständig beweisen zu wollen. Übermäßig korrekt, pflichtbewußt und penibel bei der Arbeit. Neigung, ständig Vorschriften für andere aufzustellen, sie zu kontrollieren oder zu maßregeln. Oft eiskalt auf seine Vorteile bedacht. Unter Saturn-Aspekten: Man hat Schwierigkeiten, Sorgen und Probleme am Arbeitsplatz. Es gibt immer wieder Mißerfolge und Rückschläge oder man leidet unter schlechten Arbeitsbedingungen. (h+d Jun-Me H10)

Kontrollierend am Arbeitsplatz

Man hat großen beruflicher Ehrgeiz und strebt nach Profilierung. Die ganze Arbeitskraft wird in den Beruf eingebracht. Andererseits aber auch Drang, sich ständig beweisen zu wollen. Übermäßig korrekt, pflichtbewußt und penibel bei der Arbeit. Neigung, ständig Vorschriften für andere aufzustellen, sie zu kontrollieren oder zu maßregeln. Oft eiskalt auf seine Vorteile bedacht. Unter Saturn-Aspekten: Man hat Schwierigkeiten, Sorgen und Probleme am Arbeitsplatz. Es gibt immer wieder Mißerfolge und Rückschläge oder man leidet unter schlechten Arbeitsbedingungen. (d Jun-Me H10)

Stier-Venus im 10. Haus

Finanziell erfolgreich

Der Beruf wird nach materiellen Gesichtspunkten ausgewählt. Möglicherweise hat man mit Geld (Banken, Versicherungen) zu tun. Oft auch im Bereich Mode, Schönheit oder Kunst beschäftigt. Die Arbeit soll etwas einbringen und bringt mit der Zeit auch Wohlstand. Dies geht aber nur durch Fleiß und Ausdauer. Künstlertyp, der seinen Eigenwert aus dem Beruf bezieht. Man singt gern. (h Sti-Ve H10)

Finanziell erfolgreich bis statusabhängig

Der Beruf wird nach materiellen Gesichtspunkten ausgewählt. Möglicherweise hat man mit Geld (Banken, Versicherungen) zu tun. Oft auch im Bereich Mode, Schönheit oder Kunst beschäftigt. Die Arbeit soll etwas einbringen und bringt mit der Zeit auch Wohlstand. Dies geht aber nur durch Fleiß und Ausdauer. Künstlertyp, der seinen Eigenwert aus dem Beruf bezieht. Man singt gern. – Andererseits aber auch großer materieller Ehrgeiz mit der Neigung, sich wichtig zu machen. Geld, Besitz sind Statussymbole und man holt sich Anerkennung dadurch. Übertriebenes Streben nach dauerhafter Sicherheit. Unter Saturn-Aspekten: Mangelnder Eigenwert, man gönnt sich nichts oder hat Schuldgefühle beim Genießen. Schwierige Finanzlage oder finanzielle Probleme mit Sorgen und Belastungen. (h+d Sti-Ve H10)

Statusabhängig

Der Beruf wird nach materiellen Gesichtspunkten ausgewählt. Großer materieller Ehrgeiz mit der Neigung, sich wichtig zu machen. Geld, Besitz sind Statussymbole und man holt sich Anerkennung dadurch. Übertriebenes Streben nach dauerhafter Sicherheit. Unter Saturn-Aspekten: Mangelnder Eigenwert, man gönnt sich nichts oder hat Schuldgefühle beim Genießen. Schwierige Finanzlage oder finanzielle Probleme mit Sorgen und Belastungen. (d Sti-Ve H10)

Waage-Venus im 10. Haus

Charmante Repräsentationsfigur

Im Beruf strebt man nach Harmonie und erscheint immer gepflegt und hübsch. Gute Repräsentationsfigur mit der Begabung, vorteilhafte Kontakte zu knüpfen und auszubauen. Gespür für nützliche Beziehungen zu einflußreichen Personen. Die Anerkennung durch die Öffentlichkeit ist einem wichtig. Beruflich oft auch im Bereich Mode, Schönheit oder Kunst. Heirat gern aus Status- oder Geldgründen. Beruflicher Erfolg dient dazu, ein komfortables Leben zu führen. (h Waa-Ve H10)

Charmante bis statusabhängige Repräsentationsfigur

Im Beruf strebt man nach Harmonie und erscheint immer gepflegt und hübsch. Gute Repräsentationsfigur mit der Begabung, vorteilhafte Kontakte zu knüpfen und auszubauen. Gespür für nützliche Beziehungen zu einflußreichen Personen. Die Anerkennung durch die Öffentlichkeit ist einem wichtig. Beruflich oft auch im Bereich Mode, Schönheit oder Kunst. Heirat gern aus Status- oder Geldgründen. Beruflicher Erfolg dient dazu, ein komfortables Leben zu führen. – Andererseits aber auch Neigung, seinen Charme gezielt dazu einzusetzen, auf Kosten anderer beruflich voranzukommen oder sie für seine Belange auszunutzen. Gern egoistisch, berechnend, streberhaft und sehr statusabhängig. Tendenz, in einer Beziehung alles regeln, organisieren und bestimmen zu wollen. Unter Saturn-Aspekten: Kontaktarm oder aber gehemmte, verkrampfte, gekünstelte Fröhlichkeit. Oft mit Beziehungsproblemen oder Liebeskummer. (h+d Waa-Ve H10)

Statusabhängige Repräsentationsfigur

Im Beruf strebt man nach Harmonie und erscheint immer gepflegt und hübsch. Neigung, seinen Charme gezielt dazu einzusetzen, auf Kosten anderer beruflich voranzukommen oder sie für seine Belange auszunutzen. Gern egoistisch, berechnend, streberhaft und sehr statusabhängig. Tendenz, in einer Beziehung alles regeln, organisieren und bestimmen zu wollen. Unter Saturn-Aspekten: Kontaktarm oder aber gehemmte, verkrampfte, gekünstelte Fröhlichkeit. Oft mit Beziehungsproblemen oder Liebeskummer. (d Waa-Ve H10)

Mars im 10. Haus

Energisches Karrierestreben

Ausgeprägtes Macht- und Geltungsstreben mit Führungsanspruch. Stets bereit, für seine Anliegen zu kämpfen um auch unpopuläre Schritte durchzusetzen. Erfolgreiches Engagement in der oder für die Öffentlichkeit. Großer Ehrgeiz, an die Spitze zu gelangen. Gern Streit mit Vorgesetzten oder Obrigkeiten. Energieeinsatz in erster Linie für Beruf und Karriere. Man kämpft um die eigenen Rechte. Der starke Aufstiegswille bringt meist raschen beruflicher Aufstieg. (h Ma H10)

Energisches bis selbstsüchtiges Karrierestreben

Ausgeprägtes Macht- und Geltungsstreben mit Führungsanspruch. Stets bereit, für seine Anliegen zu kämpfen um auch unpopuläre Schritte durchzusetzen. Erfolgreiches Engagement in der oder für die Öffentlichkeit. Großer Ehrgeiz, an die Spitze zu gelangen. Gern Streit mit Vorgesetzten oder Obrigkeiten. Energieeinsatz in erster Linie für Beruf und Karriere. Man kämpft um die eigenen Rechte. Der starke Aufstiegswille bringt meist raschen beruflicher Aufstieg. – Andererseits rücksichtsloses Karrierestreben. Neigung, sich skrupellos über die Interessen anderer hinwegzusetzen. Man will ständig beweisen, daß man besser ist, nach dem Motto "Viel Feind, viel Ehr". Neigung, seine berufliche Kompetenzen zu überschreiten und in die Zuständigkeit anderer hineinzuregieren. Unter Saturn-Aspekten: Durchsetzungsprobleme vor allem gegenüber Vorgesetzten oder Autoritäten. Gegenüber dem Vater kann man sich nicht behaupten. Seine Rechte nicht durchsetzen können. (h+d Ma H10)

Selbstsüchtiges Karrierestreben

Ausgeprägtes Macht- und Geltungsstreben mit Führungsanspruch. Rücksichtsloses Karrierestreben. Neigung, sich skrupellos über die Interessen anderer hinwegzusetzen. Man will ständig beweisen, daß man besser ist, nach dem Motto "Viel Feind, viel Ehr". Neigung, seine berufliche Kompetenzen zu überschreiten und in die Zuständigkeit anderer hineinzuregieren. Unter Saturn-Aspekten: Durchsetzungsprobleme vor allem gegenüber Vorgesetzten oder Autoritäten. Gegenüber dem Vater kann man sich nicht behaupten. Seine Rechte nicht durchsetzen können. (d Ma H10)

Jupiter im 10. Haus

Beruflich angesehen

Man hat hohe Berufsziele und einen starken Drang nach gesellschaftlicher Anerkennung. Bestreben, im Rampenlicht zu stehen. Im Beruf hat man Glück und Erfolg und genießt Ansehen. Gern bekleidet man öffentliche Ämter oder hat mit dem Ausland zu tun. Durch moralische Integrität ist man eine angesehene Vertrauensperson. Evtl. populäre Repräsentationsfigur. Nach dem vierzigsten Lebensjahr große Aufstiegsmöglichkeiten mit finanzieller Absicherung. (h Ju H10)

Beruflich angesehen bis hochmütig

Man hat hohe Berufsziele und einen starken Drang nach gesellschaftlicher Anerkennung. Bestreben, im Rampenlicht zu stehen. Im Beruf hat man Glück und Erfolg und genießt Ansehen. Gern bekleidet man öffentliche Ämter oder hat mit dem Ausland zu tun. Durch moralische Integrität ist man eine angesehene Vertrauensperson. Evtl. populäre Repräsentationsfigur. Nach dem vierzigsten Lebensjahr große Aufstiegsmöglichkeiten mit finanzieller Absicherung. – Andererseits aber auch Tendenz zu Selbstgefälligkeit, Hochmut und Arroganz. Stets Hang zum Großen, Übersteigerten oder zu Superlativen mit ehrgeizigem Expansionsdrang. Gern scheinheiliges Gebaren und egoistisch auf den eigenen Vorteil bedacht. Gefahr von Ehrverlust. Unter Saturn-Aspekten: Gehemmter beruflicher Aufstieg oder Mißerfolge und Enttäuschungen. Wenig Glück und Erfolg im Leben. "Unglücksrabe". Schuldgefühle, wenn es einem gut geht. (h+d Ju H10)

Beruflich hochmütig

Man hat hohe Berufsziele und einen starken Drang nach gesellschaftlicher Anerkennung. Bestreben, im Rampenlicht zu stehen. Gern aber auch Tendenz zu Selbstgefälligkeit, Hochmut und Arroganz. Stets Hang zum Großen, Übersteigerten oder zu Superlativen mit ehrgeizigem Expansionsdrang. Gern scheinheiliges Gebaren und egoistisch auf den eigenen Vorteil bedacht. Gefahr von Ehrverlust. Unter Saturn-Aspekten: Gehemmter beruflicher Aufstieg oder Mißerfolge und Enttäuschungen. Wenig Glück und Erfolg im Leben. "Unglücksrabe". Schuldgefühle, wenn es einem gut geht. (d Ju H10)

Saturn im 10. Haus (Regent)

Verzögerter Berufserfolg

Großer beruflicher Ehrgeiz. Mit viel Fleiß und Ausdauer will man sich beruflich profilieren. Es wird einem aber nichts geschenkt; alles muß mühsam erarbeitet werden. Der Beruf wird sehr ernst genommen; er kommt immer zuerst. Erfolge aber erst in der zweiten Lebenshälfte nach harter Arbeit. Streben nach Leitung, Führung, Verantwortung. Anerkennung der Mitwelt spielt eine wesentliche Rolle, weshalb man es allen recht machen will. Weitsichtiges Organisations- und Führertalent. (h Sa H10)

Verzögerter bis mangelnder Berufserfolg

Großer beruflicher Ehrgeiz. Mit viel Fleiß und Ausdauer will man sich beruflich profilieren. Es wird einem aber nichts geschenkt; alles muß mühsam erarbeitet werden. Der Beruf wird sehr ernst genommen; er kommt immer zuerst. Erfolge aber erst in der zweiten Lebenshälfte nach harter Arbeit. Streben nach Leitung, Führung, Verantwortung. Anerkennung der Mitwelt spielt eine wesentliche Rolle, weshalb man es allen recht machen will. Weitsichtiges Organisations- und Führertalent. – Andererseits aber auch tiefes Mißtrauen in die beruflichen Möglichkeiten. Große Versagensängste; man sieht nur, was mißlingt. Keine Unterstützung von außen, vor allem, weil man sich nicht helfen läßt. Man muß immer wieder neu anfangen und daher mehr Einsatz bringen als andere. Verbissenes Karrierestreben, dadurch gern unbeliebt. Entweder überall Hindernisse im Vorwärtskommen oder aber kometenhafter Aufstieg mit nachfolgend tiefem Fall und öffentlicher Schande (h+d Sa H10)

Mangelnder Berufserfolg

Großer beruflicher Ehrgeiz. Mit viel Fleiß und Ausdauer will man sich beruflich profilieren. Es wird einem aber nichts geschenkt; alles muß mühsam erarbeitet werden. Gern tiefes Mißtrauen in die beruflichen Möglichkeiten. Große Versagensängste; man sieht nur, was mißlingt. Keine Unterstützung von außen, vor allem, weil man sich nicht helfen läßt. Man muß immer wieder neu anfangen und daher mehr Einsatz bringen als andere. Verbissenes Karrierestreben, dadurch gern unbeliebt. Entweder überall Hindernisse im Vorwärtskommen oder aber kometenhafter Aufstieg mit nachfolgend tiefem Fall und öffentlicher Schande (d Sa H10)

Uranus im 10. Haus

Freiberufler

Bedürfnis nach viel Freiheit und Abwechslung im Beruf. Man erträgt keinerlei Einengung und ist daher meist selbständig. Man steckt sich immer wieder neue Ziele, meist in ungewöhnlichen Berufen. Kreativ und erfinderisch mit Abneigung gegen alles Vorgefertigte. Man will rasch nach oben kommen und hat beruflich oft mit Gruppen oder Organisationen zu tun. Gern wechselhafter Schicksalsverlauf mit Kündigung, plötzlichem Berufswechsel (evtl. als Aussteiger) und vielerlei Aufregung und Streß. (h Ur H10)

Freiberufler bis Umstürzler

Bedürfnis nach viel Freiheit und Abwechslung im Beruf. Man erträgt keinerlei Einengung und ist daher meist selbständig. Man steckt sich immer wieder neue Ziele, meist in ungewöhnlichen Berufen. Kreativ und erfinderisch mit Abneigung gegen alles

Vorgefertigte. Man will rasch nach oben kommen und hat beruflich oft mit Gruppen oder Organisationen zu tun. Gern wechselhafter Schicksalsverlauf mit Kündigung, plötzlichem Berufswechsel (evtl. als Aussteiger) und vielerlei Aufregung und Streß. – Andererseits aber zu sprunghaft, um bei der Sache zu bleiben und ein Ziel bis zum Ende zu verfolgen. Autoritätsprobleme durch Ablehnung von Vorgesetzten oder Obrigkeiten. Kritisch gegenüber Staat und Gesellschaft, gern mit offener Rebellion gegen alles Überkommene und Etablierte. Gesellschaftskritiker oder gar Umstürzler, der öffentlich provoziert und Skandale erregt. (h+d Ur H10)

Umstürzler

Bedürfnis nach viel Freiheit und Abwechslung im Beruf. Man erträgt keinerlei Einengung und ist daher meist selbständig. Oft aber zu sprunghaft, um bei der Sache zu bleiben und ein Ziel bis zum Ende zu verfolgen. Autoritätsprobleme durch Ablehnung von Vorgesetzten oder Obrigkeiten. Kritisch gegenüber Staat und Gesellschaft, gern mit offener Rebellion gegen alles Überkommene und Etablierte. Gesellschaftskritiker oder gar Umstürzler, der öffentlich provoziert und Skandale erregt. (d Ur H10)

Neptun im 10. Haus

Visionäres Berufsbild

Neigung, sich beruflich einer überpersönliche Aufgabe im Leben zu widmen oder gar aufzuopfern. Gern etwas vages Berufsbild, aber stets hohes soziales Verantwortungsbewußtsein mit viel Idealismus. Guter Riecher für zukünftige Entwicklungen; tritt selber aber nur ungern in den Vordergrund. Die Hilfsbereitschaft, Sensibilität oder künstlerische Phantasie wird beruflich als Heiler, Künstler, Hellseher oder Psychologe eingesetzt. Eignung zum Schauspieler, Musiker oder Künstler, evtl. sogar zum geistigen Führer. (h Ne H10)

Visionäres Berufsbild bis unrealistische Lebensziele

Neigung, sich beruflich einer überpersönliche Aufgabe im Leben zu widmen oder gar aufzuopfern. Gern etwas vages Berufsbild, aber stets hohes soziales Verantwortungs-bewußtsein mit viel Idealismus. Guter Riecher für zukünftige Entwicklungen; tritt selber aber nur ungern in den Vordergrund. Die Hilfsbereitschaft, Sensibilität oder künstlerische Phantasie wird beruflich als Heiler, Künstler, Hellseher oder Psychologe eingesetzt. Eignung zum Schauspieler, Musiker oder Künstler, evtl. sogar zum geistigen Führer. – Andererseits aber unklare oder unrealistische Lebensziele, oft mit fehlender Anerkennung. Tendenz, beruflich bzw. in der Öffentlichkeit zu versagen, ausgenützt oder Opfer von Intrigen zu werden. Ungeschick oder unfähig, mit seinen Arbeitgebern auszukommen. Viel Heimliches, Illegales, Korruptes oder Hochstaplerisches im Berufsleben. (h+d Ne H10)

Unrealistische Lebensziele

Neigung, sich beruflich einer überpersönliche Aufgabe im Leben zu widmen oder gar aufzuopfern. Gern etwas vages Berufsbild, aber stets hohes soziales Verantwortungsbewußtsein mit viel Idealismus. Gern unklare oder unrealistische Lebensziele, oft mit fehlender Anerkennung. Tendenz, beruflich bzw. in der Öffentlichkeit zu versagen, ausgenützt oder Opfer von Intrigen zu werden. Ungeschick oder unfähig, mit seinen Arbeitgebern auszukommen. Viel Heimliches, Illegales, Korruptes oder Hochstaplerisches im Berufsleben. (d Ne H10)

Pluto im 10. Haus

Geltungsstreben

Beruflich hat man einen geistigen Macht- und Führungsanspruch, gern gepaart mit zwanghaftem Geltungsstreben. Hartnäckiges Bemühen um Einfluß, Macht oder mindestens nach beruflicher Unabhängigkeit. Weltverbesserer oder Umstürzler mit der Vorstellung, den Staat wandeln zu müssen. Beruflich steht man gern unter Druck oder Dauerstreß. Weitblick im Beruf, evtl. mit prophetischer Begabung. (h PL H10)

Geltungsstreben bis Machthunger

Beruflich hat man einen geistigen Macht- und Führungsanspruch, gern gepaart mit zwanghaftem Geltungsstreben. Hartnäckiges Bemühen um Einfluß, Macht oder mindestens nach beruflicher Unabhängigkeit. Weltverbesserer oder Umstürzler mit der Vorstellung, den Staat wandeln zu müssen. Beruflich steht man gern unter Druck oder Dauerstreß. Weitblick im Beruf, evtl. mit prophetischer Begabung. – Andererseits aber auch egoistischer Ehrgeiz mit diktatorischen Tendenzen. Dabei Neigung, andere (beruflich) von sich abhängig zu machen. Zwang, immer Leistung bringen zu müssen. Man leidet unter dominanten Vorgesetzten oder steht unter deren ständiger Kontrolle. Tendenz zu Krisen und Rückschlägen in der Karriere. (h+d PL H10)

Machthunger

Beruflich hat man einen geistigen Macht- und Führungsanspruch, gern gepaart mit zwanghaftem Geltungsstreben. Hartnäckiges Bemühen um Einfluß, Macht oder mindestens nach beruflicher Unabhängigkeit. Meist egoistischer Ehrgeiz mit diktatorischen Tendenzen. Dabei Neigung, andere (beruflich) von sich abhängig zu machen. Zwang, immer Leistung bringen zu müssen. Man leidet unter dominanten Vorgesetzten oder steht unter deren ständiger Kontrolle. Tendenz zu Krisen und Rückschlägen in der Karriere. (d PL H10)

Winkel zum MC

Sie gelten nur bei minutengenauer Geburtszeit!

Gesellschaftlicher Aufstieg

Führungsbegabung und Führungsanspruch. Lebensziel und Karriere werden bewußt geplant und aktiv gestaltet. Viel Wirken in der Öffentlichkeit, beruflicher Erfolg und gesellschaftlicher Aufstieg. Herausragen aus der Masse. (So h MC)

Konflikte mit der Öffentlichkeit

Die Selbstentfaltung und der berufliche Werdegang sind nur schwer oder gar nicht miteinander vereinbar. Es kommt gern zu Konflikte mit der Öffentlichkeit, die gern Rückschläge und beruflichen Mißerfolg mit sich bringen. (So d MC)

Gespür für Popularität

Es drängt einen instinktiv in die Öffentlichkeit. Bedürfnis, eigene Gefühle, Empfindungen, Emotionen oder künstlerische Fähigkeiten im Beruf anzuwenden. Gutes Gespür für das, was die Allgemeinheit sich wünscht. Man kann sich dadurch beliebt machen und besitzt die seelischen Voraussetzungen für dauerhafte Popularität. (Mo h MC)

Unklares Lebensziel

Die (Berufs-) Ziele sind oft unklar, wodurch sich manche Schwierigkeiten ergeben. Das Gefühlsleben liegt gern im Konflikt mit beruflichen Zielen und Karriere. Unlust und Stimmungsschwankungen stören die Entwicklung. Mitunter problematisches Beharren auf naiven Vorstellungen vom Traumberuf. Hemmungen und Scheu, sich in der Öffentlichkeit zu zeigen, sein Innerstes preiszugeben. (Mo d MC)

Clever im Beruf

Man sucht und braucht einen Beruf, der intellektuell und geistig anregend ist, oder der mit Kommunikation zu tun hat. Man kann sich sehr rasch in eine Aufgabe einarbeiten. Clever und pfiffig wird an der Karriere gebastelt. (Me h MC)

Gerissen im Beruf

Ma ist berechnend und eiskalt darauf bedacht, beruflich Punkte zu sammeln. Überangepaßt gegenüber Autoritätspersonen oder Kollegen. Gern durchtrieben oder unaufrichtig, daher oft unsympathisch. (Me d MC)

Karriere durch Charme

Man hat das Bedürfnis, Geschmack, Schönheitssinn, Kunstverständnis oder die Freude an Harmonie beruflich zur Entfaltung zu bringen. Das Handeln in der Öffentlichkeit wird stark vom Gefühlsleben bestimmt. Charme und Sympathie werden geschickt eingesetzt, um gesellschaftliche und berufliche Anerkennung zu erlangen. Glück vor allem in künstlerischen Berufen mit entsprechendem Aufstieg. Gesunde und zuversichtliche Lebenseinstellung zum Leben mit starker persönlicher Anziehungskraft. (Ve h MC)

Liebe-Beruf-Konflikt

Es gelingt nur schwer, Karriere und öffentliches Wirken mit den Vorstellungen und Anforderungen von Liebe und Partnerschaft zu vereinen. Die durch das gefühlsmäßige Handeln bedingten Erfolgsmöglichkeiten im Beruf sind eher gehemmt. Zwar wird versucht, Charme und Erotik für das berufliche Vorankommen einzusetzen, doch gelingt dies nur schwer. Mitunter sind es auch Vergnügungssucht und Leichtlebigkeit, die den Lebenserfolg erschweren. (Ve d MC)

Energisch im Vorwärtsstreben

Der (berufliche) Erfolg wird durch klugen Krafteinsatz und Kampfgeist gefördert. Man versteht es, seine Kräfte zielgerichtet im Berufsleben einzusetzen, ist gern bereit, Herausforderungen anzunehmen und seine Durchsetzungskraft und Konfliktbereitschaft unter Beweis zu stellen. Organisationstalent, Umsicht und persönliche Initiative lassen die gesteckten Ziele erreichen. (Ma h MC)

Streitbar im Vorwärtsstreben

Gern etwas sprunghaft und wenig zielbewußt in der Berufslaufbahn. Der Erfolg wird durch verkehrten Einsatz, gelegentlich auch durch ungünstige Verwendung der Energien gefährdet. Man schafft sich und anderen im Berufsleben viel Ärger durch unsinnige Aktionen, aggressives Auftreten, Ungeduld oder durch unnötige Streitereien. (Ma d MC)

Gute Aufstiegschancen

0Meist ausgeprägtes religiöses, weltanschauliches oder politisches Engagement. Dank guter Kontakte und durch hilfreiche Unterstützung gute Aufstiegschancen im Leben. Erfolg und Glück bei der Verwirklichung (beruflicher) Ziele. Populär mit Führungsqualitäten. Durch Umsicht und Weitblick verschafft man sich gute Geschäftsverbindungen und hat eine glückliche Hand bei allen Unternehmungen. (Ju h MC)

Unsichere Aufstiegschancen

Neigung, zu große Schritte auf dem (beruflichen) Weg nach oben oder bei der Verwirklichung von Lebenszielen zu tun. Dadurch häufig unter Streß. Gern übertriebenes Streben nach Anerkennung und gesellschaftlichem Einfluß. Sich bietende günstige Gelegenheiten oder der rechte Zeitpunkt werden oft verpaßt, so daß sich die Berufsziele eher unsicher gestalten (Ju d MC)

Beharrlicher Aufstieg

Man erklimmt die Karriereleiter eher langsam, dafür aber beharrlich und Schritt für Schritt. Großes Durchstehvermögen auch in Phasen der Härte. Bedürfnis, alles aus und mit eigener Kraft zu erreichen. Langsam stellen sich fortschreitende, aber dann dauerhafte Erfolge im Leben ein. Viel Fleiß, Gewissenhaftigkeit und Konzentration sind dazu notwendig. An einmal gefaßten Zielen wird entschlossen und zäh festgehalten. (Sa h MC)

Gehemmter Aufstieg

0Zweifel und Minderwertigkeitsgefühle angesichts der eigenen, (beruflichen) Leistungen. Im Beruf stellen sich gern Hemmungen und Hindernisse ein, wodurch dann die gesteckten Ziele oft nicht erreicht werden. Negative Erwartungshaltung mit Hemmungen, sich von anderen helfen zu lassen. Auch Ängste vor öffentlichen Auftritten oder sozialen Kontakten; daher hält man sich lieber im Hintergrund. Auch seelische Ursachen können die Karriere hemmen (Mangel an Lebensmut). Stets ist mit Rückschlägen zu rechnen. Gern auch schleichende, chronische Krankheiten. (Sa d MC)

Individuelle Lebensziele

Man sucht und entfaltet sein individuelles Lebensziel, braucht dabei große Ungebundenheit, besonders auf dem beruflichen Lebensweg. Berufliches Engagement für humanitäre Ideale. Meist besteht Interesse an Reformen, an Neuem und Unerforschtem. Im Leben kommt es oft zu unerwarteten Veränderungen, die dann zu plötzlicher Umgestaltung der Lebensverhältnisse führen. (Ur h MC)

Exzentrische Lebensziele

Individuelles Streben nach Freiheit und die Notwendigkeiten des Berufslebens sind häufig schlecht miteinander vereinbar. Daraus entsteht viel Auflehnung, Opposition und Streit. Man ist dann immer auf der Suche nach neuen Wirkungsbereichen, kann sich aber schlecht anpassen oder allgemeingültige Regeln akzeptieren. Daher seelische Irritationen und viel Wechsel im Berufsleben. Scheinbar sichere Positionen werden dann plötzlich aufgegeben. (Ur d MC)

Durchs Leben geführt

Man wird in Berufswahl und Lebensweg wie von einem Schutzengel geführt. Fähigkeit, auch andere Menschen subtil zu führen. Begabung für therapeutische Berufe oder solche im Bereich der Medien. Gern auch künstlerische Branchen, in denen sich dann Ehre, Anerkennung und Auszeichnung einstellen. Mitunter sind es auch Sparten, die mit Flüssigkeiten (Wasser) im weiteren Sinne zu tun haben. Der Lebenslauf hat häufig den Charakter des Vagen, Unklaren, Veränderlichen. Schauspielerische Fähigkeiten. (Ne h MC)

Nebulöse Berufsziele

Durch unklares Verhalten ergeben sich Schwierigkeiten im zwischenmenschlichen und beruflichen Bereich, und es kommt gern zu Verwicklungen und Intrigen. Obwohl meist medial begabt oder hellsichtig, häufig keine klaren Lebensziele. Tendenz, sich immer wieder im beruflichen "Nebel" zu verlieren oder auf dem Lebensweg von den Zielen weggezogen zu werden. Neigung, sich vor Tatsachen zu verschließen und falschen Vorstellungen nachzuhängen. Gern Opfer von Verführungen und anderer Machenschaften. (Ne d MC)

Anerkannte Führung

In der Lage, beachtliche Seelenenergien zu aktivieren, die in manchen Fällen wie wahre Zauberkräfte wirken und womit man im Leben – vor allem aber im Beruf – viel erreichen kann. Bereitschaft, sich in seiner bisherigen Einstellung zu wandeln, alte Positionen aufzugeben und etwas völlig Neues zu beginnen. Unternehmungslust und Führungsqualitäten mit Ansehen und Anerkennung in der Öffentlichkeit. (PL h MC)

Ohnmachtserfahrungen

Der Lebensweg - insbesondere der Berufsweg - führt immer wieder zu Machtkämpfen, die zu Verlust an Einfluß führen können und die eigene Ohnmacht aufzeigen. Oft auch rein eigennütziger, unbewußter Machteinsatz, mit der Lust, andere zu übertrumpfen. Viele Auseinandersetzungen mit der Gefahr plötzlicher Niederlagen und Sturz aus der erreichten Position. (PL d MC)

Leeres 10. Haus in den Zeichen

Drang nach Selbstbehauptung

Neigung, beruflich hart zu arbeiten, wobei viel Impulsivität an den Tag gelegt wird. Im Leben zunehmend wichtiger werden Selbstbehauptung, Selbstdurchsetzung, Konfliktbereitschaft und Risikofreude. Man wächst an den Herausforderungen, entwickelt Spontanität und geht energisch und selbstbewußt durchs Leben. Das eigene Licht sollte man nicht unter den Scheffel stellen! (H10 in Wid)

Drang nach materieller Sicherheit

Der Gelderwerb dient einem vor allem dazu, einen höheren Lebensstandard zu erlangen. Großes Bedürfnis, vermögend zu sein. Im Leben zunehmend wichtiger werden (materielle) Sicherheit, Tradition, Lebensgenuß, Sinnlichkeit und die Entwicklung eines Wertbewußtseins. Man geht zunehmend genießerischer durchs Leben und entdeckt die leiblichen Genüsse und das sinnliche Leben. Seßhaft und bedächtig mit viel kulturellem Interesse. (H10 in Sti)

Drang nach Abwechslung

Man erstrebt einen Beruf, in dem man vor allem den Kopf gebrauchen kann, um seine Ideen in die Tat umzusetzen. Im Leben zunehmend wichtiger werden Abwechslung, Vielseitigkeit, Aufgeschlossenheit, ja durchaus Neugierde gegenüber Neuem und Ungewohntem. Man kommuniziert zunehmend lieber und nutzt alle (technischen) Hilfsmittel um besser voranzukommen. Seinem Einfallsreichtum verdankt man gesellschaftliche Anerkennung. (H10 in Zwi)

Drang nach Geborgenheit

Man achtet zunehmend auf guten Ruf und Ansehen in der Öffentlichkeit. Es ist einem wichtig, als verantwortlich und geachtet zu gelten. Beruf und häusliches Leben werden gern miteinander verknüpft. Im Leben zunehmend wichtiger werden Hilfsbereitschaft, Mitgefühl, Häuslichkeit und Geborgenheit. Man geht an die Dinge mehr gefühl- und phantasievoller heran und lernt das Zuhause und die Heimat kennen und lieben. Suche nach der eigenen Identität. (H10 in Kre)

Drang nach Anerkennung

Da man ehrgeizig im Beruf und stolz auf das gesellschaftliches Ansehen ist, hat man ein zunehmendes Bedürfnis eine führende Stelle oder Autorität zu erlangen. Im Leben zunehmend wichtiger werden Dinge wie Souveränität, Großzügigkeit, Liberalität, Erfolg und Anerkennung. Man will eigenständig sein und im Mittelpunkt stehen. Im Gegensatz zu früher kann man jetzt auch mal alle Fünf gerade sein lassen. (H10 in Loe)

Drang nach Genauigkeit

Es wird ganz besonderer Wert auf das Ansehen gelegt. Man ist umsichtig, tüchtig und wohlorganisiert, wirkt im beruflichen Aufgabenkreis aber eher kalt, distanziert und kritisch. Im Leben zunehmend wichtiger werden ökonomisches und methodisches Vorgehen, Genauigkeit, Zuverlässigkeit und Gründlichkeit. Man paßt sich immer besser klug an das Notwendige an, gern etwas gepaart mit Nützlichkeits- und Zweckdenken. (H10 in Jun)

Drang nach Harmonie

Im Beruf arbeitet man oft partnerschaftlich zusammen. Man gibt sich charmant und vermag mit Geschick Leute in einflußreichen Stellungen für sich zu gewinnen. Im Leben zunehmend wichtiger werden Dinge wie Ästhetik (z. B. Mode, Etikette), Ausgewogenheit, Diplomatie und Kunst. Man vermittelt gern im zwischenmenschlichen Bereich. Es besteht immer mehr ein Hang zu Harmonie, Eleganz und gepflegtem Stil. (H10 in Waa)

Drang nach dem Wesentlichen

Man will im Leben weder beherrschen noch beherrscht werden. Die Möglichkeit zur Selbsterneuerung findet man am ehesten im Beruf, in dem nicht selten eine gewisse Berühmtheit erlangen kann. Im Leben zunehmend wichtiger werden direktes und offenes Auftreten, Suche nach verborgenen Wahrheiten und allem Wesentlichen der menschlichen Existenz. Man schätzt immer mehr alles Hintergründige und liebt es, Tabuisiertes zur Sprache zu bringen. Oft spielt man beruflich die "graue Eminenz" im Hintergrund. (H10 in Sko)

Drang nach hohen Idealen

Zwar ist man nicht immer praktisch veranlagt, doch hat man die Möglichkeit, in leitender Stellung, für die man ein gutes Maß an Voraussicht mitbringt, Erfolg zu haben. Gern im Bereich Erziehung, Religion und Reisen tätig. Man will stets als menschenfreundlich und im Beruf als großmütig gelten. Im Leben zunehmend wichtiger werden hohe Ideale, Edelmut, gute Bildung und Gerechtigkeit. Man ist begeisterungsfähig und erweitert seinen Horizont durch Weltreisen und internationale Verbindungen. (H10 in Sch)

Drang nach Verantwortung

Von Natur aus ist man ehrgeizig und möchte im beruflichen Wettstreit eine verantwortungsvolle und führende Stellung erobern. Es fehlt einem gelegentlich an der nötigen Geduld, sich den für eine Beförderung maßgebenden Vorgesetzten unterzuordnen. Im Leben zunehmend wichtiger werden Pflichterfüllung, Zuverlässigkeit, Autorität, Gründlichkeit, Beständigkeit und Ordnung. Mit der nötigen Ruhe und Beharrlichkeit läßt sich der Lebensalltag besser organisieren. (H10 in Ste)

Drang nach Unabhängigkeit

Man arbeitet beruflich gern in Gruppen; daher oft Beteiligung an großen Verbänden und Gemeinschaftsunternehmungen. Man schätzt den Ruf, mit Leuten in Verbindung zu stehen, die sowohl prominent und zuverlässig als auch ungewöhnlich und einfallsreich sind. Im Leben zunehmend wichtiger werden Dinge wie Unabhängigkeit, Experimentierfreude, Gerechtigkeit, Objektivität und Originalität. Es gelingt einem immer mehr, Altes zu überwinden und Neues in die Welt zu tragen. (H10 in Was)

Drang nach dem Übersinnlichen

Mit der Neigung, etwas weltfremd und verträumt zu sein richtet man sich in bezug auf die berufliche Tätigkeit nicht immer nach praktischen Gesichtspunkten. Im Dialog weicht man gerne aus und läßt sich nur ungern festlegen. Oft ist die berufliche Tätigkeit irgendwie geheimnisumwittert. Im Leben zunehmend wichtiger werden Dinge wie Fürsorge, Selbstlosigkeit, Sensibilität, Vergeistigung und allumfassende Liebe. Es besteht die Tendenz, sich mit dem Schicksal und allem Übersinnlichen auseinanderzusetzen. (H10 in Fis)

Haus 11: Gemeinschaftsgeist, Gruppen-Ideale, Weltverbesserung, Freunde

Sonne im 11. Haus

In der Gruppe tonangebend

Die Selbstdarstellung geschieht im Freundeskreis, in der Gruppe, in Vereinen oder Parteien. Dort ist man stark engagiert, wird im Freundeskreis hoch geschätzt und kennt einflußreiche Leute, die einem behilflich sind. Meist Autorität innerhalb der Gruppe bzw. Organisation (z. B. Vorsitzender), oder aber jemand, der sich durch schöpferische Leistungen auf geistigem Gebiet einen Namen macht. Freunde und Gesinnungsgenossen zählen mehr als familiäre Bande. Verfechter sozialer oder kultureller Reformen. Sehr freiheitsliebend, eigenwillig und unkonventionell. Sinn für Menschenwürde und Humanismus. (h So H11)

In der Gruppe tonangebend bis tyrannisch

Die Selbstdarstellung geschieht im Freundeskreis, in der Gruppe, in Vereinen oder Parteien. Dort ist man stark engagiert, wird im Freundeskreis hoch geschätzt und kennt einflußreiche Leute, die einem behilflich sind. Meist Autorität innerhalb der Gruppe bzw. Organisation (z. B. Vorsitzender), oder aber jemand, der sich durch schöpferische Leistungen auf geistigem Gebiet einen Namen macht. Freunde und Gesinnungsgenossen zählen mehr als familiäre Bande. Verfechter sozialer oder kultureller Reformen. Sehr freiheitsliebend, eigenwillig und unkonventionell. Sinn für Menschenwürde und Humanismus. – Andererseits zu hohe Erwartungen an Freunde mit entsprechenden Enttäuschungen. Tendenz, Freunde und Bekannte in tyrannischer Weise zu selbstsüchtigen Zwecken zu beeinflussen, oder aber man wird selber von seinen Freunden ausgenutzt oder im Stich gelassen. Rückzug in stolzer Resignation mit Vereinsamung. Unter Saturn-Aspekten: Man hat ein gespanntes oder distanziertes Verhältnis zum Vater oder fühlt sich von ihm abgelehnt. (h+d So H11)

In der Gruppe tyrannisch

Die Selbstdarstellung geschieht im Freundeskreis, in der Gruppe, in Vereinen oder Parteien. Gern zu hohe Erwartungen an Freunde mit entsprechenden Enttäuschungen. Tendenz, Freunde und Bekannte in tyrannischer Weise zu selbstsüchtigen Zwecken zu beeinflussen, oder aber man wird selber von seinen Freunden ausgenutzt oder im Stich gelassen. Rückzug in stolzer Resignation mit Vereinsamung. Unter Saturn-Aspekten: Man hat ein gespanntes oder distanziertes Verhältnis zum Vater oder fühlt sich von ihm abgelehnt. (d So H11)

Mond im 11. Haus

Angepaßter Freund

Man sucht oder vermittelt Wärme und Geborgenheit im Freundeskreis; dieser gern Ersatz für die Familie. Für das gefühlsmäßige Wohlergehen braucht man zwar die Gesellschaft, benötigt aber dennoch Rückzugsräume. Hang zu Wohngemeinschaften oder die Wohnung dient Gruppentreffs. Oft Freundschaft mit Frauen; Seelentröster im Freundeskreis. Man ist angepaßt an die Gruppe und gesellig, aber diese Beziehungen sind gern wechselhaft und nicht von langer Dauer. Freundschaften häufig über Familienkontakte. (h Mo H11)

Angepaßter bis unzuverlässiger Freund

Man sucht oder vermittelt Wärme und Geborgenheit im Freundeskreis; dieser gern Ersatz für die Familie. Für das gefühlsmäßige Wohlergehen braucht man zwar die Gesellschaft, benötigt aber dennoch Rückzugsräume. Hang zu Wohngemeinschaften oder die Wohnung dient Gruppentreffs. Oft Freundschaft mit Frauen; Seelentröster im Freundeskreis. Man ist angepaßt an die Gruppe und gesellig, aber diese Beziehungen sind gern wechselhaft und nicht von langer Dauer. Freundschaften häufig über Familienkontakte. – Andererseits gerät man gern an unzuverlässige, oberflächliche Freunde oder man ist selbst unruhig und oberflächlich. Stark wechselnde Freundschaftsgefühle. Sehr wechselhaftes Gefühlsleben: man legt sich nie fest. Distanziertes Verhältnis zur Familie mit sehr früher Loslösung vom Elternhaus (Nestflüchter). Neigung, unregelmäßig oder sehr schnell zu essen. Unter Saturn-Aspekten: Zuhause gibt es ständig Spannungen, Aufregung und Streß. Oft leben die Eltern getrennt. Extreme im Gefühlsleben mit seelischer Zerrüttung. (h+d Mo H11)

Unzuverlässiger Freund

Man sucht oder vermittelt Wärme und Geborgenheit im Freundeskreis; dieser gern Ersatz für die Familie. Oft gerät man an unzuverlässige, oberflächliche Freunde oder man ist selbst unruhig und oberflächlich. Stark wechselnde Freundschaftsgefühle. Sehr wechselhaftes Gefühlsleben: man legt sich nie fest. Distanziertes Verhältnis zur Familie mit sehr früher Loslösung vom Elternhaus (Nestflüchter). Neigung, unregelmäßig oder sehr schnell zu essen. Unter Saturn-Aspekten: Zuhause gibt es ständig Spannungen, Aufregung und Streß. Oft leben die Eltern getrennt. Extreme im Gefühlsleben mit seelischer Zerrüttung. (d Mo H11)

Zwillings-Merkur im 11. Haus

Kluger Freund

Sehr kontaktfreudig, gesellig und unterhaltsam, wenngleich etwas unpersönlich Freunden gegenüber. In der Gruppe werden soziale und humanitäre Ideale diskutiert. Man lernt lieber gemeinsam als alleine, tauscht gern Gedanken und Erfahrungen aus und ist ein kluger Ratgeber. Talentierter Gruppenlehrer, der gerne Kurse und Seminare besucht und abhält. Mitarbeit in Vereinen, Parteien oder Interessengemeinschaften; dort guter Organisator und Gesellschafter. (h Zwi-Me H11)

Kluger bis berechnender Freund

Sehr kontaktfreudig, gesellig und unterhaltsam, wenngleich etwas unpersönlich Freunden gegenüber. In der Gruppe werden soziale und humanitäre Ideale diskutiert. Man lernt lieber gemeinsam als alleine, tauscht gern Gedanken und Erfahrungen aus und ist ein kluger Ratgeber. Talentierter Gruppenlehrer, der gerne Kurse und Seminare besucht und abhält. Mitarbeit in Vereinen, Parteien oder Interessengemeinschaften; dort guter Organisator und Gesellschafter. – Andererseits aber auch Hang zu exzentrischen, wirklichkeitsfremden Idealen. Freunden gegenüber ist man kühl, reserviert oder gar berechnend. Im Vordergrund steht gern der persönliche Nutzen einer Freundschaft. Mitunter geistiger Rebell oder Querkopf, der immer gegen etwas ist. Andere werden gern verbal provoziert. Unter Saturn-Aspekten: Hemmungen in der Kommunikation oder gestörte Konzentration. Nervöse Gedankensprünge mit Neigung um Verhaspeln. Schwierigkeiten beim freien Sprechen. (h+d Zwi-Me H11)

Berechnender Freund

Kontaktfreudig, gesellig und unterhaltsam, wenngleich etwas unpersönlich Freunden gegenüber. In der Gruppe werden soziale und humanitäre Ideale diskutiert. Gern aber auch Hang zu exzentrischen, wirklichkeitsfremden Idealen. Freunden gegenüber ist man kühl, reserviert oder gar berechnend. Im Vordergrund steht gern der persönliche Nutzen einer Freundschaft. Mitunter geistiger Rebell oder Querkopf, der immer gegen etwas ist. Andere werden gern verbal provoziert. Unter Saturn-Aspekten: Hemmungen in der Kommunikation oder gestörte Konzentration. Nervöse Gedankensprünge mit Neigung um Verhaspeln. Schwierigkeiten beim freien Sprechen. (d Zwi-Me H11)

Jungfrau-Merkur im 11. Haus

Toleranter Freund

Man arbeitet gern mit Freunden, Gruppen oder im Team für Organisationen, Verbände oder Parteien. Tolerant, freundlich, hilfsbereit gegenüber Mitarbeitern. Freie

Arbeitsbedingungen sind einem wichtig: hier liebt man Veränderungen und Abwechslung. Fähig, ungewöhnliche Arbeitsmethoden oder modernste Technik einzusetzen oder mit ungewöhnlichen Menschen zusammenzuarbeiten. (h Jun-Me H11)

Toleranter bis exzentrischer Freund

Man arbeitet gern mit Freunden, Gruppen oder im Team für Organisationen, Verbände oder Parteien. Tolerant, freundlich, hilfsbereit gegenüber Mitarbeitern. Freie Arbeitsbedingungen sind einem wichtig: hier liebt man Veränderungen und Abwechslung. Fähig, ungewöhnliche Arbeitsmethoden oder modernste Technik einzusetzen oder mit ungewöhnlichen Menschen zusammenzuarbeiten. – Andererseits am Arbeitsplatz auch exzentrisch bis provokant. Oft distanziertes Verhältnis gegenüber Mitarbeitern, über die man sich oft aufregt. Ein Störenfried am Arbeitsplatz, der sich ständig Freiheiten herausnimmt. Man braucht oder verbreitet Hektik und Streß. Unter Saturn-Aspekten: Man hat wenig Freiraum bei der Arbeit und kaum Freizeit. Man wird ständig gestört oder leidet unter nervösen, reizbaren Mitarbeitern. (h+d Jun-Me H11)

Exzentrischer Freund

Man arbeitet gern mit Freunden, Gruppen oder im Team für Organisationen, Verbände oder Parteien. Am Arbeitsplatz ist man gern exzentrisch bis provokant. Oft distanziertes Verhältnis gegenüber Mitarbeitern, über die man sich oft aufregt. Ein Störenfried am Arbeitsplatz, der sich ständig Freiheiten herausnimmt. Man braucht oder verbreitet Hektik und Streß. Unter Saturn-Aspekten: Man hat wenig Freiraum bei der Arbeit und kaum Freizeit. Man wird ständig gestört oder leidet unter nervösen, reizbaren Mitarbeitern. (d Jun-Me H11)

Stier-Venus im 11. Haus

Materielle Gewinne durch Freunde

Möglichkeit, Geld zu verdienen durch Freunde, über Beziehungen Gruppen oder Parteien; oder es ergeben sich finanzielle Gewinne bzw. materielle Vorteile durch diese. Seinen Selbstwert schöpft man aus Freundschaften oder man erhält Sicherheit durch die Gruppe oder den Verein. Für Kurse, Seminare, die Freizeit, aber auch für moderne technische Sicherungssysteme (Alarmanlagen) wird viel Geld ausgegeben. Generell strebt man nach finanzieller Unabhängigkeit. (h Sti-Ve H11)

Materielle Gewinne oder Verluste durch Freunde

Möglichkeit, Geld zu verdienen durch Freunde, über Beziehungen Gruppen oder Parteien; oder es ergeben sich finanzielle Gewinne bzw. materielle Vorteile durch diese. Seinen Selbstwert schöpft man aus Freundschaften oder man erhält Sicherheit durch die Gruppe oder den Verein. Für Kurse, Seminare, die Freizeit, aber auch für moderne technische Sicherungssysteme (Alarmanlagen) wird viel Geld ausgegeben. Generell strebt man nach finanzieller Unabhängigkeit. – Andererseits aber steht man ständig unter finanziellem Streß. Tendenz zu verrückten, spontanen Geldausgaben. Man meint, an das schnelle Geld kommen zu müssen und neigt zu finanziellen Abenteuern. Allzu freigebig. Unter Saturn-Aspekten: Unfähig, mit Geld umzugehen. Finanzielle Verluste durch Freunde. Die eigene Freiheit ist durch materielle Abhängigkeiten gehemmt. (h+d Sti-Ve H11)

Materielle Verluste durch Freunde

Seinen Selbstwert schöpft man aus Freundschaften oder man erhält Sicherheit durch die Gruppe oder den Verein. Andererseits aber steht man ständig unter finanziellem Streß. Tendenz zu verrückten, spontanen Geldausgaben. Man meint, an das schnelle Geld kommen zu müssen und neigt zu finanziellen Abenteuern. Allzu freigebig. Unter Saturn-Aspekten: Unfähig, mit Geld umzugehen. Finanzielle Verluste durch Freunde. Die eigene Freiheit ist durch materielle Abhängigkeiten gehemmt.(d Sti-Ve H11)

Waage-Venus im 11. Haus

Beliebter Freund

In der Gruppe oder im Freundeskreis ist man das verbindende Element, oft auch der gesellige Unterhalter. Bedürfnis, im Freundeskreis zu gefallen und beliebt zu sein. Von dort erhält man Hilfe und Unterstützung, unternimmt gemeinsame Aktionen und findet dabei oft auch seine "große Liebe". Stets aber Bedürfnis nach Freiheit und Abwechslung in der Liebe, wobei Freunde zu Geliebten werden können und umgekehrt. (h Waa-Ve H11)

Beliebter bis ausgenutzter Freund

In der Gruppe oder im Freundeskreis ist man das verbindende Element, oft auch der gesellige Unterhalter. Bedürfnis, im Freundeskreis zu gefallen und beliebt zu sein. Von dort erhält man Hilfe und Unterstützung, unternimmt gemeinsame Aktionen und findet dabei oft auch seine "große Liebe". Stets aber Bedürfnis nach Freiheit und Abwechslung in der Liebe, wobei Freunde zu Geliebten werden können und umgekehrt. – Andererseits ist man allzu unkritisch gegenüber Freunden mit der Neigung, sich in die Gruppe einzuschmeicheln. Ist man von ihr abhängig, wird man gern von Freunden ausgenutzt oder hintergangen. Tendenz zu extremem Liebesleben, zu erotische Extravaganzen (Homo-Erotik, Gruppensex). Neigung, aus einer Partnerschaft immer wieder ausbrechen, da nur das Neue reizt. Unter Saturn-Aspekten: Die eigene Freiheit wird durch den Partner gehemmt oder die Beziehung macht einen abhängig. (h+d Waa-Ve H11)

Ausgenutzter Freund

In der Gruppe oder im Freundeskreis ist man das verbindende Element, oft auch der gesellige Unterhalter. Gern aber allzu unkritisch gegenüber Freunden mit der Neigung, sich in die Gruppe einzuschmeicheln. Ist man von ihr abhängig, wird man gern von Freunden ausgenutzt oder hintergangen. Tendenz zu extremem Liebesleben, zu erotische Extravaganzen (Homo-Erotik, Gruppensex). Neigung, aus einer Partnerschaft immer wieder ausbrechen, da nur das Neue reizt. Unter Saturn-Aspekten: Die eigene Freiheit wird durch den Partner gehemmt oder die Beziehung macht einen abhängig. (d Waa-Ve H11)

Mars im 11. Haus

Engagiert in der Gruppe

Die Energie ist auf Gruppeninteressen oder Freundschaften ausgerichtet. Man hat Führungsanspruch im Freundeskreis und setzt sich engagiert für Gruppenziele oder seine Freunde ein. Dabei Neigung, auf die Gruppe bestimmend einzuwirken. Rasch entschlossen und fähig, sich spontan durchzusetzen. Aktiv ist man bevorzugt für "Kampfgemeinschaften" (Sport, Militär). Großer Freiheitsdrang. (h Ma H11)

Engagiert bis aggressiv in der Gruppe

Die Energie ist auf Gruppeninteressen oder Freundschaften ausgerichtet. Man hat Führungsanspruch im Freundeskreis und setzt sich engagiert für Gruppenziele oder seine Freunde ein. Dabei Neigung, auf die Gruppe bestimmend einzuwirken. Rasch entschlossen und fähig, sich spontan durchzusetzen. Aktiv ist man bevorzugt für "Kampfgemeinschaften" (Sport, Militär). Großer Freiheitsdrang. – Andererseits Schwierigkeiten, sich in eine Gemeinschaft einzubringen. Gern mißtrauisch mit Rivalitäts- oder Konkurrenzdenken. Aggressor und Provokateur in der Gruppe mit Tendenz zu vorschnellen Aktionen oder überstürzten Handlungen. Man fordert viele Freundschaftsbeweise, ist dann aber selbst unberechenbar oder schwer auskömmlich. An der "Entweder-Oder-Haltung" zerbricht so manche Freundschaft. Unter Saturn-Aspekten: Unfähig, sein Bedürfnis nach Freiheit oder Unabhängigkeit durchzusetzen. Kein Mut zu Neuem oder zur Veränderung. Ständig unterbrochen werden. (h+d Ma H11)

Aggressiv in der Gruppe

Die Energie ist auf Gruppeninteressen oder Freundschaften ausgerichtet. Aber Schwierigkeiten, sich in eine Gemeinschaft einzubringen. Gern mißtrauisch mit Rivalitäts- oder Konkurrenzdenken. Aggressor und Provokateur in der Gruppe mit Tendenz zu vorschnellen Aktionen oder überstürzten Handlungen. Man fordert viele Freundschaftsbeweise, ist dann aber selbst unberechenbar oder schwer auskömmlich. An der "Entweder-Oder-Haltung" zerbricht so manche Freundschaft. Unter Saturn-Aspekten: Unfähig, sein Bedürfnis nach Freiheit oder Unabhängigkeit durchzusetzen. Kein Mut zu Neuem oder zur Veränderung. Ständig unterbrochen werden. (d Ma H11)

Jupiter im 11. Haus
Wohlwollender Freund

Großzügiger und wohlwollender Freund und Mäzen, der seinen Gesinnungsfreunden Unterstützung gewährt, diese aber auch von ihnen erhält. Daher vorteilhafte Freundschaften. Gern soziales Engagement in angesehenen Standeszirkeln oder Glaubensgemeinschaften. Bestreben, in vornehmen Kreisen seine Ideale zu verwirklichen oder sich weiterzubilden. Fähig, Freunde oder Gruppen für etwas zu begeistern und zu motivieren (z. B. als Gruppenleiter). Mitglied in karitativen Vereinen oder religiöse Organisationen. (h Ju H11)

Wohlwollender bis dünkelhafter Freund

Großzügiger und wohlwollender Freund und Mäzen, der seinen Gesinnungsfreunden Unterstützung gewährt, diese aber auch von ihnen erhält. Daher vorteilhafte Freundschaften. Gern soziales Engagement in angesehenen Standeszirkeln oder Glaubensgemeinschaften. Bestreben, in vornehmen Kreisen seine Ideale zu verwirklichen oder sich weiterzubilden. Fähig, Freunde oder Gruppen für etwas zu begeistern und zu motivieren (z. B. als Gruppenleiter). Mitglied in karitativen Vereinen oder religiöse Organisationen. – Andererseits aber auch Standesdünkel mit der Tendenz, andere nicht nach Charakter, sondern nach Herkunft und Status zu beurteilen. Bestrebt, über einflußreiche Leute Vorteile zu erlangen. Gern auch etwas utopisches, verworrenes Weltbild, oft mit extremen religiösen Ansichten. Protesthaltung gegen die Kirche. Unter Saturn-Aspekten: Religion oder Weltanschauung behindern Freiheit und Unabhängigkeit, oder aber man hat keine Möglichkeit, sich frei für seine Ideale oder die Religion zu bekennen. (h+d Ju H11)

Dünkelhafter Freund

Großzügiger und wohlwollender Freund und Mäzen, der seinen Gesinnungsfreunden Unterstützung gewährt, diese aber auch von ihnen erhält. Andererseits aber auch Standesdünkel mit der Tendenz, andere nicht nach Charakter, sondern nach Herkunft und Status zu beurteilen. Bestrebt, über einflußreiche Leute Vorteile zu erlangen. Gern auch etwas utopisches, verworrenes Weltbild, oft mit extremen religiösen Ansichten. Protesthaltung gegen die Kirche. Unter Saturn-Aspekten: Religion oder Weltanschauung behindern Freiheit und Unabhängigkeit, oder aber man hat keine Möglichkeit, sich frei für seine Ideale oder die Religion zu bekennen. (d Ju H11)

Saturn im 11. Haus (Mitregent)

Beständiger Freund

Beständiger, aufrichtiger und zuverlässiger Freund mit entsprechender Autorität in der Gruppe. Fähig, in Vereinen oder Parteien Verantwortung zu übernehmen, etwa als Gruppenleiter, Parteiobmann oder Politiker. Auch beruflich hat man oft mit Gruppen zu tun; dort guter Organisator mit Sinn für nützliche Beziehungen. Hang zu angesehenen oder älteren Bekannten. (h Sa H11)

Beständiger bis gehemmter Freund

Beständiger, aufrichtiger und zuverlässiger Freund mit entsprechender Autorität in der Gruppe. Fähig, in Vereinen oder Parteien Verantwortung zu übernehmen, etwa als Gruppenleiter, Parteiobmann oder Politiker. Auch beruflich hat man oft mit Gruppen zu tun; dort guter Organisator mit Sinn für nützliche Beziehungen. Hang zu angesehenen oder älteren Bekannten. – Andererseits aber auch Mißtrauen gegenüber Freunden. Gefahr gegenseitiger Ausnutzung aus materiellen Gründen. In der Meinung, nicht akzeptiert zu werden, häufig Angst vor Gruppensituationen. Gern auch Befürchtung, für eine Freundschaft nicht gut genug zu sen. Tendenz, sich vor der Gruppe zurückzuziehen; dann wenige oder gar keine Freunde. Tendenz, zum Sündenbock in der Gruppe zu werden. (h+d Sa H11)

Gehemmter Freund

Beständiger, aufrichtiger und zuverlässiger Freund mit entsprechender Autorität in der Gruppe. Andererseits gibt es aber auch Mißtrauen gegenüber Freunden. Gefahr gegenseitiger Ausnutzung aus materiellen Gründen. In der Meinung, nicht akzeptiert zu werden, häufig Angst vor Gruppensituationen. Gern auch Befürchtung, für eine Freundschaft nicht gut genug zu sen. Tendenz, sich vor der Gruppe zurückzuziehen; dann wenige oder gar keine Freunde. Tendenz, zum Sündenbock in der Gruppe zu werden. (d Sa H11)

Uranus im 11. Haus (Regent)

Idealistische Freundschaften

Sehr weltoffen mit humanitärer Einstellung. Bedürfnis, ständig neue Freunde und Bekannte zu suchen, um mit ihnen Anregung, Spannung und neue Erlebnisse in der Gruppengemeinschaft zu erfahren. Zwar wirkt man auf andere stets befruchtend, bleibt aber immer unabhängig und distanziert sich, wenn die Beziehung zu eng wird. Es lassen sich aber immer wieder neue Freunde finden, mit denen man vor allem idealistische, humanitäre oder soziale Ziele verfolgt. (h Ur H11)

Idealistische bis unbeständige Freundschaften

Sehr weltoffen mit humanitärer Einstellung. Bedürfnis, ständig neue Freunde und Bekannte zu suchen, um mit ihnen Anregung, Spannung und neue Erlebnisse in der Gruppengemeinschaft zu erfahren. Zwar wirkt man auf andere stets befruchtend, bleibt aber immer unabhängig und distanziert sich, wenn die Beziehung zu eng wird. Es lassen sich aber immer wieder neue Freunde finden, mit denen man vor allem idealistische, humanitäre oder soziale Ziele verfolgt. – Andererseits aber auch allzu exzentrisch, versponnen oder gar provokant, wodurch sich häufig Trennungen ergeben. Man hat Schwierigkeiten, sich der Gruppenmaxime anzupassen. Gern auch unaufrichtig oder selbstsüchtig: man kommt und geht, wie es einem paßt. Daher ist ein Ausstieg aus der Gruppe schon vorprogrammiert. (h+d Ur H11)

Unbeständige Freundschaften

Sehr weltoffen mit humanitärer Einstellung. Bedürfnis, ständig neue Freunde und Bekannte zu suchen, um mit ihnen Anregung, Spannung und neue Erlebnisse in der Gruppengemeinschaft zu erfahren. Gern aber allzu exzentrisch, versponnen oder gar provokant, wodurch sich häufig Trennungen ergeben. Man hat Schwierigkeiten, sich der Gruppenmaxime anzupassen. Möglicherweise unaufrichtig oder selbstsüchtig: man kommt und geht, wie es einem paßt. Daher ist ein Ausstieg aus der Gruppe schon vorprogrammiert. (d Ur H11)

Neptun im 11. Haus
Spirituelle Freundschaften

Mitglied in spirituellen oder Esoterik-Gruppen oder Engagement für sozial-humanitäre Gruppenideale, meist mit Helfer- oder Opferrolle im Freundeskreis. Man hat selber hohe und idealistische Vorstellungen von Freundschaft und ist ein einfühlsamer, sorgender und aufopfernder Freund. Sehnsucht nach mystischen Geistesfreundschaften mit Hang zu künstlerischem, religiösem oder hilfsbereitem Bekanntenkreis. (h Ne H11)

Spirituelle bis falsche Freundschaften

Mitglied in spirituellen oder Esoterik-Gruppen oder Engagement für sozial-humanitäre Gruppenideale, meist mit Helfer- oder Opferrolle im Freundeskreis. Man hat selber hohe und idealistische Vorstellungen von Freundschaft und ist ein einfühlsamer, sorgender und aufopfernder Freund. Sehnsucht nach mystischen Geistesfreundschaften mit Hang zu künstlerischem, religiösem oder hilfsbereitem Bekanntenkreis. – Andererseits aber auch Angst vor Gruppensituationen. Man hat falsche oder unzuverlässige Freunde oder zählt selber zu diesen. Gefahr, von Freunden oder Gruppen ausgenutzt oder abhängig zu werden oder Intrigen zum Opfer zu fallen. Gern auch Enttäuschung durch Freunde oder Gruppen mit dem Verlust von Freundschaften. (h+d Ne H11)

Falsche Freundschaften

Mitglied in spirituellen oder Esoterik-Gruppen oder Engagement für sozial-humanitäre Gruppenideale, meist mit Helfer- oder Opferrolle im Freundeskreis. Andererseits gern Angst vor Gruppensituationen. Man hat falsche oder unzuverlässige Freunde oder zählt selber zu diesen. Gefahr, von Freunden oder Gruppen ausgenutzt oder abhängig zu werden oder Intrigen zum Opfer zu fallen. Gern auch Enttäuschung durch Freunde oder Gruppen mit dem Verlust von Freundschaften. (d Ne H11)

Pluto im 11. Haus

Eingeschworene Freundschaften

Hang zu eingeschworen-zwanghaften oder paktartigen Freundschaften. Dabei Neigung, sich Geheimbünden oder magischen Zirkeln anzuschließen. Man ist sehr dominant Freunden gegenüber und hat in der Regel auch einen starken Einfluß auf die Gruppe (evtl. Guru). Drang zu Mitarbeit bei humanitären Forschungsprojekten; dabei Gruppenleiter mit reformerischen Tendenzen. Intuitiver Einblick in gesellschaftliche oder soziologische Hintergründe. (h PL H11)

Eingeschworene bis unheimliche Freundschaften

Hang zu eingeschworen-zwanghaften oder paktartigen Freundschaften. Dabei Neigung, sich Geheimbünden oder magischen Zirkeln anzuschließen. Man ist sehr dominant Freunden gegenüber und hat in der Regel auch einen starken Einfluß auf die Gruppe (evtl. Guru). Drang zu Mitarbeit bei humanitären Forschungsprojekten; dabei Gruppenleiter mit reformerischen Tendenzen. Intuitiver Einblick in gesellschaftliche oder soziologische Hintergründe. – Andererseits kommt es gern zu Machtkämpfen in der Gruppe. Oft ist man von Freunden abhängig oder wird von diesen manipuliert, unterdrückt oder gar erpreßt. Hang zu schwierigen Freundschaften mit "unheimlichen" Gestalten. (h+d PL H11)

Unheimliche Freundschaften

Hang zu eingeschworen-zwanghaften oder paktartigen Freundschaften. Dabei Neigung, sich Geheimbünden oder magischen Zirkeln anzuschließen. Man ist sehr dominant Freunden gegenüber und hat in der Regel auch einen starken Einfluß auf die Gruppe (evtl. Guru). Es kommt aber gern zu Machtkämpfen in der Gruppe. Oft ist man von Freunden abhängig oder wird von diesen manipuliert, unterdrückt oder gar erpreßt. Hang zu schwierigen Freundschaften mit "unheimlichen" Gestalten. (d PL H11)

Leeres 11. Haus in den Zeichen

Chef in der Gruppe

Man geht gerne neue, vielversprechende Freundschaften ein, mit der Tendenz, alte Beziehungen zu vernachlässigen. Gesellschaftliche Ideale und Wünsche werden energisch vertreten, und man ist ein Pionier bei gemeinsamen Anliegen. Vorliebe, Gruppen- oder Vereinsaktivitäten zu organisieren; gern aber etwas aggressiv und ungeduldig in der Gruppe bzw. zu Freunden. Entweder man übernimmt die Führung oder wird zum Querulanten. Andere werden gern unter Druck gesetzt. (H11 in Wid)

Gemütlicher Freund

Man sucht im Freundeskreis und im gesellschaftlichen Leben Bequemlichkeit und Komfort, schätzt bei gemeinsamen Unternehmungen aber Taten mehr als Worte. Oft Kontakt zu künstlerischen oder wohlhabenden Kreisen, deren Hilfe man sich zunutze macht, um seine eigenen weltverbessernden Pläne zu verwirklichen. Man liebt das Gemütliche bei jeglicher Art von Gruppenaktivität, geht aber dennoch praktisch und ausdauernd vor. Guter Zuhörer, der aber gern eigensinnig an seinen Vorstellungen festhält. (H11 in Sti)

Geselliger Weltverbesserer

Man setzt sich geistig mit der Menschheit als Ganzem auseinander. Neugierig gesellschaftlichen Problemen gegenüber und sehr mitteilsam in der Gruppe. Man wählt sich intelligente und geistreiche Menschen zu Freunden, wobei Abwechslung und intellektuelle Anregung sehr wichtig sind. Gern etwas wankelmütig bei Gruppeninteressen und im Umgang mit Gesinnungsfreunden. Ungeduldig hinsichtlich der Erfüllung weltverbessernder Wünsche und Hoffnungen. (H11 in Zwi)

Fürsorglicher Freund

Man ist sozial eingestellt und sorgt gerne für Freunde. Diese werden wie Familienmitglieder behandelt und man hegt starke Gefühlsbindungen zu ihnen, aber auch zu Gruppen und humanitären Vereinigungen. Sorgende Haltung sogar der ganzen Menschheit gegenüber. Gesinnungsfreunde werden gern nach Hause eingeladen; dort gern etwas besitzergreifend. Sehr empfindlich gegenüber Kritik an der eigenen sozialen Einstellung; daher werden Andersdenkende gemieden. (H11 in Kre)

Großzügiger Freund

Ehrlich im gesellschaftlichen Umgang und den Freunden gegenüber. Dabei loyales, großzügiges und liebenswürdiges Auftreten. Man sucht Freundschaften gern mit einflußreichen, besonders schöpferischen oder gar genial veranlagten Menschen. Neigung, in Gruppen und Bekannten gegenüber eine dominierende Rolle zu spielen oder zu glänzen. Große Begeisterung für weltverbessernde Gruppenziele. (H11 in Loe)

Kritischer Freund

Kritische Haltung sozialen Kontakten oder der gesamten Gesellschaft gegenüber: Man glaubt nicht gleich alles, sondern sucht stets nach Schwachpunkten im Wissen der anderen. Freunde werden vor allem bei der Arbeit kennengelernt. Daher meist Freundschaften mit Arbeitskollegen, deren praktische Fähigkeiten einem zunutze kommen. Man bemüht sich aber auch sehr für Freunde, vor allem für jene, die Hilfe brauchen. Bei Gruppenaktivitäten aller Art wird sehr auf Details geachtet. (H11 in Jun)

Harmonie mit Gesinnungsfreunden

Man ist sozial eingestellt, liebt Freunde, gesellschaftliche Ereignisse und Partys. Man will sehen und gesehen werden, und zwar in guter Gesellschaft. Sucht außerordentliche Freunde. Das gesellschaftliche Leben wird zum künstlerischen Selbstausdruck. Wünsche und Hoffnungen gründen auf dem Streben nach Harmonie. (H11 in Waa)

Machtkämpfe in der Gruppe

Man ist nicht sehr gesellig, ist sich selbst der beste Freund und geht gern seine eigenen Wege. Etwas rauh im Umgang mit Freunden, die einem seine Wünsche erfüllen sollen. Man wählt nur "starke" Personen zu Freunden, wird von der Gruppe und von Freunden beherrscht oder aber strebt selbst Macht über sie an. In der Gruppe handelt man nicht sofort, sondern ist eher abwartend, gern aber Neigung zu Rachsucht, wenn etwas nicht gut läuft. (H11 in Sko)

Hang zu berühmten Freunden

Neigung, großen Organisationen beizutreten, in denen man sich selbst entfalten kann. Hohe Erwartungen an Vereinigungen und die gesamte Gesellschaft, aber auch an das eigene Leben. Man fühlt sich zu berühmten oder optimistischen Freunden hingezogen und hat dort oft auch viele Freunde. Abneigung gegen Sentimentalitäten im Freundeskreis und bei gesellschaftlichen Fragen. Neigung, die eigene Lebensphilosophie über Gesellschaftsreformen durchzusetzen. (H11 in Sch)

Pflichtbewußter Freund

Man wählt beständige, konservative oder angesehene Leute zu Freunden. Gern Beitritt zu konservativen Vereinigungen. Starkes Verantwortungsbewußtsein Freunden und dem gesellschaftlichen Geschehen gegenüber. Im Umgang mit Freunden beharrlich bis dominant. Dennoch gern Zweifel an der eigenen Fähigkeit hehren Gruppenzielen ausreichend nachzukommen; man braucht daher viel Bestätigung. Stabilisierender Einfluß auf Freunde, gern aber Schwierigkeiten mit neuen Ideen. (H11 in Ste)

Wechselhaft in Freundschaften

Man schließt leicht Freundschaften, ist in der Gruppe aber wenig anpassungsfähig; daher gern viel Wechsel bei Freundschaften. Oft auch ungewöhnliche Freunde. Sehr tolerante gesellschaftliche Einstellung nach der Maxima: "Leben und leben lassen". Man ist stark auf die gesamte Menschheit hin orientiert und hegt gern exzentrische Wünsche und Erwartungen an eine Gruppe oder Vereinigung. (H11 in Was)

Aufopfernder Freund

Sehr hilfsbereit Freunden gegenüber: Man will alles Schöne mit ihnen teilen. Gern aber unklug in der Wahl von Freunden. Die eigene Freigebigkeit wird von Freunden gern ausgenutzt, weshalb sich oft Enttäuschungen einstellen. Kontakte zu Menschen, die es im Leben schwer haben oder unter Schicksalsschlägen leiden. Man verliert sich gern missionarisch und mit viel Phantasie in sozialen Aktivitäten. Etwas wirklichkeitsfremde Einstellung dem gesellschaftlichen Leben gegenüber. (H11 in Fis)

Haus 12: Alleinsein, Zurückgezogenheit, freiwillige oder unfreiwillige Isolation

Sonne im 12. Haus

Altruistisch

Die Selbstdarstellung erfolgt aus einer gewissen Abgeschiedenheit heraus. Hat man eine führende Position inne, so stets hinter den Kulissen (z. B. im Krankenhaus, Gefängnis oder Kloster). Gern Autorität im Hintergrund als "Graue Eminenz". Tendenz, sich meditierend in sich selbst zurückzuziehen. Gern einsam und dem normalen menschlichen Kontakt entfremdet, dafür aber fähig zu echter Nächstenliebe, Opferbereitschaft und tiefer Spiritualität. Der altruistische Dienst am Nächsten bringt einem Anerkennung und Erfüllung. (h So H12)

Altruistisch bis menschenscheu

Die Selbstdarstellung erfolgt aus einer gewissen Abgeschiedenheit heraus. Hat man eine führende Position inne, so stets hinter den Kulissen (z. B. im Krankenhaus,

Gefängnis oder Kloster). Gern Autorität im Hintergrund als "Graue Eminenz". Tendenz, sich meditierend in sich selbst zurückzuziehen. Gern einsam und dem normalen menschlichen Kontakt entfremdet, dafür aber fähig zu echter Nächstenliebe, Opferbereitschaft und tiefer Spiritualität. Der altruistische Dienst am Nächsten bringt einem Anerkennung und Erfüllung. – Andererseits ist man süchtig nach Geltung und Beachtung. Schauspieler, der gern mit einer Maske lebt und immer wieder in andere Rollen schlüpft. Neigung, sich ständig etwas vorzumachen oder Illusionen zu erliegen. Süchtig nach Spiel, Sex und Vergnügen. Falschspieler. Bei der Frau: Enttäuschungen mit oder falsche Illusionen über Männer(n). Unter Saturn-Aspekten: Schüchtern und unsicher mit Versagensängsten oder schwachem Selbstbewußtsein. Menschenscheu oder geheime Feinde. Seelisch labil mit geringer Lebenskraft. (h+d So H12)

Menschenscheu

Die Selbstdarstellung erfolgt aus einer gewissen Abgeschiedenheit heraus. Oft ist man süchtig nach Geltung und Beachtung. Schauspieler, der gern mit einer Maske lebt und immer wieder in andere Rollen schlüpft. Neigung, sich ständig etwas vorzumachen oder Illusionen zu erliegen. Süchtig nach Spiel, Sex und Vergnügen. Falschspieler. Bei der Frau: Enttäuschungen mit oder falsche Illusionen über Männer(n). Unter Saturn-Aspekten: Schüchtern und unsicher mit Versagensängsten oder schwachem Selbstbewußtsein. Menschenscheu oder geheime Feinde. Seelisch labil mit geringer Lebenskraft. (d So H12)

Mond im 12. Haus

Zurückgezogen

Man ist schüchtern und hat verdrängte, verborgene oder heimliche Gefühle und fühlt sich stark zum Ewigen und Jenseitigen hingezogen (Erlösungssehnsucht). Bedürfnis nach Rückzug in die Einsamkeit um dort zu beten oder zu meditieren. Man hat Probleme, sich seelisch zu öffnen; Kraft wird in der Stille, in der Natur oder zu Hause getankt. Empfindlich und wehleidig: Oft sieht man sich in harmlosen Situationen bedroht. Generell jedoch sehr hilfsbereit mit Einsatz für schwache, kranke, behinderte oder elternlose Kinder. (h Mo H12)

Zurückgezogen bis sentimental

Man ist schüchtern und hat verdrängte, verborgene oder heimliche Gefühle und fühlt sich stark zum Ewigen und Jenseitigen hingezogen (Erlösungssehnsucht). Bedürfnis nach Rückzug in die Einsamkeit um dort zu beten oder zu meditieren. Man hat Probleme, sich seelisch zu öffnen; Kraft wird in der Stille, in der Natur oder zu Hause getankt. Empfindlich und wehleidig: Oft sieht man sich in harmlosen Situationen bedroht. Generell jedoch sehr hilfsbereit mit Einsatz für schwache, kranke, behinderte oder elternlose Kinder. – Andererseits süchtig nach Zärtlichkeit, Wärme oder Zuwendung. Im Gefühlsbereich ausgesprochen kindlich mit Hang zu Kuscheltieren. Sehr sentimental. Oft auch überempfindliche, eigenbrötlerische oder neurotische Tendenzen. Heimliche Feind- und Gegnerschaften. Unter Saturn-Aspekten: Seelisch überempfindlich, sehr verunsichert oder ängstlich. Man weint oft. Gern depressiv mit Suizid-Neigung. (d+h Mo H12)

Sentimental

Man ist schüchtern und hat verdrängte, verborgene oder heimliche Gefühle und fühlt sich stark zum Ewigen und Jenseitigen hingezogen (Erlösungssehnsucht). Süchtig nach Zärtlichkeit, Wärme oder Zuwendung. Im Gefühlsbereich ausgesprochen kindlich mit Hang zu Kuscheltieren. Sehr sentimental. Oft auch überempfindliche, eigenbrötlerische oder neurotische Tendenzen. Heimliche Feind- und Gegnerschaften. Unter Saturn-Aspekten: Seelisch überempfindlich, sehr verunsichert oder ängstlich. Man weint oft. Gern depressiv mit Suizid-Neigung. (d Mo H12)

Zwillings-Merkur im 12. Haus

Verschwiegen

Man ist sehr verschwiegen und sagt nur selten, was man denkt und fühlt. Auch sein Wissen hält man gerne verborgen. Klare Gedanken und gute Ideen findet man am besten in der Abgeschiedenheit. Man zieht sich zurück, um zu schreiben. Dort viele Intuitionen und eine rege Phantasie. Soziale Gesinnung mit intellektuelle Parteinahme für Kranke, Behinderte und Asoziale. Interesse an Geheimnisvollem wie etwa an Esoterik und Mystik. (h Zwi-Me H12)

Verschwiegen bis unehrlich

Man ist sehr verschwiegen und sagt nur selten, was man denkt und fühlt. Auch sein Wissen hält man gerne verborgen. Klare Gedanken und gute Ideen findet man am besten in der Abgeschiedenheit. Man zieht sich zurück, um zu schreiben. Dort viele Intuitionen und eine rege Phantasie. Soziale Gesinnung mit intellektuelle Parteinahme für Kranke, Behinderte und Asoziale. Interesse an Geheimnisvollem wie etwa an Esoterik und Mystik. – Andererseits redet man anders, als man denkt. Stets Hintergedanken mit Neigung zum schummeln, lügen und Ausreden suchen. Geistig schüchtern, aber viele illusionäre Gedankengebäude. Mühe, sich der Realität anzupassen. Gern geistiger Diebstahl (z. B. an Autorenrechten), ohne dies selbst zu merken. Oft Lese- und Rechtschreibschwäche oder Neurosen. Unter Saturn-Aspekten: Man ist gedankenlos, vergeßlich, verträumt oder zerstreut. Gern Lern- oder Leseschwäche. Tagträumer. (h+d Zwi-Me H12)

Unehrlich

Man ist sehr verschwiegen und sagt nur selten, was man denkt und fühlt. Auch sein Wissen hält man gerne verborgen. Man redet anders, als man denkt. Stets Hintergedanken mit Neigung zum schummeln, lügen und Ausreden suchen. Geistig schüchtern, aber viele illusionäre Gedankengebäude. Mühe, sich der Realität anzupassen. Gern geistiger Diebstahl (z. B. an Autorenrechten), ohne dies selbst zu merken. Oft Lese- und Rechtschreibschwäche oder Neurosen. Unter Saturn-Aspekten: Man ist gedankenlos, vergeßlich, verträumt oder zerstreut. Gern Lern- oder Leseschwäche. Tagträumer. (d Zwi-Me H12)

Jungfrau-Merkur im 12. Haus

Hilfsbereit im Hintergrund

Man arbeitet im Hintergrund und zwar für soziale, überpersönliche Aufgaben. Dabei gern in Anstalten oder größeren Organisationen im Dienste des Kollektivs (z. B. Kirche, Kloster, Hilfswerk, Fürsorge, Gefängnis). Bei der Arbeit ist man hilfsbereit und einfühlsam, helfend oder heilend. Oft beschäftigt mit Schwachen, Kranken oder Asozialen. (h Jun-Me H12)

Hilfsbereit im Hintergrund bis unzuverlässig

Man arbeitet im Hintergrund und zwar für soziale, überpersönliche Aufgaben. Dabei gern in Anstalten oder größeren Organisationen im Dienste des Kollektivs (z. B.

Kirche, Kloster, Hilfswerk, Fürsorge, Gefängnis). Bei der Arbeit ist man hilfsbereit und einfühlsam, helfend oder heilend. Oft beschäftigt mit Schwachen, Kranken oder Asozialen. – Andererseits aber auch Neigung, heimlich oder illegal zu arbeiten (Schwarzarbeit). Sehr launisch und stimmungsabhängig. Tendenz, bei der Arbeit zu trinken oder zu rauchen oder aus der Arbeit immer wieder zu flüchten oder unterzutauchen. Mitunter Neigung zu intrigieren, betrügen, lügen oder zu stehlen. Unter Saturn-Aspekten: Man hat einen unsicheren Arbeitsplatz. Tendenz, bei der Arbeit getäuscht, betrogen oder ausgenutzt zu werden. Arbeitslos. (h+d Jun-Me H12)

Unzuverlässig

Man arbeitet im Hintergrund und zwar für soziale, überpersönliche Aufgaben. Neigung, heimlich oder illegal zu arbeiten (Schwarzarbeit). Sehr launisch und stimmungsabhängig. Tendenz, bei der Arbeit zu trinken oder zu rauchen oder aus der Arbeit immer wieder zu flüchten oder unterzutauchen. Mitunter Neigung zu intrigieren, betrügen, lügen oder zu stehlen. Unter Saturn-Aspekten: Man hat einen unsicheren Arbeitsplatz. Tendenz, bei der Arbeit getäuscht, betrogen oder ausgenutzt zu werden. Arbeitslos. (d Jun-Me H12)

Stier-Venus im 12. Haus

In Gelddingen unbekümmert

In Geldangelegenheiten ist man sorglos bis unbekümmert, hat aber gern heimliche Einnahmequellen (Schwarzgeld, Geheimkonto). Geld, Besitz und Reichtum werden eher als bedeutungslos betrachtet oder aber man träumt ständig davon. Man ist sehr freigiebig und spendet viel für karitative oder mildtätige Zwecke. Neigung, Geld heimlich auszugeben, z. B. für Naschereien. (h Sti-Ve H12)

In Gelddingen unbekümmert bis chaotisch

In Geldangelegenheiten ist man sorglos bis unbekümmert, hat aber gern heimliche Einnahmequellen (Schwarzgeld, Geheimkonto). Geld, Besitz und Reichtum werden eher als bedeutungslos betrachtet oder aber man träumt ständig davon. Man ist sehr freigiebig und spendet viel für karitative oder mildtätige Zwecke. Neigung, Geld heimlich auszugeben, z. B. für Naschereien. – Andererseits aber geht man sehr leichtsinnig bis chaotisch mit Geld um. Man vergißt beispielsweise, geborgtes zurückzuzahlen. Mitunter Neigung zu Betrug oder Diebstahl oder aber man wird selber finanziell ausgenützt, getäuscht oder betrogen. Süchtig nach Genußgiften. Unter Saturn-Aspekten: Gern besitz- und mittellos mit schwacher, unsicherer Finanzlage. Man besitzt nur Wertloses oder hat die Tendenz, Wertsachen ständig zu verlieren. Sozialhilfe-Empfänger. (h+d Sti-Ve H12)

In Gelddingen chaotisch

In Geldangelegenheiten ist man sorglos bis unbekümmert, hat aber gern heimliche Einnahmequellen (Schwarzgeld, Geheimkonto). Tendenz, sehr leichtsinnig bis chaotisch mit Geld umzugehen. Man vergißt beispielsweise, geborgtes zurückzuzahlen. Mitunter Neigung zu Betrug oder Diebstahl oder aber man wird selber finanziell ausgenützt, getäuscht oder betrogen. Süchtig nach Genußgiften. Unter Saturn-Aspekten: Gern besitz- und mittellos mit schwacher, unsicherer Finanzlage. Man besitzt nur Wertloses oder hat die Tendenz, Wertsachen ständig zu verlieren. Sozialhilfe-Empfänger. (d Sti-Ve H12)

Waage-Venus im 12. Haus

Heimliche Liebe

Tendenz zu heimlichen Liebschaften. Erotisches wird gern verdrängt, dafür hegt man heimliche Sehnsüchte. Angst vor Enttäuschung oder Zurückweisung; daher Gefahr, ausgenutzt zu werden. Sehr hilfsbereit und altruistisch: Aus Liebe opfert man sich für andere. Empfindsames Gemüt und stets freundlich zu Menschen, die Kummer haben. Selbstlos in der Liebe, auch bei persönlichen Nachteilen. (h Waa-Ve H12)

Heimliche bis illusionäre Liebe

Tendenz zu heimlichen Liebschaften. Erotisches wird gern verdrängt, dafür hegt man heimliche Sehnsüchte. Angst vor Enttäuschung oder Zurückweisung; daher Gefahr, ausgenutzt zu werden. Sehr hilfsbereit und altruistisch: Aus Liebe opfert man sich für andere. Empfindsames Gemüt und stets freundlich zu Menschen, die Kummer haben. Selbstlos in der Liebe, auch bei persönlichen Nachteilen. – Andererseits versteckte oder verdrängte Erotik. Süchtig nach Zuwendung, Liebe oder Erotik. Tendenz zu Liebessehnsucht, die sich nie erfüllt (unerwiderte Liebe). Der Partner wird idealisiert. Dennoch Angst vor fester Bindung. Neigung zu erotischen Perversionen. Unter Saturn-Aspekten: In Liebe und Partnerschaft ist man verunsichert oder enttäuscht. Man fühlt sich ungeliebt, hat Angst, Kontakte zu knüpfen, oder aber die Beziehungen werden immer wieder gelöst. (h+d Waa-Ve H12)

Illusionäre Liebe

Tendenz zu heimlichen Liebschaften. Versteckte oder verdrängte Erotik. Süchtig nach Zuwendung, Liebe oder Erotik. Tendenz zu Liebessehnsucht, die sich nie erfüllt (unerwiderte Liebe). Der Partner wird idealisiert. Dennoch Angst vor fester Bindung. Neigung zu erotischen Perversionen. Unter Saturn-Aspekten: In Liebe und Partnerschaft ist man verunsichert oder enttäuscht. Man fühlt sich ungeliebt, hat Angst, Kontakte zu knüpfen, oder aber die Beziehungen werden immer wieder gelöst. (d Waa-Ve H12)

Mars im 12. Haus

Engagiert im Verborgenen

Man ist bei der Arbeit gerne für sich oder hat die Neigung, im Verborgenen zu handeln und zu wirken. Engagement und Energieeinsatz erfolgen also vorrangig hinter den Kulissen, etwa in Anstalten oder großen Organisationen. Selbstloser Einsatz für Schwache, Kranke oder Hilflose als Beschützer und Anwalt aller Benachteiligten; offener Widerstand wird dabei aber vermieden. Gern künstlerische Aktivitäten. Entscheidungsschwäche. (h Ma H12)

Engagiert im Verborgenen bis unzufrieden

Man ist bei der Arbeit gerne für sich oder hat die Neigung, im Verborgenen zu handeln und zu wirken. Engagement und Energieeinsatz erfolgen also vorrangig hinter den Kulissen, etwa in Anstalten oder großen Organisationen. Selbstloser Einsatz für Schwache, Kranke oder Hilflose als Beschützer und Anwalt aller Benachteiligten; offener Widerstand wird dabei aber vermieden. Gern künstlerische Aktivitäten. Entscheidungsschwäche. – Andererseits Tendenz zu heimlichen oder illegalen Aktivitäten. Intrigant! Andere werden von hinten angegriffen. Ständig aggressive Phantasien und Sehnsucht danach, stark zu sein. Gefahr, sich außerhalb gesellschaftlicher Normen zu stellen. Chronische Unzufriedenheit: Man regt sich über vieles auf und kommt selten zum Handeln. Oft auch geheime Feinde. Unter Saturn-Aspekten: Man ist mutlos, kraft- oder energielos. Durchsetzungs- oder Antriebsschwäche. Aggressionen werden verdrängt. (h+d Ma H12)

Unzufrieden

Man ist bei der Arbeit gerne für sich oder hat die Neigung, im Verborgenen zu handeln und zu wirken. Andererseits Tendenz zu heimlichen oder illegalen Aktivitäten. Intrigant! Andere werden von hinten angegriffen. Ständig aggressive Phantasien und Sehnsucht danach, stark zu sein. Gefahr, sich außerhalb gesellschaftlicher Normen zu stellen. Chronische Unzufriedenheit: Man regt sich über vieles auf und kommt selten zum Handeln. Oft auch geheime Feinde. Unter Saturn-Aspekten: Man ist mutlos, kraft- oder energielos. Durchsetzungs- oder Antriebsschwäche. Aggressionen werden verdrängt. (d Ma H12)

Jupiter im 12. Haus (Mitregent)

Sinnsuche in Abgeschiedenheit

Man spürt, daß die Gerechtigkeit nicht von dieser Welt ist und versucht, durch Absonderung die (göttlichen) Wahrheiten zu finden. Gern verheimlichte Religiosität oder man gehört im Geheimen religiösen Gruppen oder Sekten an. Bedürfnis, sich für ein Ideal aufzuopfern. Schwache, Kranke oder Hilflose werden gefördert oder unterstützt (z. B. in Anstalten oder sozialen Organisationen). Lebenssinn und Glück findet man in Stille und Abgeschiedenheit (Kloster). Evtl. Typ des Mystikers mit religiösen Visionen. (h Ju H12)

Sinnsuche in Abgeschiedenheit bis religiöse Schwärmereien

Man spürt, daß die Gerechtigkeit nicht von dieser Welt ist und versucht, durch Absonderung die (göttlichen) Wahrheiten zu finden. Gern verheimlichte Religiosität oder man gehört im Geheimen religiösen Gruppen oder Sekten an. Bedürfnis, sich für ein Ideal aufzuopfern. Schwache, Kranke oder Hilflose werden gefördert oder unterstützt (z. B. in Anstalten oder sozialen Organisationen). Lebenssinn und Glück findet man in Stille und Abgeschiedenheit (Kloster). Evtl. Typ des Mystikers mit religiösen Visionen. – Andererseits besteht aber auch die Neigung, sich in einer Traumwelt zu verlieren und sich dort den Phantasien von der eigener Größe und eigenem Ruhm hinzugeben (Märtyrerkomplex). Übersteigerte Phantasie mit Sehnsüchten und Illusionen. Gern religiöse Schwärmereien, übergroße Hilfsbereitschaft oder übertriebenes Fernweh. Unter Saturn-Aspekten: Es fehlt einem an Optimismus und Gottvertrauen. Gern glücklos oder man fühlt sich vom Glück oder von Gott enttäuscht und verlassen. (h+d Ju H12)

Religiöse Schwärmereien

Man spürt, daß die Gerechtigkeit nicht von dieser Welt ist und versucht, durch Absonderung die (göttlichen) Wahrheiten zu finden. Neigung, sich in einer Traumwelt zu verlieren und sich dort den Phantasien von der eigener Größe und eigenem Ruhm hinzugeben (Märtyrerkomplex). Übersteigerte Phantasie mit Sehnsüchten und Illusionen. Gern religiöse Schwärmereien, übergroße Hilfsbereitschaft oder übertriebenes Fernweh. Unter Saturn-Aspekten: Es fehlt einem an Optimismus und Gottvertrauen. Gern glücklos oder man fühlt sich vom Glück oder von Gott enttäuscht und verlassen. (d Ju H12)

Saturn im 12. Haus

Autorität im Hintergrund

Verantwortliche Tätigkeit hinter den Kulissen großer Institutionen wie etwa in geschlossenen Anstalten oder Krankenhäusern. Meist sozial engagiert. Als graue Eminenz oder Autorität im Hintergrund ist man für Schwache oder sozial Schlechtgestellte verantwortlich (z. B. als Anstaltsleiter, Gefängniswärter). Demütig und zu selbstlosem Dienen fähig. Dennoch heimlicher Ehrgeiz und süchtig nach Anerkennung, die man aber nur selten für seine Arbeit erhält. (h Sa H12)

Autorität im Hintergrund bis Versagensangst

Verantwortliche Tätigkeit hinter den Kulissen großer Institutionen wie etwa in geschlossenen Anstalten oder Krankenhäusern. Meist sozial engagiert. Als graue Eminenz oder Autorität im Hintergrund ist man für Schwache oder sozial Schlechtgestellte verantwortlich (z. B. als Anstaltsleiter, Gefängniswärter). Demütig und zu selbstlosem Dienen fähig. Dennoch heimlicher Ehrgeiz und süchtig nach Anerkennung, die man aber nur selten für seine Arbeit erhält. – Andererseits gern Versagensängste, innere Unsicherheit, verborgene Zweifel, Hemmungen oder Schuldgefühle mit unbewußtem Bußwunsch. Furcht davor, etwas Unheimliches, Unbekanntes oder Unfaßbares könne in das Leben treten. Probleme werden meist verdrängt und man flieht vor der Verpflichtung. Angst vor dem Alleinsein oder aber unbewußte Sehnsucht nach Stille und Rückzug. Behinderung durch heimliche Feinde. (h+d Sa H12)

Versagensangst

Verantwortliche Tätigkeit hinter den Kulissen großer Institutionen wie etwa in geschlossenen Anstalten oder Krankenhäusern. Meist sozial engagiert. Andererseits aber hat man Versagensängste, innere Unsicherheit, verborgene Zweifel, Hemmungen oder Schuldgefühle mit unbewußtem Bußwunsch. Furcht davor, etwas Unheimliches, Unbekanntes oder Unfaßbares könne in das Leben treten. Probleme werden meist verdrängt und man flieht vor der Verpflichtung. Angst vor dem Alleinsein oder aber unbewußte Sehnsucht nach Stille und Rückzug. Behinderung durch heimliche Feinde. (h+d Sa H12)

Uranus im 12. Haus

Hellsichtig

Drang nach Erkenntnis des Geheimen oder Unbewußten, etwa an Yoga, Meditation oder anderen Formen mystischer Versenkung. Oft hellseherische Begabung oder man ist "Beichtvater" für seine Freunde. Empfänglich für religiöse oder spirituelle Strömungen. Neigung, hinter den Kulissen in einem Verein oder einer Organisation mitzuarbeiten, oder aber sich geheimen Gruppen, Geheimzirkeln oder -organisationen anzuschließen. Dort bevorzugtes Engagement für spirituelle, karitative oder humanitäre Ziele. (h Ur H12)

Hellsichtig bis ängstlich

Drang nach Erkenntnis des Geheimen oder Unbewußten, etwa an Yoga, Meditation oder anderen Formen mystischer Versenkung. Oft hellseherische Begabung oder man ist "Beichtvater" für seine Freunde. Empfänglich für religiöse oder spirituelle Strömungen. Neigung, hinter den Kulissen in einem Verein oder einer Organisation mitzuarbeiten, oder aber sich geheimen Gruppen, Geheimzirkeln oder -organisationen anzuschließen. Dort bevorzugtes Engagement für spirituelle, karitative oder humanitäre Ziele. – Andererseits hat man Angst vor allem Neuen, vor Veränderungen; oder aber man ist süchtig nach Aufregungen und Spannungen. Gern auch verdrängte Schockerlebnisse, Fallträume oder Höhenangst mit psychischen Störungen. Heimliche Rebellion gegen jegliche Art von Freiheitsbeschränkung mit dem Drang, daraus auszubrechen. (h+d Ur H12)

Ängstlich

Drang nach Erkenntnis des Geheimen oder Unbewußten, etwa an Yoga, Meditation oder anderen Formen mystischer Versenkung. Oft hellseherische Begabung. Andererseits hat man Angst vor allem Neuen, vor Veränderungen; oder aber man ist süchtig nach Aufregungen und Spannungen. Gern auch verdrängte Schockerlebnisse, Fallträume oder Höhenangst mit psychischen Störungen. Heimliche Rebellion gegen jegliche Art von Freiheitsbeschränkung mit dem Drang, daraus auszubrechen. (d Ur H12)

Neptun im 12. Haus (Regent)

Spirituelle Visionen

Mystische Fähigkeiten mit Medialität und Hellsicht. Neigung, sich in die Stille und Abgeschiedenheit zurückzuziehen um dort zu meditieren und seinen Weg zu Gott zu finden. Gern Rückzug in ein Kloster oder eine geschlossene Anstalt, wo man intuitiv erfährt, was in diesem Leben für einem wichtig ist. Großes Bedürfnis zu helfen oder zu heilen. Künstlerische Begabung. (h Ne H12)

Spirituelle bis verwirrte Visionen

Mystische Fähigkeiten mit Medialität und Hellsicht. Neigung, sich in die Stille und Abgeschiedenheit zurückzuziehen um dort zu meditieren und seinen Weg zu Gott zu finden. Gern Rückzug in ein Kloster oder eine geschlossene Anstalt, wo man intuitiv erfährt, was in diesem Leben für einem wichtig ist. Großes Bedürfnis zu helfen oder zu heilen. Künstlerische Begabung. – Andererseits ist man übersensibel und leidet an unbewußten Sehnsüchten, Angstzuständen oder Halluzinationen. Gern Sucht- oder Fluchttendenzen zu Alkohol, Nikotin oder Drogen. Viel neurotisches Nachsinnen über Probleme der Vergangenheit mit Tendenz zu Versponnenheit und Lebensferne. (h+d Ne H12)

Verwirrte Visionen

Mystische Fähigkeiten mit Medialität und Hellsicht. Neigung, sich in die Stille und Abgeschiedenheit zurückzuziehen um dort zu meditieren und seinen Weg zu Gott zu finden. Meist ist man aber übersensibel und leidet an unbewußten Sehnsüchten, Angstzuständen oder Halluzinationen. Gern Sucht- oder Fluchttendenzen zu Alkohol, Nikotin oder Drogen. Viel neurotisches Nachsinnen über Probleme der Vergangenheit mit Tendenz zu Versponnenheit und Lebensferne. (d Ne H12)

Pluto im 12. Haus

Einflußreich im Verborgenen

Machtposition im Hintergrund als "graue Eminenz" oder führende Stellung in Anstalt, Spital oder Kloster (evtl. Macht über Hilflose). Drang, Hintergründiges, Geheimes oder Verborgenes zu erforschen (z. B. Esoterik). Hellsichtige, telepathische oder mindestens meditative Fähigkeiten. Gern verdrängte Sexualität, man ist geheimgehaltenen Zwängen ausgesetzt (z. B. drogenabhängig) oder es besteht die Neigung zu (sexuellem) Fetischismus. (h PL H12)

Einflußreich im Verborgenen bis isoliert

Machtposition im Hintergrund als "graue Eminenz" oder führende Stellung in Anstalt, Spital oder Kloster (evtl. Macht über Hilflose). Drang, Hintergründiges, Geheimes oder Verborgenes zu erforschen (z. B. Esoterik). Hellsichtige, telepathische oder mindestens meditative Fähigkeiten. Gern verdrängte Sexualität, man ist geheimgehaltenen Zwängen ausgesetzt (z. B. drogenabhängig) oder es besteht die Neigung zu (sexuellem) Fetischismus. – Andererseits hat man oft geheime Feinde, ist Intrigen oder Manipulationen ausgesetzt oder wird gar erpreßt. Evtl. Disposition zu heimtückischen Krankheiten oder seelischen Leiden mit entsprechender Ohnmachtserfahrung. Möglichkeit, in Isolation zu geraten oder unterdrückt zu werden. Mitunter kriminelle Neigungen. (h+d PL H12)

Isoliert

Machtposition im Hintergrund als "graue Eminenz" oder führende Stellung in Anstalt, Spital oder Kloster (evtl. Macht über Hilflose). Drang, Hintergründiges, Geheimes oder Verborgenes zu erforschen (z. B. Esoterik). Man hat aber oft geheime Feinde, ist Intrigen oder Manipulationen ausgesetzt oder wird gar erpreßt. Gern auch Disposition zu heimtückischen Krankheiten oder seelischen Leiden mit entsprechender Ohnmachtserfahrung. Möglichkeit, in Isolation zu geraten oder unterdrückt zu werden. Mitunter kriminelle Neigungen. (d PL H12)

Leeres 12. Haus in den Zeichen

Engagement im Verborgenen

Man hat eine begeisterte, aktive und impulsive Einstellung den spirituellen und mystischen Seiten des Lebens gegenüber. Starke und aktive Phantasie mit innerem Optimismus. Neigung, die eigenen tieferen Gefühle durch übermäßige Aktivität zu überdecken. Man engagiert sich eher im Verborgenen. Neue Unternehmungen fängt man heimlich an, um vor Konkurrenten sicher zu sein. Man hegt gern Groll anderen gegenüber, ohne es selbst zu merken; mitunter auch rachsüchtig. (H12 in Wid)

Heimlicher Genießer

Man hat eine realistische aber auch standfeste bis sture Einstellung den spirituellen und mystischen Seiten des Lebens gegenüber. Neigung, alles Komfortable im Leben heimlich zu genießen. Erst durch fehlgeleitete Genußsucht gelangt man zur Selbstbesinnung. Empfänglich für schöngeistige Appelle an die Gefühle. Innere Abneigung gegenüber Veränderungen oder andere Ansichten. Man ist oft nicht in der Lage, sein Seelenkostüm anderen zu offenbaren. Kunst und Musik haben eine besänftigende Wirkung. (H12 in Sti)

Heimliche Neugierde

Intellektuell getönte Phantasie. Vorliebe für komplizierte seelische Sachverhalte und Probleme. Kommunikatives Talent im Bereich der Tiefenpsychologie oder in der Mystik, kann dort aber seine Gedanken bei sich behalten. Gern eine neugierige bis sensationshungrige Einstellung den spirituellen und mystischen Seiten des Lebens gegenüber. Zwar stets neugierig und mitteilsam im Umgang mit dem Unterbewußten, doch gern auch etwas oberflächlich. (H12 in Zwi)

Meditation Zuhause

Man hat eine romantische bis empfindliche Einstellung den spirituellen und mystischen Seiten des Lebens gegenüber. Bedürfnis, sich in die intime Atmosphäre der eigenen vier Wände zurückzuziehen. Das Heim dient einem als Ort der inneren Sammlung und Meditation. Mysteriöse, ehrgeizige Art, doch gefühlsmäßig sehr reserviert. Nach außen hin scheinbar unempfindlich gegenüber Kritik, doch insgeheim launisch und sehr verwundbar. (H12 in Kre)

Großzügig im Verborgenen

Man arbeitet gern im Hintergrund für andere. Daher bleibt das Bedürfnis, im Mittelpunkt zu stehen und zu glänzen, oft verborgen. Großzügig den Bedürfnissen anderer gegenüber. Selbstbewußte Einstellung zu den spirituellen und mystischen Seiten des Lebens; gern aber stolz mit verstecktem Egoismus. Neigung, die tieferen Gefühle (auch die der Liebe) zu unterdrücken. Man muß allein sein, um zur eigenen Kraft zu finden. (H12 in Loe)

Fleiß im Verborgenen

Fähigkeit, sehr fleißig und selbstlos hinter den Kulissen zu arbeiten. Daher Eignung für Arbeiten im (seelsorgerischen) Dienstleistungsbereich. Vorsichtige bis kritische Einstellung den spirituellen und mystischen Seiten des Lebens gegenüber. Akribisch im Nachdenken über Gesundheitsfragen. Dabei starke Phantasie, mit der man sich Krankheiten einreden kann. Im Spirituellen und Mystischen besteht ein Hang zum Fetischismus. (H12 in Jun)

Ästhetik im Verborgenen

Man sucht sowohl in Partnerschaften als auch in Kunst und Musik insgeheim nach Schönheit und Anmut. Ein ausgesprochener Sinn für Gerechtigkeit wirkt eher im Verborgenen. Hang zu Abgeschiedenheit an schönen Orten; dort hegt man aber einen (uneingestandener) Liebe zum Luxus. Zu den spirituellen und mystischen Seiten des Lebens hat man eine künstlerische oder harmoniebedürftige Einstellung. Neigung zu geheimen Partnerschaften, die gern in emotionale Konflikte münden. (H12 in Waa)

Verborgener Tiefgang

Man ist von geheimnisvollen, mysteriösen Dingen fasziniert und sucht nach der tieferen Bedeutung des Lebens. Entschlossen und zäh werden die Geheimnisse des Lebens und Todes erforscht. Den spirituellen und mystischen Seiten des Lebens gegenüber hat man eine tiefschürfende bis leidenschaftlich-extreme Einstellung. Man erkennt Werte im Leben, die andere gern übersehen. Fähigkeit, verborgene Talente in anderen Menschen zu fördern. (H12 in Sko)

Religiös im Verborgenen

Man hat eine weltoffene bis religiös-spontane Einstellung den spirituellen und mystischen Seiten des Lebens gegenüber. Fern der geschäftigen Welt ist man philosophisch orientiert. Dabei handelt man gern auf Anweisung anderer. Oft besteht eine etwas naive Begeisterungsfähigkeit mit der Tendenz, sich im Leben an abstrakten Idealen zu orientieren. Religiöses Engagement hinter den Kulissen, das oft aber keine Anerkennung findet. (H12 in Sch)

Beharrlich im Verborgenen
Verantwortungsvoll und hart arbeitet man hinter den Kulissen, ohne jedoch die entsprechende Anerkennung zu finden. Stabilisierender und beruhigenden Einfluß auf andere, mit der Neigung, auf suggestive Weise Einfluß auf andere auszuüben. Durch Mangel an Rücksicht auf die Gefühle anderer gelangt man aber mit der Zeit zur Selbsteinkehr. Den spirituellen und mystischen Seiten des Lebens gegenüber hat man eine beharrliche bis verbohrte oder aber eine reservierte Einstellung. (H12 in Ste)

Reformfreude im Geheimen
Man versucht, sich den Einschränkungen durch die Umwelt durch Flucht ins Spirituelle oder auch in Drogen zu entziehen. Geheimes Interesse an ungewöhnlichen Dingen, aber stets mit humanitärer Grundhaltung. Sehr individuelle bis außergewöhnliche Einstellung den spirituellen und mystischen Seiten des Lebens gegenüber. Ständiges Verlangen nach Mitgefühl und Unterstützung; dabei Neigung seine Mitwelt mit seinen Problemen zu belasten. Insgeheimer Wunsch, der Menschheit zu dienen. (H12 in Was)

Seelsorge im Verborgenen
Träumerisch-einfühlsame Einstellung den spirituellen und mystischen Seiten des Lebens gegenüber. Man hat mehr Verständnis für andere, als nach außen hin sichtbar ist und fühlt sich der ganzen Menschheit verbunden. Dabei besteht aber oft das Gefühl von Einsamkeit. Tendenz, sich in übertriebenem Idealismus zu verlieren mit der Neigung zur Selbstaufoperung. Leicht ausnutzbar. Begabt zur transzendenten Beschäftigung mit religiösen Themen. (H12 in Fis)

Notwendige Interpretationshilfen für den Klienten

Diese Charakteranalyse dient der Selbsterkenntnis, ganz nach der jahrtausendealten Weisheit "Erkenne dich selbst – und werde heil". - Ein Satz, der schon in der griechischen Antike über dem Portal des Orakels zu Delphi stand. Gemäß dem hermetischen Analogiegesetz "wie oben, so unten" – oder wie die Christen im Vaterunser beten: "wie im Himmel, so auch auf Erden" – mißt das Horoskop die Qualität der Zeit im Augenblick der Geburt. Die Eigenschaften dieser Zeitqualität haben für das ganzes Leben Gültigkeit. Der Mensch trägt diese Information in jeder Körperzelle, denn das Ganze ist auch immer in jedem Detail wiederzufinden, wie die Pflanze im Samen wiederzufinden ist.

Meßinstrument sind die Planeten unseres Sonnensystems. Diese nehmen jedoch keinerlei direkten Einfluß auf das Schicksal des Menschen! Der Glaube daran ist ein Irrtum. Sie vertreten lediglich bestimmte Prinzipien und zeigen nur etwas an, wie z. B. das Thermometer die Raumtemperatur anzeigt. Das Horoskop (= Blick in die Stunde) verdeutlicht, wie das Seelenmuster des Menschen aussieht, unter welchen Bedingungen der Lebenslauf beginnt und wie dieser Lebensweg schicksalsmäßig aussehen wird. Es stellt sozusagen unsere Lebensaufgabe und den Lehrplan der Seele für das jetzige Leben des Horoskop-Eigners dar.

Jeder Mensch inkarniert zu der Zeit, an dem Ort und in der Gesellschaft, die ihm die günstigsten Bedingungen für die weitere Verwirklichung seines seelischen Lernprogramms bietet. Nach dem spirituellem Medium SANT RAJINDER SINGH (zit. in ROHR, 1995) ist das menschliche Schicksal zu etwa drei Viertel karmisch bestimmt. Nur ein Viertel ist dem freien Willen zugänglich. Das Geburtshoroskops zeichnet – sofern die Geburtsminute stimmt – ein objektives Bild der Persönlichkeit eines Menschen. So ist die Horoskop-Graphik gewissermaßen der "psychische Fingerabdruck". Die Deutung selbst geht auf einen jahrtausendealten Erfahrungsschatz der Menschheit zurück.

Jede Horoskopanalyse enthält **Widersprüche**. Dies liegt daran, daß unterschiedliche Gestirnskonstellationen in der Regel gegensätzliche Wesensmerkmale hervorbringen. So kann z. B. eine bestimmte Planetenstellung auf ein streitbares Wesen, eine andere dagegen auf friedfertige Charakterzüge hinweisen. Auf diese Weise werden dann in den meisten Fällen Charakter-Extreme ausgeglichen und der Mensch bewegt sich dann in einer Bandbreite, welche die Gesellschaft als "normal" bezeichnet.

Nur wenn sich ein bestimmtes Charaktermerkmal über verschiedene Konstellationen (mehrmals) wiederholt, wird es zur durchschlagenden Eigenschaft! Wesensmerkmale sind nämlich um so deutlicher ausgeprägt, je häufiger sie durch das Horoskop angezeigt werden. Eine alte astrologische Regel lautet: **Ein** Hinweis läßt auf eine Möglichkeit, **zwei** Hinweise auf eine Wahrscheinlichkeit schließen. **Drei** oder mehr Hinweise jedoch machen das Wesensmerkmal zu einer Gewißheit (HAMAKER-ZONDAG, 2000). Außerdem besteht die Möglichkeit, daß alternative Neigungen oder Verhaltensweisen – je nach Lebensphase und biologischem Rhythmus – entweder betont gelebt oder aber verdrängt und unterdrückt werden. Möglicherweise aber sind die aufgezeigten Eigenschaften heute gar nicht mehr aktuell, weil sie im Laufe des Lebens und der Persönlichkeitsentwicklung umgewandelt oder schon "abgehakt" und damit gewissermaßen "zu den Akten gelegt" worden sind.

Jeder Mensch besitzt sowohl sogenannte "gute" als auch "schlechte" Seiten, mit denen er sich im Leben auseinandersetzen muß. Diese Wesenszüge drücken sich gerade in einem Horoskop aus, und es wäre vom Astrologen unehrlich, dem Klienten etwa die "schlechten" ganz zu verschweigen. Das Geburtshoroskop hält jedem von uns gewissermaßen den Spiegel vor, wie wir wirklich sind, und nicht wie wir uns gerne sehen! Daraus sollten wir lernen, uns so anzunehmen, wie wir sind und uns auch mit den ungeliebten Eigenschaften zu identifizieren. Diese Erkenntnis bringt vor allem im psychischen Bereich eine große Entlastung von (meist anerzogenen) Schuldgefühlen, und führt zu einer besseren Akzeptanz unserer Persönlichkeit.

Obwohl alle "schlechten Eigenschaften" in unserer Sprache nun einmal abwertend oder diskriminierend klingen, kennt die esoterische Philosophie keine "guten" und keine "schlechten" Eigenschaften! Es gibt in der Astrologie nur "zweckmäßige" Charakterzüge im Sinne einer Weiterentwicklung der Seele auf ihrem Weg zu göttlicher Vollkommenheit. Sie ermöglichen, ja gebieten es jedem von uns, seine ganz spezielle Aufgabe im jetzigen Leben zu erfüllen. Das Horoskop hilft uns, das vorgesehene seelische Lernprogramm – nachgeholfen etwa durch Schmerz oder Krankheit – besser zu erkennen, um es letztendlich im göttlichen Sinne zu erfüllen. Krankheit gilt in der esoterischen Astrologie als eine Möglichkeit des Schicksal-Korrektivs (DETHLEFSEN, 1992; HADRY, 2001). Eine Horoskop-Graphik, die z. B. überwiegend disharmonische Winkel enthält, weist darauf hin, daß es der Horoskopeigner in dieser Inkarnation nicht leicht hat: er hat ein großes Lernprogramm! Demgegenüber legt das Schicksal jemandem mit überwiegend harmonische Winkelverbindungen kaum Steine in den Weg.

Nach SCHULT (1986) kann man das Horoskop sowohl als den Spiegel der Seele, als auch als Lebensthema oder zugedachte Lebensrolle betrachten. Da die "guten" wie die "schlechten" Charakteranlagen mit ihren schicksalhaften Folgen, mit Gestirnskonstellationen zusammenhängen, ergibt sich daraus, daß jeder Mensch nur unter einem Planetenstand geboren werden kann, der mit seiner Wesensart und den karmischen Bedingungen übereinstimmt. Alle der Persönlichkeit geschaffenen Ursachen (besser: Verhaltensweisen) nebst ihren Auswirkungen werden vom Odkörper der Seele gespeichert. Was nicht in diesem Leben aus selbstgeschaffenem Verhalten zur Auswirkung kommt, wird nach dem Kausalitätsgesetz im darauffolgenden Dasein zur Abwicklung gelangen; und daraus formt sich das Schicksal. Was der Mensch sät, das wird er ernten. Somit gibt es im theosophischen Sinne auch nichts "Böses" auf der Welt, sondern nur ein (wertneutrales) "allgemeines Übel" in unserer verführerischen und damit satanisch geprägten Welt. In dieser sollen wir Menschen lernen, auf die innere Stimme unserer Seele zu hören. Laut Jesus Christus handelt es sich bei unserer Erde ja um eine Bewährungsanstalt (siehe LORBER, 1840-1864) und er sagte: "Werdet vollkommen, wie euer Vater im Himmel vollkommen ist".

Es geht also darum, sich mit den im Horoskop möglicherweise aufgezeigten "Schattenseiten" zu identifizieren. Indem wir sie "anschauen" gelingt es mit der Zeit immer besser, sie in eine positive, fruchtbare Form überzuführen. Beispiel: Besteht etwa die Tendenz, anderen seinen Willen oder seine Meinung aufzudrängen, so sollte man diese "negativen" Eigenschaften zunächst bei sich erkennen, akzeptieren, ja lieben lernen; keinesfalls sie aber weiterhin verdrängen (das macht bloß krank!). Gleichzeitig aber sollte man versuchen, mit einer bewußt gelebten Toleranz dagegenzusteuern. Vor dem Hintergrund dieser tiefen Wahrheit versteht es sich von selbst, daß man beispielsweise in einer Partnerbeziehung viel mehr bereit sein wird, dem andern seine "Fehler" zu verzeihen. Auf diese Weise verhilft die Astrologie mit ihren Analogie- und Ähnlichkeitsprinzipien dem (gott-) suchenden Menschen zum wahren (seelischen) Heil. – Daher kann man sie mit Fug und Recht als die Königin der Wissenschaften bezeichnen.

Die Untersuchung von 21 Fallbeispielen

Vorbemerkung

Aus Gründen des Datenschutzes wurden Namen und Geburtsort der Horoskopeigner selbstverständlich weggelassen. Bei den Lebensereignissen handelt es sich fast ausschließlich um Geburts- und Todesfälle von Angehörigen und Verwandten, und damit um Ereignisse mit größtem seelischen Bezug. Beeindruckend für den esoterischen Forscher ist dabei die Tatsache, daß über das Geburtshoroskop zuverlässig die spirituellen Verknüpfungen unter verwandten Menschen nachgewiesen werden können. Und dies nicht etwa nur unter engsten Angehörigen wie Eheleuten, Eltern oder Kindern, sondern auch zwischen entfernteren Verwandten. Dabei ist es nicht erforderlich, daß Geburt oder Tod eines Familienmitgliedes vom jeweiligen Horoskopeigner bewußt miterlebt werden muß. In vielen Fällen war es mit der hier vorgestellten Aspekt-Methode möglich, sogar seelische Verbindungen zu vorgeburtlichen Ereignissen herzustellen, wie etwa zum Geburtstag der Eltern. Auch Ereignisse unter Geschwistern zeichnen sich im Horoskop ab, ganz gleich, ober der betreffende Horoskopeigner schon geboren war oder nicht.

Unter den Planeten sind nur jene aufgeführt, die beim Vergleich der 7 Haus-Systeme in verschiedene Felder fallen. Im Durchschnitt sind es 2,3 Planeten (entsprechend 23 %) pro Horoskop. Wie schon bei BRIEMLE (2000) erwähnt, liegt die zeitliche Genauigkeit, die mit der hier angewandten Sekundär-Progression zu erzielen ist, bei ± 2 Monaten. Die Untersuchung der beteiligten Aspekte ergab, daß hauptsächlich der Mond an den markanten Lebensereignissen beteiligt ist *(Abbildung 2)*. Zusammen mit dem progressiven AC und MC und oft auch mit der Sonne ist er ein hervorragendes Instrument zur minutengenauen Geburtszeitkorrektur. Sind nämlich die 4 genannten Horoskopfaktoren an einem wichtigen Lebensereignis nicht beteiligt, ist die Geburtsminute falsch.

Zur Verläßlichkeit der Geburtsdaten ist folgendes zu sagen: Bis auf die Nr. 1 und 2, wobei es sich um meine Großeltern handelt (geboren vor 1893), liegt eine standesamtliche Geburtszeit vor. Sie mußte aber in den meisten Fällen korrigiert werden. Im Mittel dieser 19 Horoskope liegt die korrigierte Zeit – allerdings bei großer Streuung – 2 Minuten vor der standesamtlichen. Bei den Großeltern konnte anhand von Wesensmerkmalen die Lage der Planeten in bestimmten Häusern fixiert werden; die genaue Geburtszeit wurde dann mit Hilfe der Sekundär-Progression ermittelt.

Tabellenwerk: Ermittlung der Häuserstände von Planeten in 21 untersuchten Horoskopen

Geburts-Daten	Lebensereignisse und Aspekte nach Sekundär-Progression (nur Aspekte zwischen Progression und Radix)	zutreffend	richtige Häuser	nicht zutreffend	falsche Häuser
Nr. 1 Männlich 24.10.1874 korr. 18.39 LMT 09.20 Ost 48.03 Nord	• Geburt Vater 12.10.1843 = P-Mo tri R-So • Geburt Mutter 25.2.1858 = P-MC tri R-Ma • Tod Mutter 30.11.1930 = P-Mo qua R-MC und P-Ve opp R-AC • Tod Vater 11.3.1917 = P-MC opp R-Ma und P-Mo qua R-MC • Hochzeit mit E. 27.11.1911 = P-Mo qua R-AC und P-S "Hochzeit" opp R-Ju • Geburt Sohn K. 26.1.1913 = P-Mo kon R-Ma und P-AC qua R-Ju • Geburt Sohn E. 2 4.6.1914 = P-Mo tri R-MC und P-So opp R-AC • Geburt Sohn F. 3 5.7.1916 = P-Mo kon R-So • Tod Sohn H. 4 6.12.1918 = P-S "Kind" kon R-AC • Geburt Tochter E. 17.12.1919 = P-Mo kon R-Ve und P-Mo tri R-Ur • Geburt Enkelsohn E. 16.2.1943 = P-Mo opp R-Mo • Tod Sohn K. (Krieg) 1.2.1947 = P-Mo opp R-AC und P-Mo kon R-Ve • Geburt Enkelsohn S. 12.4.1952 = P-MC opp R-So und P-Mo tri R-SP "Kind" und P-So qua R-SP "Kind" • Geburt Enkeltochter G. 13.7.1955 = P-Mo tri R-SP "Kind" • Geburt Enkeltochter G. 14.7.1948 = P-Mo tri R-Ne • Geburt Enkeltochter E. 15.1.1954 = P-Mo qua R-Ve und P-Mo qua R-AC • Eig. Tod 8.9.1958 = P-MC qua R-Sa und P-Ma qua R-Ur	d Ne H11 = Falsche Freunde h Ju H5 = Spielerglück d So H6 = Labiler Arbeiter	Porph. Äqual Koch Koch Plac. Reg. Porph. Äqual Topoz. Plac. Camp. Porph. Reg. Topoz.	d Ne H12 = Verwirrte Visionen h Ju H6 = Großmütig am Arbeitsplatz d So H5 = Theatralisch	Camp. Plac. Reg. Topoz. Camp. Koch Äqual

P = Progression, R = Radix, SP = Sensitiver Punkt; m = mütterlicherseits, v = väterlicherseits

Geburts-Daten	Lebensereignisse und Aspekte nach Sekundär-Progression (nur Aspekte zwischen Progression und Radix)	zutreffend	richtige Häuser	nicht zutreffend	falsche Häuser
Nr. 2 weiblich 16.02.1884 LMT korr. 00.01 09.20 Ost 48.03 Nord	• Geburt Vater 24.4.1857 = P-Mo tri R-So und P-Mo qua R-Me • Geburt Mutter 2.8.1850 = P-Mo tri R-Ve und P-So qua R-Mo • Tod Vater 25.1.1944 = P-MC tri R-So und P-So qua R-Ju • Tod Mutter 16.9.1886 = P-Mo qua R-MC und P-So qua R-PL • Hochzeit mit K. 27.11.1911 = P-Mo kon R-Ju und P-Mo tri R-So • Geburt Sohn K. 16.1.1913 = P-Mo kon R-AC und P-AC tri R-Ve • Geburt Sohn E. 4.6.1914 = P-Mo qua R-So und P-Mo tri R-Ju • Geburt Sohn F. 5.7.1916 = P-Mo tri R-MC und P-MC kon R-Ur • Tod Sohn H. 6.12.1918 = P-Mo qua R-So und P-So kon R-Ve • Geburt Tochter E. 17.12.1919 = P-AC tri R-Ma und P-Mo opp R-Ma • Geburt Enkelsohn E. 16.2.1943 = P-Mo tri R-SP "Kind" • Tod Sohn K. (Krieg) 1.2.1947 = P-Mo kon R-Me und P-Mo tri R-Sa • Geburt Enkelsohn G. 14.7.1948 = P-So qua R-Me und P-Mo tri R-Mo • Geburt Enkelsohn S. 12.4.1952 = P-Mo tri R-SP "Kind" • Geburt Enkeltochter E. 15.1.1954 = P-Mo opp R-AC und P-MC qua R-Ma • Geburt Enkeltochter G. 13.7.1955 = P-Mo tri R-Me und P-Mo kon R-SP "Kind" • Tod Ehemann K. 8.9.1958 = P-So opp R-AC • Eig. Tod 6.7.1961 = P-Mo opp R-So und P-Mo qua R-PL	h Mo H12 = Zurückgezogen h Ur H11 = Idealistische Freundschaften	Koch Plac. Reg. Camp. Äqual Porph. Topoz. Koch Plac. Reg. Äqual Camp. Porph. Topoz.	— —	— —

161

Geburts-Daten	Lebensereignisse und Aspekte nach Sekundär-Progression (nur Aspekte zwischen Progression und Radix)	zutreffend	richtige Häuser	nicht zutreffend	falsche Häuser
Nr. 3 männlich 26.1.1913 STA 13:00 korr. 13.00 09.20 Ost 48.03 Nord	• Geburt Vater 24.10.1874 = P-Mo qua R-Ne und P-Mo qua R-Me • Geburt Mutter 16.2.1884 = P-Mo tri R-Ju • Tod Vater 8.9.1958 = P-So kon R-Ve und P-MC opp R-Mo • Tod Mutter 6.7.1961 = P-Mo kon R-PL • Geburt Bruder E. 4.6.1914 = P-MC tri R-AC • Geburt Bruder F. 5.7.1916 = kein Aspekt • Geburt Schwester E. 17.12.1919 = P-Mo qua R-Mo • Geburt Tochter M. 15.9.1943 = P-AC opp R-Ma und P-MC qua R-AC • Geburt Sohn K. 30.10.1945 = P-Mo opp R-AC • Eigener Tod (Krieg) 1.2.1947 = P-Mo qua R-Mo und P-Mo opp R-PL • Tod Ehefrau 28.8.1989 = P-Mo opp R-Ju	h+d Mo H5 = Verspielte bis dramatisierende Gefühlsnatur h Ju H8 = Religiöser Forscher h Ne H3 = Einfühlsam im Denken h Waa-Ve H11 = Beliebter Freund	Koch Plac. Reg. Camp. Porph. Topoz. Koch Plac. Porph. Topoz. Koch Plac. Reg. Porph. Topoz. Koch Plac. Reg. Camp. Porph. Topoz.	h+d Mo H4 = Harmonisch es bis disharmonisches Zuhause h Ju H7 = Glückliche Partnerschaft h Ne H2 = Sorglos in Geldangelegenheiten h Waa-Ve H10 = Charmante Repräsentationsfigur	Äqual Camp. Reg. Äqual Äqual Camp. Äqual

Geburts-Daten	Lebensereignisse und Aspekte nach Sekundär-Progression (nur Aspekte zwischen Progression und Radix)	zutreffend	richtige Häuser	nicht zutreffend	falsche Häuser
Nr. 4 männlich 04.06.1914 STA 23:20 korr. 23.05 09.20 Ost 48.03 Nord	• Geburt Vater 24.10.1874 = kein Aspekt • Geburt Mutter 16.2.1884 = P-Mo qua R-So • Tod Vater 8.9.1958 = P-So tri R-MC und P-So opp R-AC • Tod Mutter 6.7.1961 = P-Mo opp R-Ve und P-S "Mutter" kon R-PL • Geburt Bruder K. 26.1.1913 = P-Me kon R-PL • Geburt Bruder F. 5.7.1916 = P-Mo kon R-MC und P-Mo tri Ne • Geburt Schwester E. 17.12.1919 = P-Me kon R-Ve • Hochzeit mit E. 28.1.1943 = P-Mo qua R-Ma • Geburt Sohn E. 16.2.1943 = P-Mo qua R-Ma • Tod Bruder K. (Krieg) 1.2.1947 = P-MC kon R-Sa und P-Mo kon R-Mo • Geburt Sohn S. 12.4.1952 = P-Me qua R-AC • Geburt Tochter G. 13.7.1955 = P-Mo qua R-Mo • Tod Bruder F. 16.3.1981 = P-Mo qua R-Ve und P-S "Geschw." kon R-MC • Tod Schwester E. 11.12.1990 = P-Mo opp R-Ur • Eigener Tod 15.7.1995 = P-Mo kon R-Mo und P-AC tri R-Ur	h+d So H4 = Zuhause autoritär bis tyrannisch h+d Jun-Me H5 = Schöpferisches bis selbstgefällig es Arbeiten h+d Mo H9 = Gefühlsmäßige Religiosität bis Frömmelei	Porph. Plac. Topoz. Koch Porph. Äqual Topoz. Koch Porph.	h+d So H5 = Lebenslustig bis theatralisch h+d Jun-Me H6 = Fleißig bis übergenau am Arbeitsplatz h+d Mo H8 = Ahnendes Vorausschauen bis Gefühlsmanipulation	Koch Reg. Camp. Äqual Plac. Reg. Camp. Plac. Reg. Topoz. Camp Äqual H10

Geburts-Daten	Lebensereignisse und Aspekte nach Sekundär-Progression (nur Aspekte zwischen Progression und Radix)	zutreffend	richtige Häuser	nicht zutreffend	falsche Häuser
Nr. 5 männlich 05.07.1916 STA 2:00 korr. 1.52 09.20 Ost 48.03 Nord	• Geburt Vater 24.10.1874 = P-Mo opp R-Mo und P-Mo tri R-PL und P-AC kon R-Ur	h+d Ma H5 = Engagierter bis übermäß-iger Sportler	Koch Porph. Äqual	h+d Ma H6 = Engagiert bis ungeduldig beim Arbeiten	Plac. Reg. Camp. Topoz.
	• Geburt Mutter 16.2.1884 = P-Mo kon R-PL				
	• Tod Vater 8.9.1958 = P-Mo tri R-Ne				
	• Tod Mutter 6.7.1961 = P-MC opp R-Mo und P-Mo kon R-AC				
	• Geburt Bruder K. 26.1.1913 = P-Mo kon R-Sa				
	• Geburt Bruder E. 4.6.1914 = P-So kon R-Ve und P-Me tri R-Ur	h Mo H5 = Verspielte Gefühlsnatur	Koch Plac. Reg. Porph. Topoz.	h Mo H4 = Harmoni-sches Zuhause	Äqual Camp.
	• Tod Bruder H. 6.12.1918 = P-Mo qua R-PL				
	• Geburt Schwester E. 17.12.1919 = P-S "Geschwister" opp R-AC				
	• Tod Bruder K. (Krieg) 1.2.1947 = P-AC qua R-Ma und P-Mo qua R-So				
	• Hochzeit mit E. 5.5.1947 = P-AC qua R-Ma und P-Mo qua R-MC	h+d Ur H11 = Idealistische bis unbeständige Freundschaft en	Koch Plac. Reg. Camp. Topoz.	h+d Ur H10 = Freiberufler bis Umstürzler	Äqual Porphyr.
	• Geburt Sohn G. 14.7.1948 = P-MC kon R-Ur und P-Mo kon R-Ju				
	• Geburt Tochter E. 15.1.1954 = P-Mo kon R-MC und P-Mo opp R-Sa und P-Mo tri R-Ma				
	• Eigener Tod 16.3.1981 = P-Mo kon R-MC und P-AC kon R-Sa				

Geburts-Daten	Lebensereignisse und Aspekte nach Sekundär-Progression (nur Aspekte zwischen Progression und Radix)	zutreffend	richtige Häuser	nicht zutreffend	falsche Häuser
Nr. 6 weiblich 17.12.1919 STA 4:00 korr. 3.50 09.20 Ost 48.03 Nord	• Geburt Vater 24.10.1874 = P-AC kon R-Ma • Geburt Mutter 16.2.1884 = P-Mo tri R-AC und P-So qua R-Ju • Tod Vater 8.9.1958 = P-MC qua R-So	h Sa H11 = Beständiger Freund	Koch Porph. Camp. Äqual	h Sa H10 = Verzögerter Berufserfolg	Plac. Reg. Topoz.
	• Tod Mutter 6.7.1961 = P-Ma tri R-Ur und P-Mo tri R-So • Geburt Bruder K. 26.1.1913 = P-Mo qua R-Mo • Geburt Bruder E. 4.6.1914 = P-Mo kon R-MC • Geburt Bruder F. 5.7.1916 = P-Mo kon R-Sa und P-Ma qua R-PL	d Ma H12 = Unzufrieden	Koch Äqual Porph. Camp. Topoz.	d Ma H11 = Aggressiv in der Gruppe	Plac. Reg.
	• Geburt Neffe G. 14.7.1948 = P-Mo qua R-Ne • Geburt Nichte E. 15.1.1954 = P-S "Kind" tri R-Mo • Tod Bruder K. (Krieg) 1.2.1947 = P-MC kon R-Sa und P-Mo kon R-Ur • Tod Bruder F. 16.3.1981 = P-So tri R-Mo • Verkehrsunfall 29.11.1990 = P-MC tri R-Ur • Eigener Tod 11.12.1990 = P-MC tri R-Ur	h Zwi-Me H1 = Ideenreiches Auftreten	Äqual Camp. Porph.	h Zwi-Me H2 = Clever im Gelderwerb	Koch Plac. Reg. Topoz.

165

Geburts-Daten	Lebensereignisse und Aspekte nach Sekundär-Progression (nur Aspekte zwischen Progression und Radix)	Zutreffend	richtige Häuser	Nicht zutreffend	falsche Häuser
Nr. 7 weiblich 14.09.1922 STA 2:00 korr. 1.48 09.20 Ost 48.03 Nord	• Tod Opa (v) 16.11.1914 = P-Mo kon R-Ur und P-Mo tri R-PL • Tod Oma (v) 2.12.1930 = P-Mo qua R-PL und P-Mo kon R-Me • Tod Opa (m) 15.5.1891 = P-MC kon R-Ur und P-MC tri R-PL • Tod Oma (m) 4.12.1936 = P-Mo qua R-Sa • Geburt Vater 24.10.1887 = P-Mo qua R-Mo und P-So kon R-Ne • Geburt Mutter 19.12.1889 = P-Mo opp R-Sa und P-Mo qua R-PL • Tod Vater 21.2.1933 = P-Mo tri R-SP "Vater" • Tod Mutter 18.5.1954 = P-Mo tri R-MC und P-Me kon R-Ju und P-So kon R-Ju • Geburt Schwester M. 15.2.1915 = P-Mo qua R-Mo • Geburt Bruder K. 28.1.1916 = kein Aspekt • Geburt Bruder S. 29.8.1918 = P-Me qua R-PL • Geburt Bruder L. 28.2.1920 = P-Ve qua R-AC • Geburt Schwester W. 4.12.1925 = P-S "Geschw." tri R-Sa • Hochzeit mit F. 5.5.1947 = P-So opp R-MC • Geburt Sohn G. 14.7.1948 = P-So tri R-Mo und P-Ma qua R-Me • Geburt Tochter E. 15.1.1954 = P-MC qua R-Ne • Tod Bruder K. 21.4.1958 = P-Mo opp R-MC und P-Mo qua R-PL • Kopf-Operation 15.7.1977 = P-Mo qua R-So • Tod Ehemann 16.3.1981 = P-Ma tri R-Sa und P-Me qua R-AC • Geburt Enkel D. 4.2.1984 = P-Mo kon R-So und P-S "Kind" kon R-AC • Geburt Enkel K. 6.8.1985 = P-Mo kon R-Sa • Geburt Enkel F. 13.12.1991 = P-Mo tri R-PL	h Ma H6 = Engagiert beim Arbeiten d So H2 = Statusabhängig	Porph. Camp. Camp. Porph. Koch Äqual	h Ma H5 = Engagierter Sportler d So H3 = Übergescheit	Koch Plac. Äqual Reg. Topoz. Plac. Reg. Topoz.

Geburts-Daten	Lebensereignisse und Aspekte nach Sekundär-Progression (nur Aspekte zwischen Progression und Radix)	zutreffend	richtige Häuser	nicht zutreffend	falsche Häuser
Nr. 8 weiblich 05.01.1954 STA 22:50 korr. 22.46 09.20 Ost 48.03 Nord	• Geburt Vater 5.7.1916 = P-Mo kon R-Ve und P-MC kon R-Me und P-Mo opp R-Ur • Geburt Mutter 14.9.1922 = P-Mo qua R-Ur und P-Mo qua R-SP "Mutter" • Tod Vater 16.3.1981 = P-Mo kon R-Mo und P-MC opp R-So • Tod Opa (m) 21.2.1933 = kein Aspekt • Tod Oma (m) 18.5.1954 = P-Mo kon R-Ju • Tod Opa (v) 8.9.1958 = P-Mo qua R-Ma • Tod Oma (v) 6.7.1961= P-Me qua R-Sa • Geburt Sohn M. 13.11.1980 = P-MC opp R-So • Tod Patentante E. 11.12.1990 = P-Mo tri R-Ju und P-Ve tri R-Sa	h+d Ne H1 = Einfühlsame bis verführbare Erscheinung	Koch Porph. Äqual Camp.	h+d Ne H2 = Finanzielles Fingerspitzengefühl bis Chaos	Plac. Reg. Topoz.

Geburts-Daten	Lebensereignisse und Aspekte nach Sekundär-Progression (nur Aspekte zwischen Progression und Radix)	Zutreffend	richtige Häuser	Nicht zutreffend	falsche Häuser
Nr. 9 männlich 14.07.1948 STA 15:15 korr. 15.10 09.20 Ost 48.03 Nord	• Tod Opa (v) 8.9.1958 = P-S "Vater" qua R-So • Tod Oma (v) 6.7.1961 = P-Mo tri R-PL • Tod Opa (m) 21.2.1933 = P-Mo qua R-Me • Tod Oma (m) 18.5.1954 = P-Ma qua R-Me • Geburt Vater 5.7.1916 = kein Aspekt • Geburt Mutter 14.9.1922 = P-MC kon R-So und P-Mo tri R-So und P-Mo qua R-Sa • Tod Vater 16.3.1981 = P-MC qua R-Ju • Geburt Neffe E. 16.2.1943 = P-Mo kon R-MC • Geburt Adoptiv-Bruder P. 13.2.1946 = P-Mo qua R-Me • Geburt Schwester E. 15.1.1954 = P-S "Geschw." opp R-Ve • Gehilfenprüfung 25.3.1968 = P-Ma kon R-Ne • Ing.-grad. 31.7.1973 = P-Mo qua R-Me • Dipl.-Ing. 8.11.1976 = P-Ve tri R-Mo und P-Mo tri R-Sa • Heirat mit P. 27.10.1978 = P-Mo tri R-PL und P-Mo tri R-MC • Hochzeit mit P. 28.7.1979 = P-Mo opp R-Ve und P-So kon R-Sa • Geburt Sohn D. 4.2.1984 = P-Mo opp R-MC und P-Mo opp R-Sa • Geburt Sohn K. 6.8.1985 = P-Mo tri R-AC und P-S "Kind" opp R-Sa • Tod Patentante E. 11.12.1990 = P-Mo tri R-SP "Mutter" • Geburt Sohn F. = 13.12.1991 = P-Mo qua R-Sa	h Ne H12 = Spirituelle Visionen	Koch Porph. Camp.	h Ne H11 = Spirituelle Freundschaften	Plac. Reg. Äqual Topoz.

Geburts-Daten	Lebensereignisse und Aspekte nach Sekundär-Progression (nur Aspekte zwischen Progression und Radix)	zutreffend	richtige Häuser	nicht zutreffend	falsche Häuser
Nr. 10 weiblich 12.07.1954 STA 1:30 korr. 1.27 09.20 Ost 48.03 Nord	• Tod Opa (v) 8.1.1981= P-Mo qua PL und P-Mo tri R-Ur • Tod Oma (v) 26.12.1981= P-Mo kon R-Mo • Tod Opa (m) 24.7.1968 = P-So tri R-Mo • Tod Oma (m) 17.6.1977 = P-Mo qua R-Me • Geburt Vater 7.7.1922 = P-So tri R-SP "Vater" • Geburt Mutter 28.10.1926 = P-Mo qua R-Ve und P-Mo tri R-SP "Mutter" • Tod Vater 20.7.1983 = P-Mo tri R-PL und P-AC tri R-Sa • Heirat mit G. 27.10.1978 = P-AC opp R-Ma • Hochzeit mit G. 28.7.1979 = P-Mo kon R-Sa und P-Mo qua R-MC • Geburt Sohn D. 4.2.1984 = P-MC qua R-Mo und P-MC tri R-Sa • Geburt Sohn K. 6.8.1985 = P-Mo opp R-So • Geburt Sohn F. 13.12.1991 = P-MC tri R-Ju	d Ne H6 = Ausgenutzt am Arbeitsplatz h+d Waa-Ve H4 = Liebevoller bis übertriebener Gastgeber	Porph. Plac. Reg. Camp. Topoz. Koch Plac. Porph. Topoz.	d Ne H5 = In der Liebe verführbar h+d Waa-Ve H5 = Vergnügung sliebend bis narzißtisch	Koch Äqual Camp. Reg. Äqual

169

Geburts-Daten	Lebensereignisse und Aspekte nach Sekundär-Progression (nur Aspekte zwischen Progression und Radix)	zutreffend	richtige Häuser	nicht zutreffend	falsche Häuser
Nr. 11 weiblich 06.10.1900 STA 9:30 korr. 9.40 09.20 Ost 48.03 Nord	• Geburt Vater (m) 22.10.1868 = P-So opp R-Mo • Geburt Mutter (m) 21.9.1873 = P-Mo tri R-AC • Geburt Ehemann G. = 22.12.1896 = kein Aspekt • Tod Ehemann G. 8.1.1981 = P-Mo tri R-PL • Geburt Schwester A. 29.8.1905 = P-Me qua R-Ma und P-So tri R-PL • Geburt Sohn G. 7.7.1922 = P-Me qua R-Ve und P-Mo tri R-Ve • Hochzeit Sohn G. 24.7.1952 = P-Ma kon R-MC • Geburt Enkelin P. 12.7.1954 = P-MC kon R-Me und P-Mo tri R-Me • Eigener Tod 26.12.1981 = P-Mo opp R-MC • Tod Sohn G. 20.7.1983 = P-MC qua R-Ve und P-S "Kind" tri R-Ve • Tod Schwester A. 5.1.1985 = P-Ma opp R-Mo	h PL H7 = Dominant in Partner-schaften	Porph. Camp	h PL H8 = Alles-oder-Nichts-Haltung	Koch Plac. Reg. Äqual Topoz.

Geburts-Daten	Lebensereignisse und Aspekte nach Sekundär-Progression (nur Aspekte zwischen Progression und Radix)	zutreffend	richtige Häuser	nicht zutreffend	falsche Häuser
Nr. 12 männlich 07.07.1922 STA 5:45 korr. 5.50 09.20 Ost 48.03 Nord	• Geburt Vater = 22.12.1896 = P-Mo opp R-So • Geburt Mutter 6.10.1900 = P-MC kon R-Ur • Tod Vater 8.1.1981 = P-Mo tri R-Ju • Tod Mutter 26.12.1981 = P-Mo opp R-Ve und P-Mo tri R-Me • Hochzeit mit K. 24.7.1952 = P-Mo opp AC • Geburt Tochter P. 12.7.1954 = P-Mo opp R-Ve und P-AC kon R-Ve • Heirat Tochter P. 27.10.1978 = P-Mo opp R-So • Hochzeit Tochter P. 28.7.1979 = P-Ma opp R-Me • Eigener Tod 20.7.1983 = P-Mo qua R-Ma und P-Mo kon R-Ur und P-Mo tri R-So	h Mo H5 = Verspielte Gefühlsnatur	Koch Plac. Reg. Äqual Porph. Topoz.	h Mo H6 = Angepaßter Arbeiter	Camp.
		h Waa-Ve H1 = Anmutige Erscheinung	Koch Äqual Porph. Camp.	h Waa-Ve H2 = Wohlhabender Partner	Plac. Reg. Topoz.
		h+d Zwi-Me H12 = Verschwiegen bis unehrlich	Porph. Camp.	h+d Zwi-Me H11 = Kluger bis berechnender Freund	Koch Plac. Reg. Äqual Topoz.

171

Geburts-Daten	Lebensereignisse und Aspekte nach Sekundär-Progression (nur Aspekte zwischen Progression und Radix)	zutreffend	richtige Häuser	nicht zutreffend	falsche Häuser
Nr. 13 weiblich 28.10.1926 STA 21.15 korr. 21.10	• Geburt Vater 15.9.1893 = P-Mo qua R-Ne und P-Mo opp R-Sa • Geburt Mutter 21.10.1898 = P-Mo qua R-Ve • Tod Vater 24.7.1968 = P-Mo opp R-Mo und P-Ma opp R-So • Tod Mutter 17.6.1977 = P-Mo tri R-Ju • Geburt Schwester A. 4.1.1928 = P-AC kon R-AC und P-AC kon R-PL und P-So kon R-SP "Geschw."	d Mo H2 = Geizig	Koch Plac. Reg. Porph. Topoz.	d Mo H1 = Unausgeglichen	Camp. Äqual
10.00 Ost 47.48 Nord	• Geburt Bruder F. 22.2.1930 = P-Mo opp R-MC • Geburt Schwester K. 27.11.1933 = P-Mo kon R-So • Hochzeit mit G. 24.7.1952 = P-AC qua R-So und P-Mo tri R-MC	h Sti-Ve H5 = Genußfreudig	Plac. Reg. Porph. Camp. Topoz.	h Sti-Ve H4 = Schmuckvolles Zuhause	Koch Äqual
	• Geburt Tochter P. 12.7.1954 = P-Mo opp R-Ve und P-AC kon R-Ve • Heirat Tochter P. 27.10.1978 = P-Mo tri R-So • Hochzeit Tochter P. 28.7.1979 = P-MC kon R-Ma und P-Mo kon R-AC • Tod Ehemann G. 20.7.1983 = P-AC kon R-Ne und P-AC qua R-Me • Geburt Enkelsohn D. 4.2.1984 = P-MC qua R-Ju • Geburt Enkelsohn K. 6.8.1985 = P-AC kon R-Mo • Geburt Enkelsohn F. 13.12.1991 = P-Mo qua R-MC	h+d Ne H3 = Einfühlsam bis verwirrt im Denken	Plac. Reg. Topoz.	h+d Ne H2 = Finanzielles Fingerspitzengefühl bis Chaos	Koch Porph. Äqual Camp.

Geburts-Daten	Lebensereignisse und Aspekte nach Sekundär-Progression (nur Aspekte zwischen Progression und Radix)	zutreffend	richtige Häuser	nicht zutreffend	falsche Häuser
Nr. 14 weiblich 21.8.1961 STA 21.38 korr: 21.36 10.00 Ost 47.48 Nord	• Tod Opa (m) 24.7.1968 = P-Mo tri R-SP "Vater" • Tod Oma (m) 17.6.1977 = P-Mo qua R-AC und P-Mo qua R-Ne • Geburt Vater 8.4.1925 = P-AC opp R-Ur und P-Mo kon R-Me • Geburt Mutter 4.1.1928 = P-SP "Mutter" opp R-MC • Geburt Bruder B. 28.4.1953 = P-Mo kon P-SP "Geschwister" • Geburt Bruder W. 18.9.1954 = P-Mo qua R-Mo und P-Mo tri R-Ju und P-AC qua R-Sa • Geburt Bruder F. 4.2.1959 = P-Mo qua R-Ur und P-So kon R-Ur • Tod Bruder B. 18.11.1972 = P-AC tri R-Sa • Geburt Nichte E. 3.4.1986 = P-Mo tri R-Ve • Geburt Nichte E. 19.5.1993 = P-So qua R-Mo und P-Mo opp R-Me und P-Mo qua R-SP "Kind" • Geburt Nichte J. 30.1.1996 = P-Mo kon R-SP "Kind" und P-So tri R-SP "Kind" und P-Mo opp R-SP "Kind" • Geburt Neffe M. 24.8.1999 = P-Mo tri R-Ma und P-Mo qua R-Me und P-Mo kon R-SP "Kind"	h+d Mo H9 = Gefühlsmäßige Religiosität bis Frömmelei	Plac. Porph. Topoz.	h+d Mo H8 = Ahnendes Vorausschauen bis Gefühlsmanipulation	Koch Reg. Äqual Camp.

173

Geburts-Daten	Lebensereignisse und Aspekte nach Sekundär-Progression (nur Aspekte zwischen Progression und Radix)	zutreffend	richtige Häuser	nicht zutreffend	falsche Häuser
Nr. 15 weiblich 15.02.1915 STA 8.30 korr. 8.34 09.20 Ost 48.03 Nord	• Tod Opa (v) 16.11.1914 = P-Mo kon R-Me • Tod Oma (v) 2.12.1930 = P-Mo qua R-MC und P-Mo qua R-PL • Tod Opa (m) 15.5.1891 = kein Aspekt • Tod Oma (m) 4.12.1936 = P-Mo opp R-Sa und P-Mo qua R-AC und P-Mo kon R-MC • Geburt Vater 24.10.1887 = P-Mo kon R-Mo und P-Mo kon R-Me • Geburt Mutter 19.12.1889 = P-Mo opp R-SP "Mutter" und P-Mo qua R-Ve • Tod Vater 21.2.1933 = P-Mo tri R-PL und P-Mo tri R-Ju • Tod Mutter 18.5.1954 = P-AC qua R-Ju • Geburt Ehemann E. 14.4.1914 = P-Mo kon R-So • Geburt Bruder K. 28.1.1916 = P-AC qua R-Sa und P-Mo kon R-AC • Geburt Bruder F. 21.9.1917 = P-Mo qua R-Ve • Geburt Bruder S. 29.8.1918 = P-MC opp R-PL und P-Mo qua R-SP "Geschw." • Geburt Bruder L. 28.2.1920 = P-Mo qua R-Ma und P-Mo tri R-Ve und P-Mo tri R-SP "Geschw." • Geburt Schwester E. 14.9.1922 = P-Mo qua R-Mo und P-Mo tri R-Ma • Geburt Schwester W. 3.12.1925 = P-Mo tri R-AC und P-SP "Geschwi" kon R-So • Tod Bruder K. 21.4.1958 = P-AC qua R-Me und P-Mo qua R-MC und P-So qua R-Ve • Geburt Adoptiv-Sohn M. 1.2.1959 = P-Mo qua R-Ve und P-Mo tri R-Ma • Tod Ehemann E. 30.9.1976 = P-MC kon R-So und P-MC tri R-Sa und P-Mo qua R-Ju	d Ma H11 = Aggressiv in der Gruppe d Ur H11 = Unbeständige Freundschaften h Ne H5 = In der Liebe schwärmerisch	Koch Äqual Porph. Koch Äqual Porph. Koch Plac. Reg. Äqual Porph. Topoz.	d Ma H12 = Unzufrieden d Ur H12 = Ängstlich h Ne H6 = Mitfühlend am Arbeitsplatz	Plac. Reg. Camp. Topoz. Plac. Reg. Camp. Topoz. Camp.

Geburts-Daten	Lebensereignisse und Aspekte nach Sekundär-Progression (nur Aspekte zwischen Progression und Radix)	zutreffend	richtige Häuser	nicht zutreffend	falsche Häuser
Nr. 16 männlich 28.1.1916 STA 8.15 Korr. 8.15 09.20 Ost 48.03 Nord	• Geburt Vater 24.10.1887 = P-AC tri R-SP "Vater" • Geburt Mutter 19.12.1889 = P-Mo tri R-Ju und P-MC tri R-Sa und P-So qua R-SP "Mutter"	h+d Mo H9 = Gefühlsmäßige Religiosität bis Frömmelei	Koch Äqual Porph.	h+d Mo H8 = Ahnendes Vorausschauen bis Gefühlsmanipulation	Placid. Reg. Camp. Topoz.
	• Tod Opa (v) 16.11.1914 = P-Mo tri R-Ve • Tod Oma (v) 2.12.1930 = P-Mo opp R-MC und P-Mo tri R-So • Tod Opa (m) 15.5.1891 = kein Aspekt • Tod Oma (m) 4.12.1936 = P-Mo opp R-Ur				
	• Geburt Schwester M. 15.2.1915 = P-Mo qua R-Ne und P-AC qua R-Mo • Geburt Bruder S. 29.8.1918 = P-AC kon R-Ur • Geburt Bruder L. 28.2.1920 = P-MC qua R-Ve und P-Mo opp R-Sa	h Ju H2 = Finanziell sorglos	Koch Äqual Porph.	h Ju H1 = Würdevolle Erscheinung	Plac Reg. Camp. Topoz.
	• Geburt Schwester E. 14.9.1922 = P-Mo kon R-Ur und P-MC tri R-SP "Geschw." • Geburt Schwester W. 3.12.1925 = P-Mo kon R-PL • Tod Vater 21.2.1933 = P-MC opp R-Sa und P-AC tri R-Ma • Tod Mutter 18.5.1954 = P-MC opp R-Sa und P-AC tri R-Ma • Eigener Tod 21.4.1958 = P-Mo opp R-MC und P-Mo tri So	h Sa H5 = Gehemmte Lebenslust	Koch Plac. Porph. Äqual Topoz.	h Sa H6 = Pflichtbewußter Arbeiter	Reg. Camp.

175

Geburts-Daten	Lebensereignisse und Aspekte nach Sekundär-Progression (nur Aspekte zwischen Progression und Radix)	zutreffend	richtige Häuser	nicht zutreffend	falsche Häuser
Nr. 17 männlich 21.9.1917 STA 2.45 Korr. 2.55 09.20 Ost 48.03 Nord	• Tod Opa (v) 16.11.1914 = P-AC qua R-Mo und P-SP tri R-Ve • Tod Oma (v) 2.12.1930 = P-Mo tri R-So und P-Mo kon R-SP "Mutter" • Tod Opa (m) 15.5.1891 = kein Aspekt • Tod Oma (m) 4.12.1936 = P-Mo kon R-Sa und P-Mo qua R-MC • Geburt Vater 24.10.1887 = kein Aspekt • Geburt Mutter 19.12.1889 = P-MC tri R-Sa und P-Mo qua R-Sa • Geburt Schwester M. 15.2.1915 = P-AC qua R-Mo • Geburt Bruder K. 28.1.1916 = P-AC opp R-Ur • Geburt Bruder S. 29.8.1918 = P-MC qua R-Sa und P-SP "Geschw." tri R-MC • Geburt Bruder L. 28.2.1920 = P-Mo tri R-AC und P-Mo qua R-Me • Geburt Schwester E. 14.9.1922 = P-Mo tri R-So und P-Mo tri R-Me • Geburt Schwester W. 3.12.1925 = P-So qua R-PL • Geburt Ehefrau L. 27.11.1926 = P-Mo opp R-So • Tod Vater 21.2.1933 = P-Mo qua R-So • Tod Mutter 18.5.1954 = P-Mo opp R-So • Tod Bruder K. 21.4.1958 = P-Mo tri R-Me und P-Mo tri R-So • Geburt Tocher B. 2.7.1966 = P-Mo tri R-MC • Tod Ehefrau L. 5.9.1986 = P-AC tri R-Ju und P-Mo kon R-Ju und P-So tri R-Ne	h Ju H10 = Beruflich angesehen	Koch Plac. Äqual Reg. Porph. Topoz.	h Ju H11 = Wohlwollen der Freund	Camp.

Geburts-Daten	Lebensereignisse und Aspekte nach Sekundär-Progression (nur Aspekte zwischen Progression und Radix)	zutreffend	richtige Häuser	nicht zutreffend	falsche Häuser
Nr. 18 männlich 29.08.1918 STA 21.00 korr. 21.15 09.20 Ost 48.03 Nord	• Tod Opa (v) 16.11.1914 = P-Mo kon R-SP "Vater" • Tod Oma (v) 2.12.1930 = P-Mo qua R-Sa und PAC tri R-MC • Tod Opa (m) 15.5.1891 = P-AC qua R-Mo und P-Mo kon R-Mo • Tod Oma (m) 4.12.1936 = P-Mo opp R-Ne und P-Mo qua R-Ma • Geburt Vater 24.10.1887 = P-Mo kon R-SP "Vater" • Geburt Mutter 19.12.1889 = P-So kon R-Ne und P-So qua R-Ma • Geburt Vater 21.2.1933 = P-Mo opp R-Mo und P-Mo tri R-Ve und P-AC opp R-Ma • Tod Mutter 18.5.1954 = P-Mo qua R-MC und P-MC qua R-Ma und P-MC opp R-Ne • Geburt Bruder K. 28.1.1916 = P-Mo tri R-Me und P-Mo qua R-Ve • Geburt Bruder F. 21.9.1917 = P-Mo qua R-So • Geburt Bruder L. 28.2.1920 = P-Mo tri R-Ma und P-Mo kon R-PL • Geburt Schwester E. 14.9.1922 = P-Mo tri R-AC und P-Mo kon R-SP "Geschw." • Geburt Schwester W. 3.12.1925 = P-Mo qua R-Mo • Geburt Tochter C. 20.6.1948 = P-So qua R-MC und P-SP "Kind" tri R-MC • Geburt Sohn S. 5.4.1951 = P-Mo opp R-Ur • Geburt Bruder K. 21.4.1958 = P-Mo qua R-Sa • Tod Sohn S. 25.6.1960 = P-MC opp R-Mo und P-AC tri R-SP "Kind" • Geburt Enkel A. 7.10.1967 = P-SP "Kind" tri R-Me	h Ur H11 = Idealistische Freundschaften h So H5 = Schöpferische Lebenslust h Sa H5 = Wenig Vergnügungssinn h Mo H2 = Instinktsicher im Gelderwerb	Koch Äqual Porph. Porph. Äqual Koch Plac. Porph. Äqual Topoz. Reg. Camp.	h Ur H12 = Hellsichtig h So H6 = Fleißig h Sa H6 = Pflichtbewußter Arbeiter h Mo H3 = Mittelsam	Plac. Reg. Camp. Topoz. Koch Plac. Reg. Camp. Topoz. Reg. Camp. Koch Plac. Äqual Porph. Topoz.

177

Geburts-Daten	Lebensereignisse und Aspekte nach Sekundär-Progression (nur Aspekte zwischen Progression und Radix)	zutreffend	richtige Häuser	nicht zutreffend	falsche Häuser
Nr. 19 männlich 28.2.1920 STA 13.00 Korr. 12.58	• Tod Opa (v) 16.11.1914 = P-Mo qua R-SP "Vater" und P-Mo qua R-AC • Tod Oma (v) 2.12.1930 = P-Mo tri R-Me • Tod Opa (m) 15.5.1891 = P-Mo tri R-Ve und P-Mo qua R-Sa • Tod Oma (m) 4.12.1936 = P-AC tri R-Me und P-Mo kon R-Ve • Geburt Vater 24.10.1887 = P-SP "Vater" kon R-Ma • Geburt Mutter 19.12.1889 = P-Mo qua R-SP "Mutter"	h+d Ma H5 = Engagierter bis übermäßiger Sportler	Plac. Reg. Camp. Porph. Topoz.	h+d Ma H4 = Zuhause engagiert bis streitbar	Koch Äqual
09.20 Ost 48.03 Nord	• Tod Vater 21.2.1933 = P-MC qua R-Mo • Tod Mutter 18.5.1954 = P-So qua R-AC und P-Mo tri R-Ve • Geburt Schwester M. 15.2.1915 = P-AC tri R-So • Geburt Bruder K. 28.1.1916 = kein Aspekt • Geburt Bruder S. 29.8.1918 = P-Mo qua R-So und P-Mo qua R-Sa	h+d Ne H2 = Finanzielles Fingerspitzengefühl bis Chaos	Koch Plac. Reg. Porph. Topoz.	d Ne H1 = Einfühlsame bis verführbare Erscheinung	Äqual Camp.
	• Geburt Schwester E. 14.9.1922 = P-AC tri R-MC und P-Mo opp R-Ve • Geburt Schwester W. 3.12.1925 = P-So kon R-MC • Tod Bruder K. 21.4.1958 = P-Mo tri R-SP "Geschwister" und P-SP "Geschw." opp R-MC	d Sti-Ve H8 = Zwanghafter Besitzdrang	Koch Plac. Reg. Porph. Topoz.	d Sti-Ve H7 = Materiell orientierte Partnerschaft	Äqual Camp.

Geburts- Daten	Lebensereignisse und Aspekte nach Sekundär-Progression (nur Aspekte zwischen Progression und Radix)	zutreffend	richtige Häuser	nicht zutreffend	falsche Häuser
Nr. 20 weiblich 4.12.1925 STA 0.30 korr. 3.12. 0.28 09.20 Ost 48.03 Nord	• Tod Opa (v) 16.11.1914 = P-Mo tri R-MC und P-Mo qua R-Ma • Tod Oma (v) 2.12.1930 = P-Mo qua R-So • Tod Opa (m) 15.5.1891 = P-Mo opp R-SP "Vater" • Tod Oma (m) 4.12.1936 = P-So qua R-Ur • Geburt Vater 24.10.1887 = P-AC qua R-Sa und P-Mo tri R-MC • Geburt Mutter 19.12.1889 = P-Mo opp R-AC • Geburt Vater 21.2.1933 = P-AC tri R-Ju und P-Mo kon R-SP "Vater" • Tod Mutter 18.5.1954 = P-Mo opp R-Ju und P-Mo tri R-SP "Mutter" • Geburt Schwester M. 15.2.1915 = P-Mo qua R-Sa und P-SP "Geschw." qua R-MC • Geburt Bruder K. 28.1.1916 = P-AC qua R-So und P-So tri R-SP "Geschw." • Geburt Bruder S. 29.8.1918 = P-SP "Geschwister" opp R-Ne • Geburt Bruder L. 28.2.1920 = P-Mo qua R-Ve und P-Mo tri Me • Geburt Ehemann F. 21.9.1920 = kein Aspekt • Geburt Schwester E. 14.9.1922 = kein Aspekt • Geburt Tochter S. 30.5.1949 = P-Mo tri R-Ju und P-Mo qua R-Ne • Tod Bruder Karl 21.4.1958 = P-Mo qua R-So • Tod Ehemann F. 8.3.1996 = P-MC qua R-Sa und P-Mo kon R-Ve	h PL H10 = Geltungs- streben h Ma H2 = Tatkräftig im Gelderwerb	Koch Plac. Äqual Reg. Porph Topoz. Koch Äqual Porph. Camp. Topoz.	h PL H11 = Eingeschwo rene Freundschaf ten h Ma H3 = Kraftvoller Vortragsstil	Camp. Plac. Reg.

179

Geburts-Daten	Lebensereignisse und Aspekte nach Sekundär-Progression (nur Aspekte zwischen Progression und Radix)	zutreffend	richtige Häuser	nicht zutreffend	falsche Häuser
Nr. 21 männlich 30.10.1945 STA 6:00 korr. 6.07 09.20 Ost 48.03 Nord	• Geburt Vater 26.1.1913 = kein Aspekt • Geburt Mutter 17.6.1909 = P-Mo qua R-Ma • Tod Opa (v) 8.9.1958 = P-Mo qua R-So • Tod Oma (v) 6.7.1961 = P-AC kon R-So • Geburt Schwester M. 15.9.1943 = P-Mo qua R-So • Tod Vater (Krieg) 1.2.1947 = P-AC qua R-Ma • Tod Mutter 28.8.1989 = P-AC tri R-Ma und P-Mo tri R-Ma • Geburt Sohn T. 25.11.1972 = P-Mo kon R-Mo	h Mo H11 = Angepaßter Freund h Jun-Me H1 = Engagiert bei der Arbeit	Koch Äqual Porph. Camp. Äqual Porph. Camp.	h Mo H10 = Öffentlich beliebt h Jun-Me H2 = Sparsam	Plac. Reg. Topoz. Koch Plac. Reg. Topoz.

180

Auswertung und Interpretation der Befunde

Wie aus dem Tabellenwerk ersichtlich, kamen hauptsächlich Geburts- und Todestage zur Auswertung. Aus der Sicht der theosophischen Astrologie sind dies die fundamentalsten Lebensereignisse überhaupt, da es sich hierbei um nichts geringeres als den metaphysischen Stoffwechsel der Seele handelt. Es ist beeindruckend, wie exakt sich die Lebensereignisse mittels Sekundär-Progression quasi als "Aspekt-Ausschlag" am Computer nachweisen lassen: Monate oder gar Jahre vor oder nach dem betreffenden Ereignis zeigt sich keine Aspekt-Verbindung zwischen Außen- und Innenhoroskop mehr. Mit dem hier verwendeten Orbis von weniger als 0,2° lassen sich alle störenden, weniger wichtigen Lebensereignisse wie etwa Berufsstationen, Krankheiten oder Reisetätigkeiten vorzüglich unterdrücken.

Porphyrius, die astrologisch stimmigste Quadrantenteilung

Bei 21 Horoskopen aus dem Verwandten- und und Bekanntenkreis wurde untersucht, wie sich die Planeten auf die Häuser verteilen. Dabei wurden die 7 gängigsten Häusersysteme, nämlich Koch, Placidus, Regiomontanus, Campanus, Topozentrik, Porphyrius und Äqual (AC Spitze 1. Haus) miteinander verglichen. Unter den Geburtsbildern ist nur eines dabei, bei dem eine volle Übereinstimmung unter den 7 Häusermanieren besteht. Bei alle anderen Fällen kommen einzelne Planeten – je nach Haussystem – in unterschiedliche Felder zu stehen. Indikatoren für die Bewertung sind Wesensmerkmale, welche auf standardisierte Deutungstexte zurückgehen. Wie die Zusammenstellung in *Tabelle 8* ergibt, stellte sich das System Porphyrius als das plausibelste heraus. Mit nicht weniger als 47 richtigen Häuserständen von insgesamt 50 Fällen nimmt es noch vor dem System Koch mit Abstand den ersten Platz ein (*Abbildung 1*).

Aus *Tabelle 9* läßt sich überdies eine "astrologische Ähnlichkeit" durch Prüfung der Übereinstimmung der Haussysteme ableiten. Höchste Übereinstimmung besitzen demnach Placidus mit Topozentrik (47 mal) und Koch (GOH) mit Porphyrius (37 mal). Geringste Übereinstimmung liegt indes vor bei Placidus mit Äqual mit 15 Fällen und Koch mit Campanus (17 mal). Die allgemein favorisierten Systeme Placidus und Koch haben mit nur 26 Übereinstimmungen eine nur geringe Ähnlichkeit. Nur in der Hälfte aller untersuchten Fälle befinden sich die fraglichen Planeten im selben Haus! Die astrologisch stimmigste Quadranten-Aufteilung wird also mit Porphyrius, die am wenigsten plausible dagegen mit Regiomontanus erreicht. Obwohl alle untersuchten Horoskope vom 48. Grad nördlicher Breite stammen, ist davon auszugehen, daß die Bewertung bis zum 60. Breitengrad Gültigkeit hat, also bis zu jener geographischen Breite, wo die inäqualen Systeme noch verwendbar sind.

Tabelle 8: Die Plausibilität der Haussysteme im Vergleich

Haus-System	zutreffend		nicht zutreffend (komplementär)	
	absolut	relativ (%)	absolut	relativ (%)
Horoskope	21			
Fälle*	n = 50	100	n = 50	100
davon:				
Porphyrius	47	94	3	6
Koch	36	72	14	28
Topozentrik	29	58	21	42
Äqual	27	54	23	46
Placidus	26	52	24	48
Campanus	23	46	27	54
Regiomontanus	21	42	29	58
Summe	209	–	141	–

* Fälle unterschiedlicher Häuserstände der Planeten bei den 21 untersuchten Horoskopen

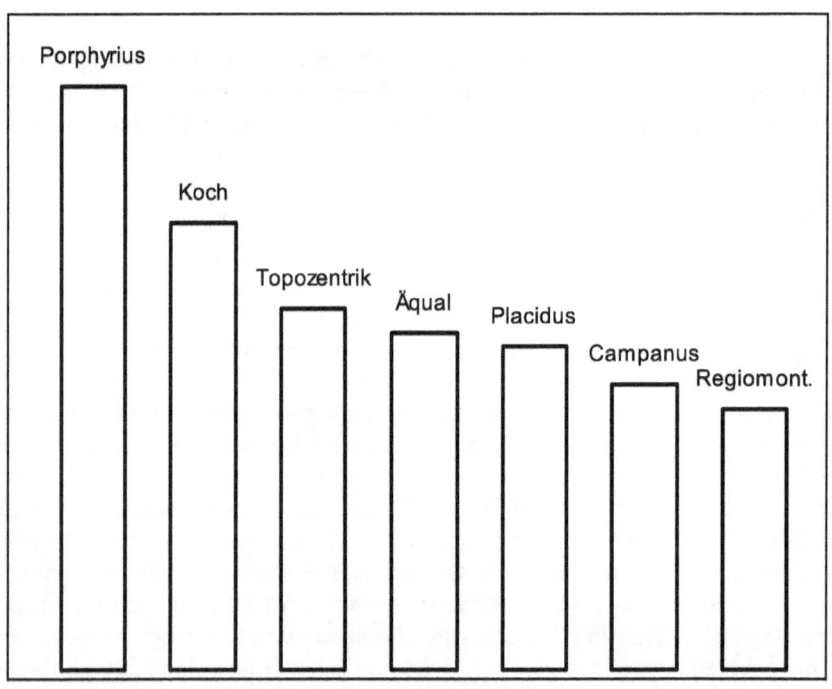

Abbildung 1: Plausibilitäts-Reihenfolge unter 7 Haus-Systemen

Tabelle 9: Vergleich gemeinsamer Häuserstände

	Placidus	Koch	Topozo-zentrik	Campa-nus	Regio-montanus	Äqual	Porphyri-us
Placidus	–	26	47	19	43	15	25
Koch		–	29	17	23	35	37
Topozentrik			–	20	40	18	28
Campanus				–	26	21	22
Regiomontanus					–	16	17
Äqual						–	30
Porphyrius							–

Verteilung der Aspekte

Werden die Lebensereignisse sinnvoll gruppiert und das zur Verfügung stehende Horoskopmaterial auf **Aspekttypen** hin untersucht, ergibt sich das in Tabelle 10 dargestellte Bild. Darin steht die Konjunktion in der Häufigkeit mit 35 % an erster Stelle, gefolgt vom Quadrat (26 %), Trigon (22 %) und der Opposition (16 %).

Tabelle 10: Lebensereignisse und Aspekt-Typen in 21 untersuchten Horoskopen

	Konjunktion	Quadrat	Trigon	Opposition	
Tod Opa, Vater, Ehemann	12	21	24	8	65
Geburt Vater	10	7	6	13	36
Tod Oma, Mutter, Ehefrau	13	21	17	14	65
Geburt Mutter	114	13	10	11	148
Geburt Sohn, Enkel-Sohn, Neffe	8	14	13	10	45
Geburt Tochter, Enkel-Tochter, Nichte	7	6	10	3	26
Geburt oder Tod des Bruders, Neffen	16	35	18	9	78
Geburt oder Tod der Schwester, Nichte	8	15	13	8	44
Hochzeit, Heirat	5	6	6	9	26
Tod Sohn	3	3	3	3	12
Tod Tante	0	1	1	0	2
Eigener Tod	5	5	3	4	17
Krankheit, Unfall	0	3	1	0	4
Berufsabschluß	1	1	2	0	4
Summen	202	151	127	92	572
Prozent	35,4	26,4	22,1	16,1	100

Diesem Ergebnis ist noch folgende Beobachtung hinzuzufügen: Alle Aspekte zwischen Sekundär-Progression und Radix verlieren ihren qualitativen

Charakter: Die klassischen Spannungsaspekte Quadrat und Opposition können auch erfreuliche Lebensereignisse wie etwa Kindsgeburten markieren und das Trigon als der wohltätigste Winkel per se kann auch Todesfälle in der Familie anzeigen. Bei der Sekundär-Progression werden also alle klassischen Bewertungen, wie wir sie vom Radix her kennen, verwischt.

An dieser Stelle möchte ich auch noch auf eine Beobachtung hingewiesen, die für die Radix-Deutung relevant ist:

- Alle Winkelverbindungen zwischen den geistigen Planeten sollten bei der Deutung nicht interpretiert werden, da sie oft über Jahre hinweg Bestand haben und kaum etwas zum individuellen Charakterbild des Horoskopeigners beitragen.
- Aspekte, welche die persönlichen Planeten von den Transsaturniern erhalten, verhalten sich hinsichtlich ihres Charakters eher indifferent. Ist also beispielsweise die Venus mit dem Pluto durch ein Trigon verbunden, wirkt sich dieser Aspekt auf die Venus nicht zwangsläufig harmonisch aus; er kann sich auch disharmonisch manifestieren!

Die herausragenden Horoskop-Faktoren bei dieser Methode sind neben Mond und Sonne der Aszendent (AC) und das Medium Coeli (MC). Allein diese 4 Faktoren bestreiten über 60 % der 894 gefundenen Aspekte! Dabei ist der Mond mit nicht weniger als 309 Aspekten (= 35 %) beteiligt (*Tabelle 11*, *Abbildung 1*). Als der fünfthäufigste Horoskop-Faktor treten die sensitiven Punkte mit immerhin noch 7 % der Aspektverbindungen in Erscheinung. Auf die überragende Bedeutung des progressiven Mondes jedoch wird von MARCH & EVERS (1993) also mit Recht verwiesen: "Lediglich der Mond und die anderen persönlichen Planeten können in einem progressiven Horoskop neue Aspekte bilden. In einem solchen Falle handelt es sich fast immer um einen Hinweis auf ein wichtiges Ereignis im Leben eines Menschen." Dadurch, daß allein die 4 Horoskop-Faktoren Mond, Sonne, AC und MC mit nicht weniger als 60 % am Aspektvolumen beteiligt sind, eignen sie sich hervorragend für die Korrektur der Geburtszeit. Ist diese auch nur in etwa bekannt (± 1 Stunde), läßt sich mit Hilfe dieser 4 Punkte und den entsprechenden Ereignissen die Geburtsminute ohne große Schwierigkeiten bestimmen. Die Glaubwürdigkeit der auf diese Weise gewonnenen Zeit kann im übrigen stets durch die Gegenprobe über andere wichtige Ereignisse überprüft werden.

Tabelle 11: Lebensereignisse und durch Aspektierung beteiligte Planeten in 21 untersuchten Horoskopen

Horoskop-Faktor> Lebensereignis	AC	MC	So	Mo	Me	Ve	Ma	Ju	Sa	Ur	Ne	PL	SP	
Tod Opa, Vater, Ehemann	10	13	13	45	5	7	5	7	6	3	3	7	7	131
Geburt Vater	5	2	6	23	5	1	2	0	2	3	3	1	5	58
Tod Oma, Mutter, Ehefrau	9	11	10	49	8	6	6	8	7	4	3	5	3	129
Geburt Mutter	3	6	8	21	0	4	2	3	5	2	1	2	5	62
Geburt Sohn, Enkel-Sohn, Neffe	7	11	8	32	4	4	5	4	3	2	2	2	6	90
Geburt Tochter, Enkel-Tochter, Nichte	5	4	2	22	3	7	3	1	2	1	2	0	3	55
Geburt oder Tod des Bruders, Neffen	11	13	10	52	11	11	4	2	10	6	2	8	15	155
Geburt oder Tod der Schwester, Nichte	9	5	10	30	4	4	4	0	3	2	1	3	12	87
Hochzeit, Heirat	7	5	7	14	4	0	7	4	0	1	1	2	3	55
Tod Sohn	3	2	2	7	2	3	0	0	0	0	0	1	3	23
Tod Tante	0	0	0	1	0	0	0	0	0	0	1	0	0	2
Eigener Tod	4	7	3	8	0	0	3	0	2	4	2	0	1	34
Krankheit, Unfall	0	1	1	2	0	0	0	0	1	0	0	0	0	5
Berufsabschluß	0	0	0	3	1	1	1	0	1	0	1	0	0	8
Summen	73	80	80	309	47	48	42	29	41	29	21	32	63	894
Prozent	8,2	8,9	8,9	34,6	5,3	5,4	4,7	3,2	4,6	3,2	2,3	3,6	7,0	100

SP = sensitiver Punkt

Was die farbige Kennzeichnung der Aspekttypen angeht, hat es sich gezeigt, daß es ausreicht, mit nur 3 Farben zu arbeiten, nämlich mit Rot, Grün und Blau. Rot stünde für die disharmonischen Aspekte Quadrat, Opposition, Halbsextil und Quinkunx; Grün für die harmonischen Aspekte Trigon und Sextil; Blau für die indifferente Konjunktion. Zusätzliche Farbunterscheidungen sind – zumindest für Forschungszwecke – eher verwirrend.

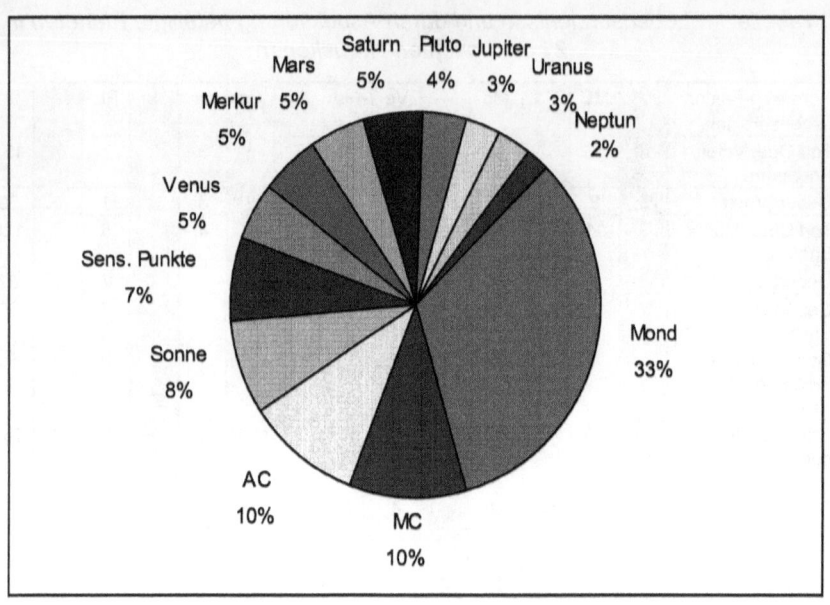

Abbildung 2: Prozentale Beteiligung der Planeten an der Aspektbildung zwischen Sekundär-Progression und Radix

Spirituelle Verbindungen werden graphisch sichtbar

Schon Johannes Kepler (1572-1630, zit bei Ebertin, 1979) stellte fest, daß verwandte Personen ähnliche Konstellationen in ihren Geburtsbildern aufweisen. Dies läßt sich auch hier feststellen, wobei das kosmische Analogiegesetz – wie oben schon ausgeführt – bei der Strukturierung der Radix-Bilder eine große Rolle spielt. Die Auswertung der 21 Horoskope hat überdies aber eindrucksvoll gezeigt, wie stark Familienmitglieder karmisch miteinander verbunden sein können. Die zuverlässige Aspektbildung zwischen Sekundär-Progression und Geburtshoroskop bei wichtigen Lebensereignisse liefern gewissermaßen den "graphischen Beweis" für seelischen Verbindungen, die sog. "Seelenverwandtschaft" zwischen Menschen.

Nach Auffassung von HALL (1998) kann durchaus die ganze Familie Teil der Seelengruppe sein. Danach stellt die wirkliche (geistige) Familie eine Seelengruppe dar, wobei zwischen den einzelnen Mitgliedern zwar keine Blutsbande, sondern "Respekt und Freude darüber herrschen, daß man am Leben des anderen Anteil hat". Die Mitglieder dieser Seelenfamilie müssen indes nicht unbedingt unter einem Dach wohnen. Mutter und Sohn, Vater und

Tochter oder auch die Kinder können in vergangenen Leben Ehepartner gewesen sein. Diesen alten Kontakt zu erkennen und zu akzeptieren kann übrigens viel dazu beitragen, unerklärliche Handlungen in diesem Leben zu durchschauen. Aus Rückführungen geht zudem hervor, daß sich manche Seelen bei der Planung ihres nächsten Lebens und besonders ihrer Beziehungen viel Zeit lassen. Sie bitten Mitglieder ihrer Seelengruppe, bestimmte Rollen zu übernehmen, die durchaus auch mit schmerzhaften Erfahrungen verbunden sein können.

Esoterischer Hintergrund dafür ist das Resonanzgesetz: Wir können immer nur mit solchen Menschen, Situationen und Ideen in Berührung kommen, für die wir eine gewisse Empfänglichkeit mitbringen. Ohne eine entsprechende Resonanz im Sinne geistig-seelischer Verwandtschaft kann es nie zu einer schicksalhaften Verbindung kommen. "Gleich und Gleich gesellt sich gern", könnte man hier etwas vereinfachend sagen. Dies gilt beispielsweise für das Eingehen einer glücklichen Beziehung oder Partnerschaft, wie auch für das kollektive "Hineinrutschen" beispielsweise in eine Familientragödie. Immer ist das Erlebte ein Lehrstück für den Betroffenen. Stets lernt der Mensch das, was der Lebensabschnitt für ihn als Information bereit hält. Das Resonanzgesetz ist mit dem Schicksal, also dem geschickten Heil, eng verknüpft. Es erscheint nie zufällig, sondern hat immer einen tieferen Sinn (BRIEMLE, 1997b).

Diskussion

"So gut wie kein Element in der Astrologie ist unumstritten, kaum ein Bestandteil der Astrologie wird allgemein und von allen Astrologen gleichermaßen gebraucht. Wer sich mit Astrologie intensiv beschäftigt, muß zur Kenntnis nehmen, daß nichts in der Astrologie wirklich gesichert ist, daß nichts in der Astrologie wirklich unumstritten von Astrologen akzeptiert wird" (SCHUBERT-WELLER, 1996).

Wer solche Sätze liest, wird natürlich erst mal entmutigt. Man muß aber immer davon ausgehen, daß ein Teil der Kolleginnen und Kollegen dieselben Gedanken und Wünsche in Richtung auf eine seriösere, einheitlichere öffentliche Präsentation der astrologischen Szene hat, wie man selber auch. Da ich um die Empfindsamkeit vieler Kollegen und Astrologie-Schulen bei der Häuserfrage weiß, möchte ich zunächst einmal betonen, daß ich mit meinen Ergebnissen nichts beweisen will. "Beweisen" klingt immer nach mathematisch begründetem, folgerichtigem Zwang, dem sich jeder vernünftige, normale Mensch anzuschließen hat. Ich will aber mit meiner Untersuchung nichts beweisen, sondern nur zum Denken und überlegen anregen: Es geht mir in dieser Untersuchung lediglich darum, die brisante Häuserfrage einmal von einer ganz anderen Seite als der mathematisch-astronomischen zu betrachten, nämlich von einer originär astrologischen Sichtweise, die ja primär auf der Deutung beruht.

Endloser Streit über mathematisch definierte Häusersysteme

Wenn Viele einen falschen Weg gehen,
wird er deswegen nicht richtiger
Bauernweisheit

Die Frage nach dem richtigen Häusersystem ist mit Abstand das umstrittenste Thema der gesamten Astrologie. Für die Horoskopdeutung ist die Häuserstellung eines Planeten – und damit jener Lebensbereich, worin das Planetenprinzip besonders zur Wirkung kommt – eine noch wichtigere Frage als die Zeichenstellung. Da die Gestirne in den Tierkreiszeichen zwischen 2 ½ Tagen und vielen Jahren verharren können wird klar, welche vergleichsweise hohe Aussagekraft in einem Individualhoroskop mit exakter Geburtszeit und stimmigen Häusergrenzen stecken kann. Schließlich strebt jeder Astrologe eine minutengenaue Geburtszeit an, die – würden wir kurzerhand ohne Häuser arbeiten – ja gar nicht erforderlich wäre.

Die Entwicklung der gängigsten Häusersysteme

Nach LANG (1986), SASPORTAS (1987) und ROHR (1995) läßt sich die wechselvolle Geschichte der Horoskop-Häuser in Kürze wie folgt darstellen:

Das System der äqualen oder gleich großen Häuser wird zum ersten Mal etwa 3000 v. Chr. vom indischen Weisen PARASARA erwähnt. Es darf damit als die mit Abstand älteste Manier gelten. Von der Antike bis zur Zeit des PTOLEMÄUS (100-178 n. Chr.) stand dieses äquale Feldersystem hoch im Kurs, obwohl HIPPARCH bereits 150 v. Chr. gefordert hat, die alte babylonische Teilung nach Horizont und Ortsmeridian (= ungleiche Quadranten) zu übernehmen, da gleich große Quadranten astronomisch unzulässig seien.

Um 250 n. Chr. schrieb der Syrier PORPHYRIUS eine Einleitung zur Tetrabiblos und suchte einen Kompromiß zwischen äqualer Manier und den von PTOLEMÄUS verfochtenen inäqualen Ekliptik-Quadranten herzustellen: Die Lage der Horizont- und Meridianachse wurde anerkannt, die ungleichen Quadranten aber in je drei gleich große Längenabschnitte geteilt, wodurch sich die "Spitzen" der Zwischenhäuser ergaben. In unserer Zeit arbeiteten die Astrologen GRIMM und FLAMBART mit diesem System. Aber dieser Kompromiß wurde dann wieder verworfen, weil die Eckhäuser nach geraden und schiefen Aufsteigungen, die Zwischenhäuser einfach nach Längendifferenzen gefunden wurden. Das System wird auch deshalb kritisiert, weil es keinen logischen Grund dafür gibt, die ungleich großen Quadranten in gleich große Häuser zu unterteilen (SASPORTAS, 1987).

650 Jahre später differenzierte der arabische Astronom ALBATEGNIUS (890-929) dieses System, indem er die Tag- und Nachtbögen des Aszendenten durch zwei Deklinationskreise drittelte. Kurze Zeit später versuchte der jüdische Arzt EBENESRA (1150), mit einer fiktiven Drehung der Horizontebene weiterzukommen. CAMPANUS (um 1280) griff die Idee auf und drittelte den ersten Vertikal, um die Häusergrenzlinien zu erhalten. Johannes Müller aus Königsberg (1436-1476) – genannt REGIOMONTANUS – verwarf dann die Methode ALBATEGNIUS als "unzulänglich" und jene des CAMPANUS als "fiktiv" und favorisierte die Manier EBENESRA. Die am Äquator gleich großen Quadranten zu je 90° wurden vom ihm gedrittelt und durch die gewonnenen Teilpunkte Positionskreise gelegt, wodurch er die Schnittpunkte auf der Ekliptik erhielt.

Doch schon 100 Jahr nach Regiomontanus meldeten sich wieder Kritiker: STADIUS aus Belgien, MAGINI und vor allem PLACIDUS DE TITIS (1590-1668) bemängelten, daß leere Räume nicht geteilt werden dürften, sondern – in Übereinstimmung mit PTOLEMÄUS – nur die Bewegung sich auswirke. Deshalb "muß eine naturgemäße Häuserteilung nach wechselseitig proportionalen Teilen gemacht werden. Es genügt nicht, daß die Häuser unter sich bloß nach dem gewählten Großkreis, sei dies der Äquator, die Ekliptik, der erste Vertikal oder ein anderer Teilungskreis gleich seien, sondern sie müssen auch außerhalb dieser Ausgangskreise in proportional gleiche Teile zerlegt werden" (PLACIDUS). Folglich seien die äquale Manier, die Methoden PORPHYRIUS; ALBATEGNIUS, CAMPANUS und REGIOMONTANUS falsch.

Seit den 1960er Jahren wurde dann das sogenannte GOH (Häusersystem des Geburtsorts) populär. Dazu entlieh der deutsche Astrologe Walter KOCH von den Kollegen ZANZINGER und SPECHT ein für ganz andere Zwecke bestimmtes Verfahren, verfeinerte es mit anderen Argumenten und kam so zu einer von vielen akzeptierten, von anderen aber wiederum abgelehnten Lösung. Die Methode dreiteilt jeweils Halbbögen vom MC aus. Häuserspitzen sind die Aszendenten dieser Punkte auf dem Breitengrad des Geburtsortes. Wie auch die Methode PLACIDUS versagt auch diese in extrem nördlichen oder südlichen Breiten.

Wegen dieser weltweit gravierenden Uneinheitlichkeit unter den Astrologen verzichtet beispielsweise die deutsche EBERTIN-Schule (bzw. die Kosmobiologie) überhaupt auf Häuser und verwendet Halbdistanzpunkte (sog. Halbsummen) als zusätzliche Deutungshilfen (vergl. EBERTIN, 1979).

Die Bilanz:
Ein grundsätzlicher Dissens besteht nach wie vor zwischen den Verfechtern äqualer Manier einerseits und jenen inäqualer Systeme. Innerhalb der Vertreter der inäqualen Manier sind lediglich die ungleichen Quadranten allgemein anerkannt. Über ihre korrekte Drittelung ist indes noch nicht entschieden. Heute gibt es weltweit nicht weniger als 25 verschiedene Häusersysteme (SASPORTAS, 1987), wovon die bekanntesten Schulen und die professionellen Astro-Programme immer noch etwa 10 davon zur Auswahl anbieten.

Grunddisput: Äquale oder inäquale Häuser?

Alle Astrologie-Schulen sind sich darin einig darin, wie der Aszendent zu berechnen ist und daß er die Spitze des 1. Hauses markieren soll. Er ist dort, wo sich Himmelshorizont (geozentrische Horizont) und Ekliptik, also die Ebene der scheinbaren Bahn der Sonne um die Erde, im Osten schneiden. Kontrovers ist der Sachverhalt nur beim Medium Coeli. Während nämlich die Verfechter der äqualen Manier die Spitze des 10. Hauses am Zenit als dem senkrecht über dem geozentrischen Horizont befindlichen Punkt festmachen, sehen die anderen das MC dort, wo jeweils die Sonne am höchsten steht.

Methodologisch verhält sich das äquale System eigentlich korrekt, denn es ist nicht nachvollziehbar, warum bei der Bestimmung des MC plötzlich nicht mehr der geozentrische Horizont als Bezugsebene gelten soll, sondern der Erdäquator (Abbildung 3).

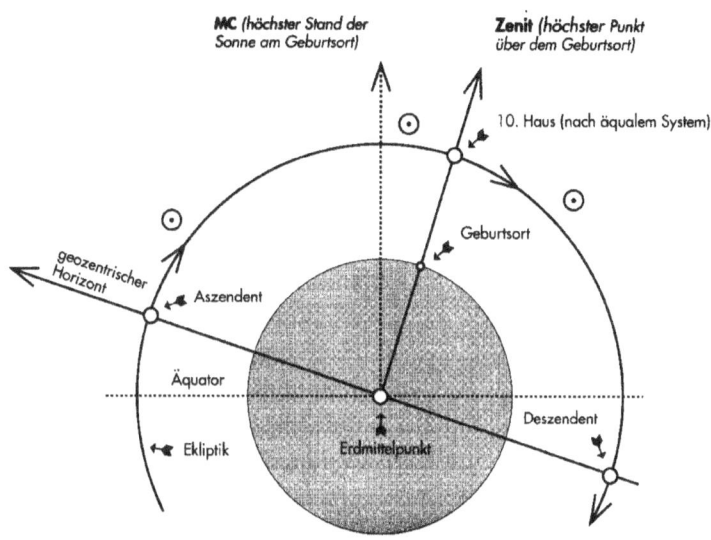

Abbildung 3: Zustandekommen des MC im Unterschied zum Zenit der äqualen Manier (aus ROHR, 1995)

Die Fronten hinsichtlich der Häuserermittlung sind also verhärtet und unaufweichlich. VEHLOW (1955: 215-218) als Verfechter der äqualen Methode ist folgender Meinung: "Ein Horoskop, nach der inäqualen Manier aufgestellt, ist das Ergebnis komplizierter mathematischer Berechnungen, astronomischer Messungen und Himmelsraum-Einteilungen. Leider aber hat diese mathematische Figur nichts mehr mit den ursprünglichen Lebenskreisen des antiken Horoskops zu tun, wie sie der alten astrologischen Weisheitslehre entsprechen und in der Antike ausschließlich angewandt wurden. Die moderne rationalistische Denkweise und der sich immer mehr ausbreitende Materialismus haben diese Wandlungen zustande gebracht. Die Astrologie, die in ihrem Kern okkulten und mystischen Ursprungs ist, ging den Weg der Verwissenschaftlichung. Damit wurde den Forderungen und dem Geschmack der mehr auf Verstandeswissen basierenden Denkweisen Rechnung getragen und dem Rationalismus Konzessionen gemacht. Immer mehr entfernte man sich von den alten Anschauungen und die wahren Zusammenhänge gerieten immer mehr in Vergessenheit. Die Natur aber arbeitet mit den allereinfachsten Gesetzen und diese gelten überall; jedoch der menschliche Unverstand gibt sich die größte Mühe, alles möglichst kompliziert zu machen! Das aber nennt man dann Fortschritt".

Daß die Häuser alle gleich breit sein müssen, nämlich 30 Grad, leitet VEHLOW aus dem "Welthoroskop" ab. Dort stehen Sonne in 15 Grad Löwe, Mond in 15 Grad Krebs, Saturn in 15 Grad Steinbock, Jupiter in 15 Grad Schütze, Mars in 15 Grad Skorpion, Venus in 15 Grad Waage und Merkur in 15 Grad Jungfrau. Dies sei der Grund, weshalb nur die äquale Methode brauchbare Ergebnisse zeitigen kann.

Auch TOBEY (zit. in ROHR, 1995) macht auf den Denkfehler bei der Bezugsebene aufmerksam. Er erinnert daran, daß die Längengrad-Linien des Tierkreises im rechten Winkel zur Ekliptik. und nicht im rechten Winkel zum Äquator verlaufen. Daher spiele der Unterschied zwischen geographischen und tierkreisbezogenen Längen- und Breitengraden eine entscheidende Rolle für die Häuserberechnung. TOBEY, S. 38 ff:
"Die meisten Astrologen haben darüber noch nie nachgedacht und können Ihnen nicht sagen, welche Bezugsebene ihre Horoskope repräsentieren bzw. in welcher Bezugsebene ihre Horoskope erstellt worden sind. Die antiken Astrologen unterteilten den Kreis in zwölf gleiche Abschnitte und verwendeten die oben erwähnten (unter Astrologen unumstrittenen) Punkte als Ausgangsbasis ihrer Messungen. Das war die ursprüngliche Astrologie. Warum wurde das alles umgestoßen? – Die frühen Griechen entlehnten ihre Astrologie und ihre Mathematik von den Ägyptern und den Hindus und es ist zu vermuten, daß die frühen Griechen den Meridian falsch verstanden und falsch deuteten. Die Ägypter benutzten nämlich den Begriff Meridian, wenn sie sich auf den Tierkreismeridian bezogen. Die Griechen meinten, daß es sich um den geographischen Meridian handele. Das spricht den zuvor erwähnten Konflikt zwischen geographischen und am Tierkreis gemessenen Längen- und Breitengraden an. Die Griechen zeichneten ihre Horoskope teilweise aufgrund von Tierkreisgraden und teilweise, indem sie geographische Gradberechnungen anwandten. Die Mehrzahl aller Astrologen macht seither weiter immer dasselbe. Ich auch, in den ersten zehn Jahren meiner astrologischen Arbeit, weil ich derselben Fehldeutung unterlag, die viele andere heute noch machen.

Das antike System der Häuserberechnung wird heute äquale Methode oder Zenit-System genannt. Seit der Fehlinterpretation der frühen Griechen bis heute wurde fast ununterbrochen 2500 Jahre lang von fast allen Astrologen *der geographische Meridian als Spitze des 10. Hauses betrachtet. In der Folgezeit entstanden viele Berechnungsmethoden für die übrigen Häuserspitzen, aber die Placidus-Methode wurde von der großen Mehrheit (in den anglo-amerikanischen Ländern) übernommen. Daraus ergibt sich, daß, falls irgendeines der inäqualen Häusersysteme richtig sein sollte, alle anderen falsch sein müssen. Ich habe mit der Placidus-Methode ein Jahrzehnt lang gearbeitet, bevor ich sie beiseite legte. Ich legte sie ab, weil ich feststellte, daß sie nicht funktioniert. Sobald ich aber das (äquale) Zenit-System anwandte, konnte ich Ergebnisse erzielen.*

Häusertabellen, die vom geographischen Meridian als 10. Häuserspitze ausgehen, erstrecken sich nie weiter als bis 66 Grad nördlicher Breite. Meine erste Annahme war, das sei so, weil weiter nördlich nicht viele Menschen leben; das war aber nicht der Grund. Astrologen verwenden den Begriff "Himmelsmitte" (= MC, "midheaven" im englischen Original) für den Punkt, an dem der geographische Meridian die Ekliptik schneidet. Dieses Wort gibt es in keinem Lexikon mit Ausnahme astrologischer. Astronomen, die sich mit Astrologie nicht auskennen, haben diesen Begriff nie gehört. Er spielt im System der gleichen oder Zenit-Häuser keine Rolle. Aus Neugier zeichnete ich Diagramme, um festzustellen, was mit den Placidus-Häusern passiert, wenn man jenseits des Polarkreises geht. Das System fällt in sich zusammen. Die Häusertabellen hören bei 66 Grad auf, weil der Polarkreis bei 66 Grad 33 Minuten liegt. Wie ich nachwies, kann der geographische Norden oberhalb des Polarkreises zum Süden werden, gemessen am Tierkreis, und jeder, der die Placidus-Methode oder irgendein anderes inäquales System benutzt, ist in größten Schwierigkeiten. Der Aszendent und der sogenannte MC können auf ein und denselben Punkt fallen, und es gibt keinen Raum mehr für die 10., 11. und 12. Häuser auf der einen und die 4., 5. und 6. Häuser auf der anderen Seite des Horoskops ...

Falls man Horoskope mit Bezug auf den Äquator erstellen würde anstatt mit Bezug auf die Ekliptik, wäre es korrekt, die Hälfte der Strecke zwischen diesen Punkten als Markierung zu benutzen. Jedoch werden die beiden Punkte, an denen der Äquator den astronomischen Horizont berührt, in der Astrologie nie verwendet. Ich sehe deshalb nicht ein, warum der Punkt, der die halbe Strecke dazwischen markiert, für eine Astrologie Bedeutung haben sollte, die auf dem Tierkreis und der Ekliptik beruht. Für die Alten waren die Häuserspitzen nichts anderes als Aspekte zum Aszendenten, der (unbestritten) entlang der Ekliptik berechnet wird. Der MC ist das, was Sie sehen könnten, wenn Sie auf dem geographischen Nordpol stünden. Der Aszendent und der Deszendent dagegen sind das, was Sie sehen würden, wenn Sie an einem Punkt des Tierkreis-Nordpols stehen könnten. – Der (geographische) Geburtsort ist immer an einem bestimmten Grad auf dem Tierkreis zum Zeitpunkt der Geburt. Dieser Grad ist die Spitze des 10. Hauses im System der äqualen Häuser".

Die hermetische äquale 12-Häuser-Manier wurde deshalb ziemlich populär, weil sie keine Mathematik-Kenntnisse verlangte und man nur den Aszendenten nach Tabellen zu berechnen brauchte. Der Bedeutungsinhalt und die Ordnung des hermetischen Geburtsschemas mit 12 Häusern ist bis heute in der klassischen Astrologie die Grundlage der Horoskop-Auslegung. Nach (LANG, 1986) ist es ein kulturhistorisch eindrucksvolles Faktum, daß sich dieses 12-Häuser-System bis in unsere Tage in Zahl und Orientierung unverändert erhalten hat. Wenn Veränderungen vorgenommen wurden, so bezogen sie sich nur auf die mathematische Definition der Häuserspitzen und der Zwischenhäuser, während der Bedeutungsinhalt der Häuser nur noch Ergänzungen, aber keine Umwandlungen mehr erfuhr.

MERTZ (1988) weist schließlich in seinem philosophischen Ansatz darauf hin, daß gemäß dem esoterischen Gesetz des Hermes Trismegistos "wie oben, so unten", die 12 Häuser in direktem räumlichen Bezug zu den 12 Tierkreiszeichen zu sehen sind. Deswegen, so MERTZ, "müssen in der Astrologie auch die äqualen Häuser verwendet werden". VEHLOW (1955), HONE und TOBEI (zit. in ROHR, 1995) sind diesbezüglich derselben Meinung.

Als an keine astrologisch Schule Gebundener konnte ich mich aus astrosophischer Sicht zunächst noch am ehesten mit der äqualen Manier anfreunden, da die Methode eine enge Parallele zu Analogie-Horoskop, Tertianten-Einteilung und Horoskopzahl darstellt (vergl. BRIEMLE, 1997a). Meine spätere Prüfung an Beispielen ergab jedoch, daß ein inäquales System – zumindest was die Deutung von Aspekten zum MC als der Spitze des 10. Hauses betrifft – zutreffender ist. *Dies bedeutet, daß das richtige Medium Coeli nur durch den höchsten Sonnenstand am Geburtsort markiert wird und nicht durch den Zenit.*

Kontroversen unter den Verfechtern inäqualer Häuser

Historisch gesehen scheint die Wahl der Häusermanier einem gewissen Modetrend unterworfen zu sein: Ende der 1920er Jahre überwog die Akzeptanz der Placidus-Methode deutlich vor der Regiomontanischen Manier, während das äquale System ohne Bedeutung war. Heute wiederum wird GOH nach KOCH stark bevorzugt. KLÖCKLER (1949) prädestinierte Placidus- und Regiomontanus-Häuser. Dennoch war er der Ansicht, daß es sich bei den Zwischenhäusern "um nicht scharf voneinander getrennte Gebilde handele, also um Übergänge, die mit der mathematisch berechneten Felderspitze nicht besonders scharf, d.h. wahrscheinlich ein wenig zu schematisch bestimmt werden". Auch sollten unbesetzte Felder gar nicht gedeutet werden. Weiter stellt er fest: "Aufgrund der Tatsache, daß Planeten bis zu 5° vor der Spitze des Feldes für dieses nachfolgende Feld ausschlaggebende Bedeutung gewinnen, weist darauf hin, daß man diesen Felderspitzen selbst keine allzu spezifische Bedeutung beimessen braucht. Wenn die Felder sehr groß sind, pflege ich über den Orbis von 5° noch hinauszugehen". Ähnlich kritisch äußert sich diesbezüglich HOLDEN (1998), wenn er schreibt: "Die Tatsache, daß viele Autoren, die eine bestimmte Manier verfechten, gleichzeitig auf einer gewissen 'Unschärfe' (also einem weiten Orbis) der Hausspitzen bestehen, deutet darauf hin, daß die Methode doch nicht so zufriedenstellend sein kann". Nichtsdestoweniger vertritt NEUMANN (1981) die Placidus-Häuser vehement: "Astronomisch orientierte Astrologen arbeiteten und arbeiten erfolgreich mit dem Placidus-Zwischenfeldsystem aus dem einfachen Grunde, weil es kein plausibleres, naturgesetzlich begründbares Feldersystem als das des Placidus gibt".

Die Frage ist nun, wie sehr schmale Häuser von vielleicht nur 10° oder sehr breite mit über 70°, die beispielsweise nach Campanus oder GOH erzeugt wurden, deutungsmäßig zu behandeln sind. Die offensichtlich methodische Unschärfe bei allen Raum- und Zeitsystemen entmutigt den gewissenhaft arbeitenden Astrologen einerseits, ermuntert ihn aber laut HOLDEN (1998) andererseits, gleich zur Porphyrius-Manier überzugehen, obwohl dieses aus astronomisch-trigonometrischer Sicht den sphärischen Raum nicht gleichmäßig teilt.

D. KOCH (1994) beispielsweise ist ein vehementer Befürworter inäqualer Häusermanieren, weil sie sich – im Gegensatz zum äqualen System – nach der Kulminationsrichtung der Planeten ausrichten. Innerhalb dieser Gruppe bevorzugt er allerdings das Campanus-System, da es seiner Meinung nach ein "kristallklares Bild der Raumverhältnisse" liefere. Gleichzeitig betont er, daß die bei dieser Manier oft besonders schmalen Häuser nur scheinbar ungleich breit sind: in Wahrheit sind es alle gleich große Himmelssegmente. Was die Placidus-Methode betrifft, so entspräche sie "nur unserem Zeitgeist, der durch Relativismus und Perspektivismus gekennzeichnet ist". Auch die GOH-Häuser hält er für höchst fragwürdig. Die allgemein herrschende Auffassung, dieses System sei besonders geburtsbezogen, weil "alle Häuser auf die geographische Breite des Geburtsortes bezogen seien", beruhe nämlich auf einem Denkfehler. – Interessanterweise ziehen auch SPAT (1994) und HOLDEN (1998) keines der genannten Systeme in engere Wahl, obwohl sie am häufigsten angewandt werden. HOLDEN zufolge haben sich die

Zeitsysteme außerdem zu weit von den geistigen Grundlagen der Astrologie entfernt.

SPAT hebt indes die "tiefe Analogie" zwischen den Tierkreiszeichen und den Häusern hervor und stellt 3 Grundforderungen an das "ideale Häusersystem":

1. es soll eine enge räumliche Analogie zu den Tierkreiszeichen wahren.
2. es sollen die tradierten Häuser auch im Polarbereich erzeugt werden können.
3. es sollen AC und MC mit Hausspitzen zusammenfallen.

Da der letztgenannte Punkt von den äqualen Häusern nur zur Hälfte erfüllt werden kann, hält er dies für einen Schwachpunkt gegenüber den inäqualen Systemen. Das Medium Coeli (MC) bekommt daher bei ersteren nur den Charakter eines sensitiven Punktes. So kommt SPAT in einer Bewertung zu folgender, nach hinten abnehmenden theoretische Brauchbarkeit: Aclabitus – Regiomontanus – Porphyrius. HOLDEN (1998) zufolge hat aber die äquale Methode außer ihrem engen Bezug zu den Tierkreiszeichen einige Vorteile: Man benötigt keine Tabellen zum Errechnen der Zwischenhäuser, der sogenannte "Breitenfehler" der Planeten entfällt und es kann keine eingeschlossenen Zeichen und Häuser geben. Die Tatsache, daß der MC sich in den meisten Fällen von der Spitze des 10. Hauses löst, sieht er hinsichtlich einer separaten Deutungsmöglichkeit dieses sensiblen Punktes eher als positiv an. Seine Bewertungsreihenfolge daher: Äqual – Placidus – Campanus.

Sowohl das placidische als auch das topozentrische System erzeugen häufig nahezu identische Zwischenhäuser (KNAPPICH, 1978). Nach bislang unveröffentlichten empirisch-kasuistischen Forschungen von ANGELI (zit. in SCHUBERT-WELLER, 1996) sei von diesen beiden Systemen aber die topozentrische Manier die plausibelste. Immerhin deutet ANGELI die Aspekte von Planeten und Planetenknoten auf die Häuserspitzen! Ein solches Vorgehen bedarf aber außer einer exakten (meist korrigierten) Geburtszeit eigentlich auch eines absolut stimmigen Haussystems.

Nach Erfahrungen SPATS (1994) machen nun manche Astrologen aus der Not der vielen Systeme eine Tugend und betrachten mehrere Häusersystem parallel als gültig. Dabei nehmen sie an, für verschiedene Persönlichkeitstypen – etwa Introvertierte und Extrovertierte – bzw. für verschiedene Persönlichkeitsaspekte (genetische Veranlagung, Umwelteinflüsse) seien verschiedene Häusermethoden zuständig. Zugegeben: Aus theoretisch-mathematischer Sicht besitzt sicherlich jedes

System seine eigene Plausibilität und Richtigkeit, aber hilft denn die Mathematik zur Wahrheitsfindung in einer esoterischen Disziplin wirklich weiter? Noch viel willkürlicher wird es, wenn man mit dem Deutungsergebnis nicht zufrieden ist und dann einfach vom tropischen Tierkreis in den siderischen wechselt, also dann plötzlich die Präzession mitberücksichtigt, wie es GAMMON (2001) beim Horoskop des amerikanischen Mystikers Edgar Cayce gemacht hat:

"Die genaue Geburtszeit von Edgar Cayce ist leider nicht bekannt. Nach den überlieferten Andeutungen wird meist 15 angenommen. Wir haben bei der bisherigen Deutung jedoch 13 Uhr zugrunde gelegt, weil diese Wertungen viel besser auf das bekannte Charakterbild von Edgar Cayce paßt. Dieses stimmt jedoch nicht mehr bei der Deutung von Mars im 7. Haus. Wenn jedoch in diesem Falle die Präzession mit 30 Grad angenommen wird, und der Mars in das sechste Haus fallen würde, dann ergäbe sich folgende, wieder verblüffend richtige Deutung."

Der nüchterne Betrachter darf sich aber bei einem derartigen Tohuwabohu mit Recht fragen, wie glaubwürdig denn die Astrologie in den Augen von Astronomen oder anderer Wissenschaftler ist, wenn sich jeder seine Wahrheit willkürlich zurechtbiegt. Diese Frage stellt sich verstärkt angesichts des Bestrebens mancher Berufsastrologen, mit der Hochschulzulassung endlich (wieder) in den erlauchten Kreis der anerkannten Wissenschaften aufgenommen zu werden.

Über das beliebte GOH-System urteilt LANG (1986: 284) indes niederschmetternd:

"Da man auch mit falschen Prämissen nicht zu richtigen Ergebnissen kommen kann, können wir den gesamten Inhalt des Koch'schen Buches übergehen, zumal es gespickt ist mit Scheinargumenten, mit Irrtümern und – wohl auch eine Alterserscheinung –, mit geradezu peinlichen Selbstbeweihräucherungen. Koch – früher ein belesener, fleißiger und geachteter Astrologe (Mitarbeiter des "Zenit", Herausgeber fehlerfreier Häusertabellen nach Regiomontanus und Placidus, Mitglied der Prüfungskommission für Astrologen usw.), war im Alter starrsinnig und dogmatisch geworden, verwechselte die Begriffe, glaubte dennoch alles besser zu wissen und wurde bösartig und beleidigend, wenn man ihm widersprach. Von einer kritiklos-gläubigen Anhängerschaft war er zuletzt zum Genie hochgelobt worden. Das ist ihm schlecht bekommen. Sein Geltungsbedürfnis nahm Formen an, über das man nur noch lächeln konnte: Er sprach von sich selbst als dem größten Astrologen. Daß er tatsächlich davon überzeugt war und tatsächlich etwas "Endgültiges" entdeckt zu haben glaubte (sein Häusersystem), belegt am besten, wie sehr er den Überblick verloren hatte".

LANG zitiert in diesem Zusammenhang eine Briefpassgage Kochs an den Berliner Astrologen GARISCH: "Damit Sie nicht weiter behaupten, man bemerke Ihre Fehler nicht, habe ich einiges zusammengestellt. Dies und mehr werde ich drucken und verbreiten, wenn Sie gegen meine Häuser des Geburtsorts schreiben." (LANG, 1986: 284)

Wie man sieht, wir auch innerhalb des inäqualen Systems erbittert und mit harten Bandagen um die Wahrheit gekämpft, und es ist nach wie vor kein Ende abzusehen.

"Scharfe" oder "weiche" Häusergrenzen?

Es ist für die Astrologie eine fundamentale Frage und ein großer Unterschied, ob beispielsweise der Saturn im 10. oder 11. Haus ist, oder ob der Mond im 2. oder 3. Haus steht. Stimmen die Häusergrenzen für wichtige Planeten wie Sonne, Mond, Mars und Saturn nicht, wird sich ein Klient in der Charakterbeschreibung oder einer psychologischen Horoskop-Analyse nicht erkennen.

Astrologische Praxis ist es heute, einen Planeten mit 2 bis 5° Abstand vom nächsten Haus in der Deutung schon zu diesem zu zählen. Es klingt einleuchtend, wenn verschiedene Schulen die Häuser als ineinander übergehende Themen betrachten und den Einflußbereich des nächsten Hauses bereits vor dessen Spitze anfangen lassen (WEISS, 1992). Vor allem spricht die ökologische Erkenntnis dafür, daß es in der Natur keine scharfen Grenzen gibt und daß Übergänge stets fließend sind: "natura no facit saltus". Doch muß die Frage erlaubt sein, warum denn die Zeichenspitzen gradgenau zu interpretieren sind und warum hier keine Übergänge im Mehrgradbereich empfohlen werden. Schließlich ist die Astrologie eine reine Analogie-Disziplin, bei der Zeichen- und Häusergrenzen a priori gleich zu behandeln sind. Zählte sie zu den herkömmlichen (Natur-) Wissenschaften, könnte man die oben genannte Begründung eher nachvollziehen.

Ich vermute daher, daß die Empfehlung, Häuser "dynamisch" zu betrachten und Planeten, die einige Grade vor einer Hausspitze stehen zum nächsten Haus gehörig zu interpretieren aus einem verzweifelten Deutungsnotstand heraus geboren wurde. Man machte wohl aus der Not eine Tugend und näherte die verschiedene Häusersysteme einander an: Bei den beiden verbreitetsten Systemen, nämlich jenem nach PLACIDUS und KOCH ist es in der Tat so, daß ein groß genug gewählter "Vor-Orbis" zu nächsten Hausspitze eine gewisse Deckungsgleichheit beider Systeme ermöglicht. Prüft man aber dann die Deutungsergebnisse am konkreten Fall, ist der Klient enttäuscht, vor allem dann, wenn er sich seinerseits Mühe mit dem Eruieren der exakten Geburtsminute gemacht hat.

Die Ergebnisse meiner Untersuchung widersprechen nun aber der "Weiche-Grenzen-These". Beim Porphyrius-System, das sich im empirischen Vergleich mit Abstand als das plausibelste Haussystem herausgestellt hat, sind nämlich die Grenzen – stimmige Geburtsminute vorausgesetzt – gradgenau zu interpretieren. Das heißt, man hat mit ihnen so zu verfahren, wie es bei den Tierkreiszeichen üblich ist: Dort wird bekanntlich nicht mit Übergangszonen operiert, obwohl es bei der langen Verweildauer der Planeten in denselben gar nicht darauf ankäme, die Zeichen gradgenau voneinander abzugrenzen. – Wie wir sehen, bestehen auch hier erhebliche Widersprüche, welche die Glaubwürdigkeit der Astrologie in den Augen ihrer Kritiker nicht gerade fördern. Offenbar haben also die Häuserspitzen nicht nur die Aufgabe, ein Haus optisch in etwa vom anderen zu trennen, sondern auch eine ausgesprochen zensorische Funktion. Insofern stützen meine Untersuchungen die These von GLAHN (1928) der die Häusergrenzen genau so scharf interpretiert wie die Zeichen, was er allein mit dem Analogieprinzip begründet. Dies gilt nach meinen Erfahrungen übrigens auch für die Kardinalhäuser, also für das Achsenkreuz.

Aus Gründen einer geradlinigen Philosophie innerhalb der nach Analogien ausgerichteten Astrologie könnte somit bei der Bevorzugung der Porphyrius-Häuser genauso verfahren werden wie bei den Zeichen. Schließlich ist auch die korrekte Bezeichnung der Häuser-Themen wichtig. Schwierigkeiten gibt es immer wieder beim 8. und 11. Haus. Irreführend ist bei letztgenanntem das Attribut "Status-Streben und gesellschaftliches Engagement", was eindeutig zum 10. Haus gehört. Und das 8. Haus hat etwas mit Tabuthemen und Leidenschaft, nicht aber mit den religiösen Themen des 9. Hauses zu tun. So könnte auch einer Tendenz zur Wahrsagerei, wie WEISS (1992) sie bei der Häuserdeutung sieht, mit eindeutiger Grenzziehung begegnet werden.

Was sollte eine Computerdeutung leisten?

KLÖCKLER (1949) geht davon aus, daß von 5 Millionen Menschen nur zwei dasselbe Horoskop haben. Hinsichtlich der Ausdeutung der Geburtsbilder meint er, daß kleine und kleinste Zeitunterschiede keinen Deutungsunterschied mehr zulassen. Diese Feststellung ist m. E. noch weit untertrieben! Denn, wollte man ein menschliches Geburtshoroskop perfekt ausdeuten, müßten folgende Faktoren berücksichtigt werden:

- 10 Planeten
- Planetenstände in den 4 Elementen
- Planetenstände in 3 Qualitäten
- Planetenstände in 12 Zeichen
- Planetenstände in 12 Häusern
- Häuserherrscher in 12 Häusern
- 12 Häuserspitzen in Zeichen
- 6 Aspekt-Typen (Konjunktion, Opposition, Quadrat, Trigon, Sextil und Quinkunx)

Dies ergibt insgesamt:
10 x 4 x 3 x 12 x 12 x 12 x 12 x 5 = 14.929.920 Deutungsmöglichkeiten.

Jeder Mensch ist ein so einzigartiges Individuum, daß zusätzlich noch die 3 Zeichen-Dekanate nach GLAHN (1928) berücksichtigt werden sollten. Außerdem bin ich mir sicher, daß dasselbe auch für die 12 Unterabschnitte (a 2,5 Bogengrade) eines jedes Tierkreises gilt. Nach Auffassung der Weisen in der Antike ist – in konsequenter Analogie – in jedem Zeichen nämlich auch der gesamte Tierkreis "angelegt"; so wie jede Zelle eines Organismus die genetische Information des ganzen Körpers enthält (ROHR, 1995). Damit ergäbe sich dann die unvorstellbar große Zahl von 77.396.705.280, also **mehr als 77 Milliarden Deutungsvarianten.** – Deshalb ist es unmöglich, einen Menschen zu beschreiben. Schon gar nicht mit Worten. Andererseits aber macht die Zahl deutlich, daß der Kosmos als Zeigestab für Individualismus beim Menschen so schnell nicht am Ende seiner Möglichkeiten ist.

Doch zurück zu Machbarem:
Eine stimmige Computerdeutung des Geburtsbildes mit dem Anspruch, als Standardtext nutzbar zu sein, in dem sich der Horoskopeigner zu etwa 75 % erkennen kann, hat m. E. folgendes zu beschreiben:

- Aspektierung der Planeten untereinander (außer den geistigen Planeten)
- Aspekte der Planeten zu AC und MC

- Planetenstände in den Häusern (alle, unter Berücksichtigung ihrer Aspektqualität)
- Planetenstände in den Zeichen (Sonne bis Mars, unter Berücksichtigung ihrer Aspektqualität)
- Herrscher in Häusern und Zeichen
- Häuserspitzen in den Zeichen

Die einzelnen Textbausteine sollten sehr treffend formuliert sein und im Idealfall – bei ungemischter Aspektierung der Planeten – nicht mehr als 5-6 Zeilen umfassen; der Gesamttext sollte nicht über 15 Seiten lang sein. Bei zu langen Deutungswerken erkennt sich der Horoskopeigner wegen Langatmigkeit und den damit verbundenen Relativierungen nicht wieder. Dies setzt natürlich die Fähigkeit voraus, das Wesentliche herauszufiltern und sich kurz zu fassen, was aber per se schon eine Kunst für sich ist. Standardisierte Deutungstexte werden in suggestiver Weise gern als "Kochrezept-Deutung" abgetan und für zu wenig einfühlsam und damit minderwertig angesehen. Dabei wird übersehen, daß gerade sie einen Grundkonsens für die Grundlagenforschung böten. Schließlich ist jede Wissenschaftsdisziplin ist auf einen methodologischen Grundkonsens angewiesen, sonst kann sie nicht systematisch arbeiten.

Sowohl die veröffentlichte Deutungsliteratur als auch die im Handel erhältlichen Computer-Analysen sind für den Bereich der persönlichen Planeten (Sonne bis Mars) wie auch den der gesellschaftlichen Planeten (Jupiter und Saturn) im allgemeinen stimmig. Was die geistigen Planeten (Uranus bis Pluto) anlangt, so merkt man hier sehr deutlich, daß ihre Entdeckung erst relativ kurz zurückliegt: Bei ihnen nimmt das Textvolumen schlagartig zu, ganz nach dem geflügelten Wort von John STEINBECK: "Wenn einem Autor der Atem ausgeht, werden seine Sätze nicht kürzer, sondern länger". Ein Beispiel für gute Computertexte in deutscher Sprache sind die Cosmodata-Texte der Firma CosmoWorld, München.
Im übrigen symbolisieren die geistigen Planeten Uranus, Neptun und Pluto bekanntlich überpersönliche Wesenskräfte, bezeichnen daher oft Fähigkeiten, die im geistigen oder feinstofflichen Bereich liegen. Da sich das kosmische Prinzip dieser Transsaturnier beim Menschen erst etwa ab Lebensmitte meldet bzw. die entsprechenden Wesensinhalte eher im Verborgenen liegen, ist ihre Botschaft oft schwer zu verstehen, noch schwerer aber zu vermitteln. Eine Ausnahme bilden diesbezüglich die geistig oder spirituell höher entwickelten Horoskopeigner (vergl. SAKOIAN & ACKER, 1979) bzw. solche mit einer Horoskopzahl von deutlich über 200 (vergl. BRIEMLE, 1997a). Es sind also noch große Anstrengungen erforderlich, um hier zu befriedigenden Deutungen zu gelangen. Das Gesagte gilt erst recht bei Chiron und Lillith,

über die zwar etliche Bücher geschrieben wurden, eine nachvollziehbar-konkrete Deutung aber noch aussteht. Schließlich ist noch festzustellen, daß unter den 12 Häusern das 8. (mit den Themen: fremdes Geld, immaterielle und hintergründige Werte, Tod, "stirb und werde", Okkultismus) hinsichtlich einer schlüssigen Ausdeutung nach wie vor sehr problematisch ist.

Schlußwort

Es gibt nichts Mächtigeres auf der Welt,
als eine Idee, deren Zeit gekommen ist.
Victor Hugo

Sowohl die in dieser Untersuchung durchgeführte Geburtszeitkorrektur als auch die Plausibilitätsprüfung bei den Haus-Systemen wurde fast ausschließlich über kardinale Lebensereignisse mit deterministischem Charakter wie Geburts- und Todesereignisse vorgenommen. Solche ereignisorientierte Astrologie ist aber heutzutage unpopulär. Modern ist dagegen, psychologische Astrologie zu betreiben, die es einem ermöglicht, klientenfreundlich zu deuten und zu argumentieren. Was coputerverwertbare Deutungstexte anlangt, distanziert man sich außerdem bewußt von der "reinen Beschreibung der Stärken und Schwächen" des Klienten (WEISS, 1992). Dies ist indes nicht verwunderlich, denn der in aller Regel wenig tiefschürfende Kunde will seine Charakterschwächen und Fehler gar nicht wissen. Um so mehr lehnt man jene deterministische oder gar fatalistische Astrologie ab, wie sie noch bis in die 1960er Jahre betrieben wurde. Dies ist mit Blick darauf, daß der Kunde Hilfen bei der Innenschau bekommen soll, auch richtig! – Für Forschungszwecke jedoch, oder bei der Suche nach (Selbst-) Erkenntnis, bei der die Wahrheit unverblümt ans Licht kommen soll, ist diese Methode aber ungeeignet. Wir sollten uns stets klar darüber sein, daß es mit einer suggestiven Verurteilung der schicksalsbetonten Elemente im Sinne GOETHEs Wort "so mußt du sein, du kannst dir nicht entfliehen" niemandem geholfen ist. Denn es gibt bei den heutigen Menschen genauso viele fatale Schicksalsschläge wie früher. Wenn die Zeitqualität reif ist, wird man eben heute durch einen Verkehrsunfall verstümmelt, so, wie man im Mittelalter durch die Willkür der Obrigkeit zu Schaden kam. HADRY (2001) drückt es so aus: Die Aufgabe des Astrologen ist einzig und allein die Vermittlung der Zeitqualität. Diesen Vorgang nennen wir Deutung. Er darf nicht interpretieren, d. h., er darf seine eigenen Vorstellungen überhaupt nicht äußern, geschweige denn auf den Klienten übertragen.

Wie wir im übrigen aus dem Spiritualismus wissen, ist die Sache mit dem freien Willen durchaus nicht so, wie wir es gerne hätten, daß nämlich der moderne Mensch sein Schicksal selbst gestalten kann. Der Erkenntnistheoretiker T. DETHLEFSEN (1976) betont in diesem Zusammenhang mit Recht, daß der Mensch zwar eine Wahlfreiheit, jedoch keinen freien Willen, hat. Zwischen diesen Begriffen besteht nämlich ein feiner Unterschied. Wir haben die Wahl zwischen aktivem und passivem Leben. Denn ein "nicht Lernen" läßt das Gesetz nicht zu. Dies wäre Stagnation und würde der gesamten (seelischen) Entwicklung schaden. Der viel gerühmte "freie Wille" beschränkt sich daher auf die "freie Wahl", die immer zu einem Lernprozeß, einem Stückchen (Weiter-) Entwicklung führt. "Ein freier Wille würde indes verschiedene Ergebnisse zulassen, was aber der Gesetzmäßigkeit des Kosmos widersprechen würde. Die Wahl hingegen ist ein Produkt des Polaritätsgesetzes und gefährdet die gesetzmäßige Entwicklung nicht". Denken wir ferner an die Botschaft von Weisen und medialen Menschen wie etwa den Meditationslehrer RAJINDER SING, der dem Menschen nur zu einem Viertel eine freiwillentliche Beeinflussung seines Schicksals beimißt. Oder führen wir uns die Inhalte des apokryphen christlichen Lorber-Evangeliums vor Augen, das die Weltanschauung des Buddhismus und Hinduismus in weiten Teilen stützt, aber dem Menschen lediglich eine freiwillentliche Entscheidung zwischen der materiell-satanischen und der geistig-göttlichen Welt einräumt (siehe dazu LORBER, 1840-64; BRIEMLE, 1997b).

Um unter Astrologen zu bleiben: Auch nach der Erkenntnis GLAHN's (1928) ist der freie Wille durch die angeborene Veranlagung eingeschränkt, deren Überwindung unmöglich ist. EBERTIN (1979) meint zu diesem Thema: *"Daß der Charakter eine Schicksalsmacht ersten Ranges darstellt, wird nicht leugnen, wer auch nur im geringsten über die inneren Zusammenhänge nachgedacht hat Die Deutung des Geburtsbildes selbst wie auch der Lebensereignisse wird leichter und verständlicher, wenn von der Erkenntnis ausgegangen wird, daß jede Handlung aus einer bestimmten seelischen Verfassung heraus geboren wird und jedes Ereignis eine seelische Rückwirkung hat. So kommt es nicht darauf an, daß auf ganz bestimmte Schicksalsereignisse hingewiesen wird - was zu Fehlprognosen führen muß, weil immer Faktoren mitsprechen, die wir nicht erkennen können -, sondern daß auf Grund bestimmter Konstellationen der jeweilige seelische Zustand erkannt wird. Wenn man z.B. die Konjunktion des laufenden Saturn mit dem Mond des Geburtsbildes in Betracht zieht, so deuten einige überlieferte Regeln auf Krankheit, andere auf Tod der Mutter oder Gattin, andere auf schwierige Familienverhältnisse usw. In jedem Fall handelt es sich aber um eine seelische (Mond) Bedrückung (Saturn) oder ein seelisches Gehemmtsein, um eine traurige Stimmung. Diese seelische Verfassung läßt sich mit einer gewissen Sicherheit erkennen, nicht aber das Ereignis Krankheit, Tod usw."*

Und LEFELDT merkte schon 1962 mit Blick auf die Psychologisierung innerhalb der Astrologie an: "Wenn es möglich ist, anhand der Geburtsfigur das Bewußtsein zu zergliedern, dann verhält sich der Mensch zu seinen Sternen. nicht anders wie ein Radioapparat zum Sender. Das mag einem Theoretiker des freien Willens recht unglaubwürdig klingen, an den Tatsachen ändert das nichts. Die Hochschulpsychologie ist unentwegt an der Arbeit, Psyche und Gehirn nebst Nervensystem zu zergliedern und zu erforschen, eines nur wird dauernd übersehen: der Sender, der das Ganze erst zum Klingen bringt. Die Hochschulpsychologen sind einem Menschen zu vergleichen, der fortwährend einen Radioapparat untersucht, um zu erfahren, woher eigentlich der Ton kommt und dabei keine Ahnung von der Existenz des Senders hat. Nach einem Wort des verstorbenen Prof. Deuchler ist die Astrologie ein "exaktwissenschaftlicher Faktor der Psychologie". Es erhellt aus diesen Tatsachen aber auch, daß, wenn sogar die Gedanken exakt bestimmbar sind, es keinen freien Willen geben kann. Diejenigen, welche nicht müde werden zu behaupten, sie könnten denken und tun, was sie wollen, übersehen leider, daß eben das, was sie ihre Gedanken und ihre Taten nennen, nicht ihr Eigentum sind, sondern ihnen schon schicksalhaft gegeben waren. Wir sind metaphysisch restlos unfrei, psychologisch sind wir frei d.h. wir handeln in dem Glauben, als wenn die Gedanken und Handlungen aus uns selber kämen. Beim Schreiben dieser Sätze höre ich schon den Einwand, daß wir aber doch wenigstes eine Wahlfreiheit hätten. Wer das meint, beweist damit, daß er hier nicht zu Ende gedacht hat. Wahlfreiheit setzt voraus, daß ich die Folgen meiner Wahl bis ans Ende zu überschauen vermag, und das können wir nicht. Wenn wir es könnten, wäre es nämlich die so heiß ersehnte Willensfreiheit. Darum ist auch die sogenannte Wahlfreiheit nur ein blindes Greifen" (LEFELDT 1962, zit. bei SCHUBERT-WELLER, 1996). Wenn also letztgenannter resümiert: "Die theosophisch orientierte esoterische Astrologie zeigt mit dem starken Verweis auf die Vorbestimmung nicht zuletzt ein hohes Maß an Fatalismus", so ist diese Feststellung partout keine Schande. Vielmehr gereicht sie der theosophischen Astrologie zur Ehre, denn sie ist – wie die mystische Grundlage aller unserer Weltkirchen – weder an einen Zeitgeist noch an einen Modetrend gebunden.

Die spirituell orientierte esoterische Astrologie geht selbstverständlich auch von der Re-Inkarnation der Seele aus. Man darf die Re-Inkarnation aber nicht als ein für jeden Menschen schlechthin bindendes Kausalgesetz verstehen. Gemäß dem "Sowohl-als-auch-Gesetz" (BRIEMLE, 1997b) würde mit dieser Behauptung in den Erlöserwillen Gottes eingegriffen und der Mensch wäre dem kosmischen Gesetz und seiner unerbittlichen Gerechtigkeit ausgeliefert. Das tiefste Wesen des Christentums liegt indes in der Aufhebung des Karmagesetzes, in der Überwindung des gesetzlichen Schicksals aus Gnade. Bildlich gesehen kreuzt die Ebene von Liebe und Gnade die Ebene von Gesetz und Gerechtigkeit senkrecht. Wie im juristischen Bereich der Richter sich bei seinen Urteilen an die Gesetze halten muß, so unterliegt der Mensch *zunächst* den kosmischen Gesetzen des Karma. Begnadigen heißt im juristischen Bereich, aus höherer Warte heraus aufhebend in den Gesetzeszwang eingreifen. Das heißt für die Astrologie: So groß die planetaren und karmischen Einflüsse auch sein mögen, im Verhältnis zur überkosmischen Ideenwelt und erst recht im Verhältnis zur Allmacht und Liebe Gottes sind alle kosmisch-astralen Einflüsse nur nachrangige Kräfte (SCHULT, 1986). In den 24jährigen Aufschrieben des Mediums Jakob Lorber bringt Gott diesen Sachverhalt auf den kurzen Nenner: "Meine Geschöpfe hängen an meiner Macht, meine Kinder aber hängen an meiner Liebe" (LORBER, 1840-64).

Obwohl sich das hier vorgestellte Methodenpaket gut dazu eignen würde, die Astrologie dem ersehnten Einzug in die Universitäten einen Schritt näher zu bringen, sollte sie m. E. dennoch die Finger von der exoterischen und damit unwissenden Welt lassen: Sie würde bald sich bald die alles zergliedernde Untugend zu eigen machen (müssen) und die exoterische, d. h. geheimwissenschaftliche Grundlage verlieren. Die Universitätspräsenz kann ruhig wie bisher der Astronomie überlassen werden, denn nach KÜHR (1948) lebt diese in einer Welt toter Dinge. Die Astrologie beschäftigt sich indes mit nichts geringerem als mit den Wundern des gestirnten Himmels. Sie offenbart jene lebendigen Kräfte, die das ganze Weltall durchpulsen. Die Astrologie führt somit zurück zu den "ewigen Quellen des Lebens und vermittelt uns einen allumfassenden Sinn-Zusammenhang, der sich im Mikrokosmos wie im Makrokosmos offenbart". – Diesem weisen Wort ist nichts mehr hinzuzufügen.

Die lediglich 21, hier untersuchten Horoskope sind natürlich noch nicht repräsentativ genug, um die endgültige Plausibilitäts-Rangfolge festzulegen. Dazu wäre die Analyse von noch mehr zeitlich gut gesicherter Geburtsbilder erforderlich. Da die Plätze im mittleren Bereich eng beieinander liegen, sind hier möglicherweise noch Verschiebungen zu erwarten. Das System Porphyrius weist jedoch einen relativ großen Abstand zum Rest auf, weswegen sich wohl an dessen Spitzenposition nichts ändern dürfte.

Abschließend möchte alle forschenden Astrologen ermuntern, mit Horoskopen aus dem eigenen Verwandten- und Bekanntenkreis in ähnlicher Weise weiterzuforschen. Da man verwandte Menschen über viele Jahre hinweg wesentlich besser kennt als Klienten, ist eine "Eichung" der Haussysteme hier besonders gut möglich. Mit jeder zusätzlichen Untersuchung stimmiger Horoskope würde die Datenbasis breiter und die Aussage tragfähiger. Es wäre sicher auch sachdienlich, wenn einflußreiche Organisationen wie etwa der Deutsche Astrologen-Verband sich dazu entschließen könnten, Standardtexte zu verfassen und zu veröffentlichen. Dies würde die allgemeine Akzeptanz um ein vielfaches gegenüber dem erhöhen, was ein "No-Name-Forscher" wich ich erreichen kann. Ich bin davon überzeugt, daß – wäre dies möglich – die Astrologie insgesamt und weltweit einen großen Schritt in dem Bestreben nach vorne täte, nach innen mehr Konsens und nach außen mehr Glaubwürdigkeit zu erreichen. Ich möchte mit diesem Buch den ersten Schritt in diese Richtung tun!

Zusammenfassung

Alle bisherigen Häuserberechnungen (weltweit etwa 25) sind astronomisch definiert, das heißt, sie basieren auf mathematisch-trigonometrischen Rechenprozeduren. Maßgebliche Häuserexperten sind sich indes darin einig, daß das richtige Häusersystem nur empirisch gefunden werden könne.

Mittels Ausdeutung von 21 zeitexakten Horoskopen wurde dieser Weg nun konsequent beschritten. In einer für private Verhältnisse umfangreichen Forschungsarbeit wurde erstmals versucht, der leidigen Häuserfrage nicht auf astronomische, sondern auf **astrologische Weise** näherzutreten. Dazu kamen optimierte Standard-Deutungstexte und eine verbesserte Methode zur Geburtszeitkorrektur zur Anwendung. Mit diesem "Methodenpaket" wurden die 7 gängigsten Häusermanieren einer Plausibilitätsprüfung unterzogen, wodurch sich folgende Reihenfolge unter den Systemen ergab:

        1. Porphyrius
        2. Koch (GOH)
        3. Topozentrik
        4. Äqual
        5. Placidus
        6. Campanus
        7. Regiomontanus

Ferner gibt das vorliegende Werk dem mit dem Computer arbeitenden Astrologen drei wichtige Hilfsmittel zur Hand:

- Eine überarbeitete Methode zur Korrektur der Geburtszeit mit Hilfe der Sekundär-Progression.
- Standardisierte Deutungstexte zum Häuserstand der Planeten, geeignet für die Computer-Analyse.
- Eine Methode zur ereignisorientierten Horoskopanalyse, die einen empirischen Vergleich von Haus-Systemen ermöglicht.

Kommt das porphyrische System zur Anwendung, sind die Häuser so exakt voneinander abzugrenzen wie die Tierkreiszeichen. Die Ergebnisse der Untersuchung widersprechen damit der "Weiche-Grenzen-These" bei Häuserspitzen. Stimmige Geburtszeit vorausgesetzt, sind sie vielmehr minutengenau zu interpretieren. – Wenn auch die Kritiker das Unterteilungsprinzip nach **Porphyrius** für astronomisch unbegründbar halten, so hat es sich bei der astrologisch-empirischen Prüfung dennoch als das Plausibelste herausgestellt.

Zitierte Literatur

ARROYO, S. 1991: Handbuch der Horoskopdeutung. Richtlinien zur Interpretation des Geburtshoroskops. – Rowohlt Taschenbuch-Verlag Reinbek.
BANZHAF, H. & A. HAEBLER 1994: Schlüsselworte zur Astrologie. – Hugendubel-Verlag, München.
BOOT, M. 1988: Das Horoskop. Einführung in Berechnung und Deutung. – Knaur-Verlag München.
BRANDLER-PRACHT, K. 1936: Die SENSITIVEN PUNkte in der Astrologie. – Astrolog. Verlag W. Becker, Berlin.
BRIEMLE, G. 1997a: Die Horoskopzahl. Theosophische Gesichtspunkte im Geburtshoroskop. – Esoterischer Verlag P. Hartmann, Bürstadt.
BRIEMLE, G. 1997b: Wer Ohren hat, der höre. Esoterisch-christliche Wege zum Seelenheil. – Theophanica-Verlag, Aulendorf.
BRIEMLE, G. 1999: Häuserstreit: Campanus, Koch, Placidus – wie oder was? – MerCur 3/99: 32-36; Verlag Friedrich Maier, München.
BRIEMLE, G. 2000: Stimmt Ihre Geburtszeit? – MerCur 1/2000: 34-36, Verlag Friedrich Maier, München.
DETHLEFSEN, T. 1979: Schicksal als Chance. Das Urwissen zur Vollkommenheit des Menschen. – Goldmann-Verlag, München.
DETHLEFSEN, T. 1992: Ausgewählte Texte. – Goldmann-Verlag, München.
DETHLEFSEN, T. 1976: Das Erlebnis der Wiedergeburt. Heilung durch Inkarnation. – Goldmann-Verlag, München.
EBERTIN, R. 1979: Kombination der Gestinseinflüsse. – Ebertin-Verlag Freiburg.
EBERTIN, R. 1983: Geburtszeit und Lebensereignis. Ein praktische Methode zur Korrektur der Geburtszeit. – Ebertin-Verlag, Freiburg, 3. Auflage.
EICHENBERGER, B. 1998: Prognose-Fibel. Die astrologischen Methoden der Vorausschau. – Edition Astrodata, CH-Wettswil.
GAMMON, M. 2001: Astrolgie ohne Geheimnisse. – Arcturus-Velag, A-Schäffern.
GAUQUELIN, M. 1957: Der Einfluß der Gestirne und die Statistik. – Zs. f. Parapsycholog. Grenzgebiete der Psychologie 1: 102-123.
GLAHN, A. 1928: Geburtshoroskop. Erklärung und systematische Deutung des Geburtshoroskops. – Nachdruck der 3. und verbesserten Auflage, Chiron-Verlag, Tübingen.
GREENE, L. 1996: Neptun. Die Sehnsucht nach Erlösung. – Astrodienst-Verlag, CH - Zollikon.
HADRY, H-P. 2001: Wolf im Fischpelz. Das unbehagen an Therapie und psychologischer Astrologie. – MerCur Nr. 5+6, München.
HALL, J. 1998: Seelenpartner. Das Geheimnis karmischer Verbindungen. – Edidtion Astroterra, CH Wettswil.

HAMAKER-ZONDAG, K. 2000: Deutung der Häuser. Die Planeten in den zwölf astrologischen Häusern. – Hugendubel-Verlag (Kailash), München.
HOLDEN, R.W. 1998: Astrologische Häusersysteme. Entstehung, Berechnung, Bewertung. – Chiron-Verlag, Mössingen.
KLÖCKLER, H. 1930: Kursus der Astrologie, Band 1: Lehrbuch der astrologischen Technik für Anfänger und Fortgeschrittene. – Neuauflage 1991 beim Bauer-Verlag, Freiburg.
KLÖCKLER, H. 1949: Kursus der Astrologie, Band 2: Grundlagen für die astrologische Deutung. – Neuauflage 1991 beim Bauer-Verlag, Freiburg.
KNAPPICH, W. 1967: Geschichte der Astrologie. – Frankfurt / M.
KNAPPICH, W. 1978: Die Entwicklung der Horoskoptechnik vom Altertum bis zur Gegenwart. – Wien.
KOCH, D. 1994: Wie wähle ich zwischen den astrologischen Häusersystemen? – Meridian 4/94: 11-20, Freiburg.
KÜHR, E. 1948: Psychologische Horoskopdeutung, Bd. 1 + 2, Verlag Cerny, Wien.
LANG, W. 1986: Die Astrologie im heutigen Weltbild. – Arkana-Verlag, Heidelberg.
LEFELDT, HERMANN 1962: Methodik der astrologischen Häuser und Planetenbilder. Band 1: Die Häuser. – Hamburg
LORBER, J. 1840-1864: Das große Evangelium Johannes. – Lorber-Verlag, Bietigheim, 11 Bände.
MARCH, M.D. & J. MC EVERS 1993: Lehrbuch der astrologischen Prognose. – Ebertin-Verlag, Freiburg, 360 S.
MERTZ, B. 1988: Die Esoterik in der Astrologie. – Bauer-Verlag, Freiburg.
MERTZ, B. 1990: Das Grundwissen der Astrologie. – Ariston-Verlag, Genf.
NEUMANN, W. 1981: Vergleich der astrologischen Häusersysteme. – Meridian 5/81: 7-8, Freiburg.
NIEHENKE, P. 1987: Kritische Astrologie. – Aurum-Verlag, Freiburg.
NIEHENKE, P. 1994: Astrologie, eine Einführung. – Reclam-Verlag Stuttgart.
ÖHLSCHLEGER, R. 1996: Stichworte zur Horoskopdeutung. – Edition Astrodata, CH Wettswil.
REINICKE, W. 1991: Praktische Astologie. – Ariston-Verlag Genf u. München, 6. Auflage.
ROHR, V. W. 1995: Karma und freier Wille im Horoskop. – Hier & Jetzt-Verlag, Bad Oldesloe.
SAKOIAN, F. & L. ACKER 1979: Das große Lehrbuch der Astrologie. – Knaur-Verlag, München.
SASPORTAS, H. 1987: Astrologische Häuser und Aszendenten. – Knaur-Verlag, München.
SCHUBERT-WELLER, C. 1989: Die astrologische Geburtszeitkorrektur. – Hugendubel-Verlag, München.

SCHUBERT-WELLER, C. 1996: Wege der Astrologie. Schulen und Methoden im Vergleich. – Chiron-Verlag, Mössingen.
SCHULT, A. 1986: Astrosophie. Lehre der klassischen Astrologie, Band 2. – Turm-Verlag, Bietigheim.
SPAT, W. 1994: Das Ideale Häusersystem. – Meridian 4/94: 7-10, Freiburg.
TAEGER, H. 1991: Internationales Horoskope-Lexikon, 3 Bände zus. 1644 S. – Bauer-Verlag, Freiburg.
TÜGEL, H. 2001: Astrologie, Mythos und Macht der Sterne. – Magazin "Geo" 5/01: 94-124.
VEHLOW, J. 1955: Lehrkurs der wissenschaftlichen Geburts-Astrologie, Band 1. – Sporn-Verlag, Zeulenroda / Berlin.
WEISS, J.-C. 1992: Horoskopanalyse. Band 1: Planeten in Häusern und Zeichen. – Edition Astrodata CH Wettswil.

Autoren-Vitae

Dr. Gottfried Briemle

Ich bin gelernter Gärtner, studierter Landschaftsökologe und kümmere mich hauptberuflich um den Erhalt der natürlichen Lebensgrundlagen des Menschen. Verfasser von etwa 250 populärwissenschaftlichen Veröffentlichungen und einigen Büchern. Seit Lebensmitte beschäftige ich mich mit den wesentlichen, das heißt esoterischen Themen unseres menschlichen Erdendaseins, nämlich Astro- und Theosophie, Mystik und Metaphysik. Im Brotberuf bin ich ein Vertreter der naturphilosophisch-holistischen Ökologie, im der esoterischen Forschung Anhänger einer spirituellen Astrologie. Bücher z.B.: "Wie wir überleben könnten", "Kulturgrasland Mitteleuropas", "Wer Ohren hat, der höre" und "Die Horoskopzahl".

Wenn man am 14. Juli 1948 um 15.10 Uhr MES in Süddeutschland den ersten Atemzug tat (damalige Zeitqualität siehe Kosmogramm am Buch-Anfang), ist man zwar "Krebs", aber mit deutlicher Skorpionbetonung: Aszendent mit aufgehendem Mond im Skorpion und 12. Haus, Geburtsherrscher Pluto an der Himmelsmitte (MC). Zwillings-Merkur, Stier-Venus und Uranus im 8. Haus erhalten vom Mars aus dem 11. Haus scharfe Winkel, was ein tiefschürfendes Wesen voller Willensstärke, Scharfsinn und Weitblick mit sich bringt. Meine theosophischen Forschungen (z. B. Lorber-Evangelium) brachten mich zu der Überzeugung, daß es im Weltall – und damit auch auf unserer Erde – keinen Zufall gibt und daß das althochdeutsche Wort "Schicksal" vom Wortursprung her eigentlich "geschicktes Heil" (für die Seelen-Entwicklung) bedeutet. So ist die Astrologie für mich auch nichts anderes, als der Blick in die Werkstatt Gottes und weist keinerlei Widersprüche zur Religion auf. Die von der Zeitqualität bestimmte tiefe Religiosität (Pluto mit Sonne im 9. Haus, letztere im exakten Halbsextil zu Saturn) erzeugt in mir spirituelle Visionen, die in der esoterischen Lebensmaxime gipfeln: "Die einzige Aufgabe, welche die inkarnierende Menschenseele auf Erden hat ist es, zwischen den Ablenkungen der satanischen Welt, Gott zu suchen".